edition medienpraxis

Bibliografische Information der Deutschen Nationalbibliothek
Die Deutsche Nationalbibliothek verzeichnet diese Publikation
in der Deutschen Nationalbibliografie; detaillierte
bibliografische Daten sind im Internet über
http://dnb.ddb.de abrufbar.

Michael Haller
Brauchen wir Zeitungen?
Zehn Gründe, warum die Zeitungen untergehen.
Und zehn Vorschläge, wie dies verhindert werden kann
edition medienpraxis, Band 11
Köln: Halem, 2014

http://www.editionmedienpraxis.de
http://www.halem-verlag.de

© Copyright Herbert von Halem Verlag 2014

ISBN 978-3-86962-098-5
ISSN 1863-7825

SATZ: Herbert von Halem Verlag
GESTALTUNG: Claudia Ott Grafischer Entwurf, Düsseldorf
DRUCK: docupoint GmbH, Magdeburg
Copyright Lexicon © 1992 by The Enschedé Font Foundery.
Lexicon ® is a Registered Trademark of The Enschedé Font Foundery.

Michael Haller

Brauchen wir Zeitungen?

Zehn Gründe, warum die Zeitungen untergehen. Und zehn Vorschläge, wie dies verhindert werden kann

edition medienpraxis

Prof. em. Dr. Michael Haller (Universität Leipzig) ist
wissenschaftlicher Direktor des Instituts für Praktische
Journalismus- und Kommunikationsforschung (IPJ) in Leipzig und
Leiter der Journalismusforschung an der Hamburg Media School
(HMS) in Hamburg.

Diese Publikation stützt sich auf zehn Jahre
Zeitungsqualitätsforschung des Verfassers im IPJ.

Inhalt

EINLEITUNG:

WAS DIESES BUCH SOLL — UND WAS NICHT

I.

Es gibt Gründe, an eine Renaissance der Offline-Medien zu glauben – in erster Linie an die Tageszeitung, die zur informatorischen Grundausstattung unserer Gesellschaft gehört. Während der Rundfunk zum internetabhängigen Digitalmedium mutiert, bleibt die Tageszeitung ein in sich geschlossenes Produkt, selbst wenn sie eines Tages ausschließlich als eine ›App‹ verbreitet werden sollte. Dies unterscheidet die Zeitung (auch) vom Web-Auftritt, den ihr eigener Verlag betreibt.

Einer der Gründe, die mich glauben lassen, dass die Tageszeitung wieder an Geltung zurückgewinnt, ist politischer Natur. Er hängt mit der Erfahrung der totalen Überwachung der gesamten Internet-Transaktionen zusammen, deren Totalität erstmals im Sommer 2013 infolge der Enthüllungen des ehemaligen Geheimdienstmitarbeiters Edward Snowden erkennbar wurde. Diese Enthüllungen haben einen Bewusstseinsprozess in Gang gesetzt. »Die Demokratie verteidigen im digitalen Zeitalter!«, so lautete ein im Dezember 2013 weltweit von 560 Schriftstellern und Wissenschaftlern publizierter Aufruf: »Die Staaten [...] haben Zugang zu unseren politischen Überzeugungen und Aktivitäten, und sie können, zusammen mit kommerziellen Internetanbietern, unser gesamtes Verhalten, nicht nur unser Konsumverhalten, vorhersagen« (zit. nach: *Frankfurter Allgemeine Zeitung*, 10.12.2013, S. 27). Sascha Lobo, »Deutschlands bekanntester Internet-Experte« (*Frankfurter Allgemeine Sonntagszeitung*), brauchte ein halbes

Jahr, um den Schock zu begreifen, dann schrieb er in seinem Essay über »die digitale Kränkung des Menschen« unter anderem: »Wir haben uns geirrt, unser Bild vom Internet entsprach nicht der Realität, denn die heißt Totalüberwachung.« Und folgerte: Zwar mache die digitale Vernetzung weiterhin Sinn, doch »das Internet ist kaputt« (LOBO 2014: 37).

Vier Monate nach den ersten Enthüllungen über dieses Überwachungssystem führte das IfD Allensbach eine Repräsentativerhebung zum Thema ›Vertrauen in die Medien‹ durch. Ich gehe davon aus, dass diese Studie – obwohl im Auftrag der Zeitschriftenverleger Deutschlands durchgeführt – valide Ergebnisse erbracht hat. Diesen zufolge halten derzeit rund 85 Prozent der erwachsenen Bevölkerung die Tageszeitungen (und Zeitschriften) für besonders zuverlässig und für glaubwürdige Informationsquellen. Der Studie zufolge sind 88 Prozent der Meinung, dass besonders sachkundige und gut recherchierte Berichte in den Printmedien zu finden seien. Auch bestätigt jeder zweite Befragte, dass er sich die Nachrichten besser merken könne, wenn er sie offline auf Papier gelesen habe.

Zwar schneidet der Rundfunk (TV und Radio) auch nicht schlecht ab: 83 Prozent der Bundesbürger halten auch diese Quellen für sachkundig und glaubwürdig, 87 Prozent finden auch dort besonders gut recherchierte Beiträge. Doch deutlich anders fällt das Urteil über die Online-Medien aus, die stationären ebenso wie die mobilen: Dass diese besonders glaubwürdig seien, findet nur noch jeder dritte Befragte; dass dort besonders sachkundige und gut recherchierte Beiträge zu finden seien, glauben nur mehr 38 Prozent (Quelle: IFD ALLENSBACH: *Attraktivität von Print*, Oktober 2013).

In dieses Bild passen auch die für 2013 erhobenen Reichweitedaten der Arbeitsgemeinschaft Media-Analyse (AG.MA): Nach vielen Jahren des kontinuierlichen Reichweitenschwunds weisen die im Juli 2013 publizierten Zahlen der ›MA 2013 Tageszeitungen‹ eine deutliche Abflachung des Rückgangs aus – und für einige Regionalzeitungen gar einen sanften Reichweitezuwachs: für die *Rheinpfalz* und die *Sächsische Zeitung* etwa, für die *Hessisch-Niedersächsische*, für die *Volksstimme* und die *Schwäbische Zeitung* zum Beispiel. Dies sind keine belastbaren Daten (für viele Verbreitungsgebiete ist die Stichprobe der MA zu klein, zudem wird vielerorts nach der Reichweite des Anzeigenkonglomerats gefragt und nicht nach dem redaktionellen Teil eines Zeitungstitels). Aber eine Tendenz lässt sich daraus sehr wohl ableiten. Einerseits. Andererseits kennen wir zahlreiche Indikatoren, die in die entgegengesetzte Richtung weisen. Unbestreitbar sinkt die für das Zeitungsgeschäft relevante ›harte‹ Verkaufsauflage Jahr für Jahr um zwei bis vier Prozent (die Ausreißer ausgenommen). Jahr für Jahr schrumpft auch das Anzeigenvolumen und das gesamte Beilagengeschäft. Viele Media-Agenturen fragen sich, ob der in Sachen Werbe-Erfolg recht diffuse Werbeträger Tageszeitung im Wettbewerb mit den interaktiven Online-Medien noch konkurrenzfähig ist – und finden ihre Antwort, indem sie Anzeigenaufträge stornieren. Auch 2013 gingen die Werbe-Erlöse markant zurück.

Und die Leser? Vielleicht noch besorgniserregender ist die Tatsache, dass ein immer größerer Teil der jungen Erwachsenen der Gattung Tageszeitung fern bleibt – dann jedenfalls, wenn es um die Bindung (Abonnement) geht: schnuppern ja, regelmäßig lesen: nein. Zahlreiche Blog-Kolumnisten halten die Überlebensfrage durch die Macht des Faktischen längst für beantwortet. Verschwinden die Tageszeitungen mangels Lesernachwuchs eines Tages ganz von der Bildfläche? Das sei nur eine Frage der Zeit, sagen sie.

Verschiedene Unternehmen traten ja auch sehr geräuschvoll die Flucht nach vorn an: Zuerst wurden Redaktionen ausgedünnt und prekarisiert. Zudem wurden in Nordrhein-Westfalen ganze Redaktionen geschlossen und Zeitungen fremdbeliefert; dann verkaufte der Axel Springer-Verlag zwei große Tageszeitungen, die *Berliner Morgenpost* und das *Hamburger Abendblatt*, komplett an die Essener Funke-Gruppe, begleitet vom Kommentar der Entscheider, dass die Ära Print definitiv zu Ende gehe. Viele mittelständische Verleger, die Blattmacher und Zeitungsjournalisten reagierten zutiefst verunsichert; im ersten Halbjahr 2013 trafen sie sich zu Konferenzen, Workshops und Tagungen und schrieben viele Memoranden und Aufsätze; ganze Serien wurden bestritten mit der Leidensfrage: Was wird aus dem (Zeitungs-)Journalismus? Jeder, der dazu etwas sagen wollte, hatte flugs eine Liste kühner Thesen zur Hand: Warum es und wie es kommen müsse. Eine ganze Branche schrieb sich selbst in eine depressive Stimmung. Die ganze Branche fabulierte aber auch mit überraschender Ahnungslosigkeit über ihre Zukunftsperspektiven. Wenn es stimmt, dass jede gute Recherche nicht mit einer These, sondern mit der Klärung der Sachverhalte beginnt, welche anschließend zu einer These führen (können), dann war das große Thesen-Palaver über die Zukunft des Journalismus wahrlich kein Ausweis für soliden Journalismus.[1]

II.

Der fatale Zeitungspessimismus, der dem Gesetz der selbsterfüllenden Prophezeiung folgt, und das große Kaffeesatzlese-Palaver des Sommers 2013 motivierten mich, dieses Buch zu schreiben. Sein Thema sind nicht ›die‹ Tageszeitungen, sondern die Regionalzeitungen. Und sein Ausgangspunkt ist nicht die Blickstarre auf das Internet, sondern die Überzeugung, dass die Krise der Regionalzeitungen nicht naturnotwendig, sondern überwiegend handgemacht ist. Polemisch zugespitzt: Wenn die Gattung Regionalzeitung untergehen sollte, dann hätten dies die Eigentümer – die Zeitungsverlage – selbst verschuldet.

Warum es hier nur um die Regionalzeitungen geht? Weil die Gattung der Boulevardpresse (Straßenverkauf) ganz anderes funktioniert und anderen Einflussfaktoren unterworfen ist, die auf die abonnierte Tagespresse nicht übertragbar sind (und umgekehrt). Und warum nicht die überregional verbreitete Tageszeitung, konkret: die *Süddeutsche*, die *Frankfurter Allgemeine*, die *Welt*, die *tageszeitung taz* und das *Handelsblatt*? Man möchte zur Ehre dieser besonderen Zeitungskultur jeden Morgen eine Hymne anstimmen: Ich bin überzeugt, dass wir in Deutschland mit diesem Zeitungskonzert auch im globalen Vergleich zu den bestausgestatteten Gesellschaften zählen, wenn ›bestausgestattet‹ sich nicht auf die Auflage, sondern auf die praktische Vernunft bezieht, die im medialen Diskurs zur Sprache kommt. Leider leiden auch die überregiona-

---

1 Meine Äußerungen hierzu finden sich unter dem Titel *Diagnose: Fehldiagnose* unter: http://www.spiegel.de/kultur/gesellschaft/michael-haller-zur-zeitungsdebatte-a-917026.html [17.1.2014].

len Abo-Zeitungen unter einem massiven Reichweiten-, Auflagen- und Werbe-Erlösschwund. Doch hier, im überregionalen Lesermarkt, gelten andere Regeln und Variablen; auch hier gilt, dass sich die Funktion der Regionalzeitung von jener der überregional genutzten Zeitungen (›Bundesausgaben‹) markant unterscheidet. Was in diesem Buch ausgeführt wird, betrifft allerdings auch die *Süddeutsche Zeitung* dort, wo sie die Rolle der Regionalzeitung wahrnimmt (d. h. im Großraum München).

III.

Dieses Buch verfolgt vom ersten bis zum letzten Kapitel eine bestimmte Perspektive: die des Publikums als tatsächlichem und potenziellen – aber auch ehemaligen – Zeitungsleser. Über die Leser wurde und wird in den Redaktionen schon seit Längerem viel geredet, doch wirklich verstanden hat man sie nicht. Dies hat verschiedene Gründe, die im Laufe der Kapitel diskutiert werden.

Damit ist auch schon die Kernbotschaft dieses Buchs verraten: Die Zukunft der Regionalzeitungen hängt wesentlich davon ab, ob die Redaktionen in ihrem Rollen- und Funktionsverständnis den Sprung von den 1980er-Jahren in unsere nachmoderne Ära schaffen. Ob sie, mit anderen Worten, den Perspektivenwechsel – weg von der Sicht der Machtträger und der Institutionen, hin zur Alltags- und Erfahrungswelt (vor allem) der jüngeren Erwachsenen – vollziehen können. Die damit verbundene Umorientierung auch der journalistischen Berufsrolle bedeutet eine große Herausforderung, die zu bewältigen dieses Buch helfen soll.

IV.

Die in den zehn Kapiteln ausgebreiteten Argumente sind keine Thesen, sondern aus empirischen Erhebungen, Studien und Analysen gewonnene Folgerungen. Diesen zugrunde liegt die Qualitätsforschung, die wir seit zehn Jahren am Institut für Praktische Journalismus- und Kommunikationsforschung (IPJ) in Leipzig im Auftrag verschiedener Medienhäuser durchführen: Qualität als Klammerausdruck für die Leistungen, die von der Zeitung erbracht werden müssen, damit die Medienkommunikation funktioniert. Es ist also kein Buch über ein wissenschaftliches Projekt oder eine wissenschaftlich zu klärende Theorie. Es benutzt vielmehr die aus der *angewandten Forschung* gewonnenen Erkenntnisse, einerseits, um Kritik zu üben an den Missständen im real existierenden Zeitungsjournalismus, andererseits, um den Blattmachern unter den Lesern möglichst brauchbare Anregungen, Hinweise und Empfehlungen zu geben.

Und auch dies ist mir wichtig: In vielen Zeitungsredaktionen trifft man auch auf leidenschaftliche, kluge und findige Journalistinnen und Journalisten. Und man stößt deshalb in (fast) jeder Zeitungsausgabe auf treffende, gut recherchierte, schlüssig argumentierende und süffig geschriebene Texte, die der Zeitung zu mehr Glanz verhelfen. Wenn in den zehn Buchkapiteln immer mal wieder einzelne Zeitungen als schlechtes Beispiel angeführt werden, dann richtet sich diese Kritik nicht gegen diese Individualleistungen, sondern betrifft irreführende Blattkonzepte, falsche Rollen- und Funktionsverständnisse wie auch fehlendes Qualitätsmanagement. Ich werde beispielsweise das *Hamburger Abendblatt* gelegentlich anführen als Beleg für konzeptionelle Fehlentscheidungen und markante Dysfunktionen im Lesermarkt. Davon unberührt bleiben herausragende Leistungen seiner Mitarbeiter, die belegen, dass auch ausgezeichnete Individualleistungen kein hinreichendes Mittel gegen die Misere der Branche sind.

V.

Das in den Buchkapiteln verarbeitete bzw. im Anhang beigestellte Datenmaterial entstammt Forschungsarbeiten des IPJ, an denen verschiedene Mitarbeiterinnen und Mitarbeiter maßgeblich beteiligt waren. Ohne deren Arbeiten wäre dieses Buch nicht möglich gewesen. Besonders dankbar bin ich Manuel Thomä, der das IPJ-Online-/Leser-Panel mit aufgebaut hat, sowie Tom Hoyer, der dieses Panel seit nun vier Jahren mit großer Verantwortung leitet.

Sehr dankbar bin ich auch Sebastian Feuß, der mit wissenschaftlicher Akribie die methodischen Möglichkeiten und Grenzen des Systems zur Blickverlaufsmessung ausgelotet und mehrere Erhebungen begleitet hat, wie auch Katarina Werneburg, Anne Grimm und Robert Berlin, die an mehreren Projekten mit großem Sachverstand mitgearbeitet haben. In den Dank einschließen möchte ich auch das Team der studentischen und wissenschaftlichen Hilfskräfte, die im Rahmen umfassender Benchmark-Analysen während vieler Monate mit großer Zuverlässigkeit die Codierungen bewerkstelligt haben.

Und nicht zuletzt dankend erwähnen möchte ich Gerd Walter von der Deutschen Druck- und Verlagsgesellschaft (DDVG) in Hamburg. Mit ihm habe ich im Frühjahr 2012 in Hannover eine Fachtagung zum Thema »Vorschläge zur Zukunftssicherung für Regionalzeitungen« durchführen können. Seither hat mich die DDVG beharrlich ermuntert, die dort gezeigten Befunde und Erkenntnisse in dieses Buch einfließen zu lassen. Was hiermit – auch Dank des sorgfältigen Lektorats des Halem Verlags – geschehen ist.

***

Lesehinweis: Dieser Reader wurde so konzipiert, dass jedes Kapitel einen Problempunkt für sich durchnimmt und die vorausgegangenen Kapitel nicht notwendig voraussetzt. Ich bitte die Leser, den damit verbundenen Nachteil, dass einige Argumente und Belege in verschiedenen Kapiteln Verwendung finden, billigend in Kauf zu nehmen.

Befunde, auf die ich mich in mehreren Kapiteln beziehe, sind im Anhang zusammengestellt. Es sind Auszüge aus Erhebungen des IPJ-Online-Leser-Panels der Jahre 2009 bis 2013 und Benchmark-Analysen.

1. DER JOURNALISMUS: WARUM MISSACHTET ER SEIN HANDWERK ?

Stellen Sie sich vor, ein Medizinprofessor würde anstelle der Grundlagen der Anatomie eine Dia-Show mit Reproduktionen wunderschöner Gemälde der Niederländischen Schule des frühen 17. Jahrhunderts zeigen, zum Beispiel Rembrandt Van Rijns Gemälde *Die Anatomiestunde des Dr. Nicolaes Tulp*, auf dem ein fein gekleideter Herr unter den fasziniert staunenden Blicken seiner sieben Schüler den linken Arm eines Leichnams aufschneidet. Reichte dies für den Arztberuf? Ich vermute, die so geschulten Mediziner, würden sie zugelassen, wären zwar kulturell gebildet, doch als Ärzte müssten sie aufs Schaurigste versagen.

Im Unterschied zum Arzt- ist der Journalistenberuf in Deutschland offen, jeder kann sich so nennen und jeder kann der Welt mitteilen, was er gut und richtig findet. Derzeit tun dies viele Journalisten; sie begreifen die grassierende Krisenstimmung als Chance, der Welt mit wortstarken Thesen mitzuteilen, dass sie lieber Schriftsteller, Erzähler oder Kolumnisten wären. Zu den originelleren Propheten dieses irgendwie neuen Journalismus zählt derzeit Constantin Seibt, Reporter und Blog-Kolumnist beim *Tages-Anzeiger* in Zürich. Er stellte eine »Liste der Lehrbücher zum Journalismus« zusammen – es kam kein einziges Lehr- oder Fachbuch vor. Als Super-Top-Tipp setzte er ein amüsantes Bändchen vom Werbemann Howard Luck Gossage: *Ist die Werbung noch zu retten?* (SEIBT 2013a). Man fragt sich: Ist der Journalismus noch zu retten, wenn er sich wie die Werbetexter nur als möglichst origineller Verkäufer beliebiger Fremdinteressen sieht? Wenn er – wie Rembrandts Dr. Nicolaes Tulp – die Pose über den Inhalt stellt?

Visionäre und Propheten

Das Beunruhigende daran: Die Szene ist erregt und begeistert, Motto: Wir brauchen diese engstirnige News- und Recherchearbeit nicht mehr, auch keine langweiligen Nachrichtenwerte und keine mühsamen Hintergrundanalysen; wir dürfen den eigenen Nabel als schöne Aussicht auf die Welt ausstellen – oder einfach losziehen, hingucken und eine bunte Story schreiben in den Fußstapfen des ›New journalism‹ (siehe *Was ist neu am neuen Journalismus*, S. 18ff.). Die Protagonisten dieser Szene – keiner trägt Blattmacher-Verantwortung – verdrängen auf grandiose Art, dass der Journalismus in den Augen der erwachsenen Bevölkerung leider auch aus solchen Gründen an Vertrauen verliert: »Der Bürger [ist] der Ansicht, dass Journalisten ohnehin nur ihre eigenen Bedürfnisse durchsetzen wollen und Nachrichten in Richtung ihrer eigenen Einstellung verzerren. In der Konsequenz entfernt sich der Rezipient vom Journalismus wie der Bürger von der Politik« (DONSBACH 2009: 130).

Die selbstverliebte Erzählerpose wird derzeit von vielen jüngeren Printleuten als neue Haltung des postindustriellen Journalismus gefeiert, so, als ginge die aktuelle Medienkrise auf die Fantasielosigkeit der Blattmacher oder einen Mangel an aufregenden Erzählstücken zurück. Manche behaupten dies tatsächlich – und zeigen mit ihrer ganz schön naiv wirkenden Realitätsferne, woran es wirklich hapert: an Augenmaß, Bescheidenheit und Wissen darüber, dass der Journalismus im Internetzeitalter nicht die selbst erfundenen, sondern die ihm zugewiesenen Aufgaben kompetent *und* erfolgreich erfüllen soll (vgl. WEISCHENBERG et al. 2006: 98f.; RUSS-MOHL 2010: 17-23).

Fragen Sie mal Volontäre oder Start-up-Gründer nach dem, was die ›öffentliche Aufgabe‹ des Journalismus eigentlich sei und bedeute. Sie werden staunen, wie bunt und wirr viele Antworten dieser neuen Journa-

Was ist neu am neuen Journalismus?

›Die Zukunft des Journalismus‹, lautete das Leitthema mehrerer von Journalisten organisierter Tagungen der Jahre 2012 und 2013. Meist ging es dabei um das ›neue Erzählen‹, mit dem die Zukunft des Print- und Internetjournalismus zu retten seien (vgl. www.reporterforum.de/rw13/). Was ist neu daran und warum soll dies die Rettung sein?

Zu der Zeit, als Deutschlands Zeitungsverlage erste Versuche unternahmen, ihre Inhalte auch über das Internet zu verbreiten, also im November 1995, publizierte der US-amerikanische Reporter und Web-Journalist Joshua Quittner im Magazin *HotWired* ein prägnantes, in den USA viel beachtetes Manifest über den künftigen Journalismus (*Way New Journalism*): Im grenzenlosen Cyberspace werde man bald auf Journalisten treffen, die einen neuen, kompakten Erzählmodus brächten. Bei Großereignissen zum Beispiel würden sie fortlaufend aktualisierte, mit Links angereicherte Berichte verfassen. Und sie würden Storys liefern, zu denen auch Ton- und Bildsequenzen gehörten und die Leser/User sogleich ihr Feedback geben und Meinungen austauschen ließen.

Multimedial, vernetzt und interaktiv, so nannten die Medienwissenschaftler diese Web-Revolution. Quittner damals: »The change that's coming will be more significant than anything we've seen since the birth of New Journalism; it may be even more revolutionary than that« (QUITTNER 1995).

Quittner erinnerte mit der Bezeichnung *Way New Journalism* an eine andere Erneuerungsbewegung: In den 1960er-Jahren, als in den USA das damals revolutionäre Medium Fernsehen die Presse bedrängte, reagierten mehrere Ostküsten-Reporter mit einem radikal neuen Erzählstil, den sie *New Journalism* nannten. Ihr wichtigster Protagonist war Tom Wolfe. Er definierte die Hauptmerkmale des neuen Erzählens so: Dramaturgischer Ablauf erzählter Szenen, lebendige Dialoge der Akteure, minutiöse Detailbeschreibungen sowie radikale Perspektivenwechsel im Fortgang der Story.

Bald schon fanden jene neuen Reporter die harte Grenze zwischen Fiction und Nonfiction für ihren einfallsreichen Erzähldrang hinderlich; folgerichtig wechselten sie vom journalistischen Metier zur Schriftstellerei, ihre Reportagen für Printmedien wurden zur seltenen Ausnahme, sozusagen das Sahnehäubchen für ihre Fan-Gemeinde. Auch in Deutschland fand diese Lust am unbegrenzt Subjektiven in Gestalt des Zeitgeist-, Pop- und Borderline-Journalismus einige Nachahmer (wer erinnert sich noch an *Tempo*?) – leider auf deutlich niedrigerem Sprach- und Stilniveau. Nach ein paar Jahren war der Rausch verflogen. Blattmache bedeutet in der Tat etwas Nüchterneres.

Als das Web in die Welt kam, war es Quittner, der erkannte, dass sich in diesem Medium jene Erzähl-Revolution der 1960er-Jahre vielleicht doch noch durchsetzen könne. Er verband die von Tom Wolfe genannten Merkmale des ›neuen‹ Erzählens mit der Multimedialität und Interaktivität des Web. Und viele US-Blog-Apologeten folgten seiner Prophezeiung.

Doch so wenig der *New Journalism* die Printmedien revolutioniert hat, so wenig ging Quittners Prognose in Erfüllung. Schon zwei Jahre später schlug seine Euphorie in Ernüchterung um. Sein Kollege David Futrelle schrieb, dass er sich wohl komplett geirrt habe. Vor allem die gnadenlose Kommerzialisierung, dann die für Polit-Kampagnen unfunktionierte Bloggerszene, die Hass- und Schimpftiraden in den Postings und Threads sowie die Intransparenz der Betreiber und Akteure weckten Skepsis. Dass der Journalismus sich neu erfinden werde, hielt Quittner von da an für ein Missverständnis. Das war im Jahr 1997.

Heute, 15 Jahre später, müssen Quittners Thesen erneut fortgeschrieben werden. Denn dank technischer Innovationen (Web 2.0 usw.), der hohen

Reichweite der digitalen Endgeräte und der Professionalisierung der Online-Dienste großer Medien (allen voran die *New York Times*) wird der neue Journalismus – nun im Kleid von Crossmedia – vielleicht doch noch Realität. Diese Revolution wird aber nicht im Netz, sie muss in den Köpfen der Journalisten stattfinden: Nur dort kann das alte Gattungsdenken (Zeitung *oder* Fernsehen *oder* Internet) überwunden, dort sollten die Themen *konvergent* (mehrkanalig und nutzerbezogen) aufbereitet und umgesetzt werden. Man müsste dies im Konjunktiv schreiben, denn dieses Können erfordert deutlich andere Kompetenzen als die, die von den Wortführern des *neuen Erzählens* derzeit verkündet werden – nämlich die Fertigkeit, sich in sein Publikum versetzen und die jeweils geeigneten Kanäle professionell bespielen zu können. Die Widerstände sind groß.

Literatur

BLEICHER, JOAN KRISTIN; BERNHARD PÖRKSEN (Hrsg.): *Grenzgänger. Formen des New Journalism*. Wiesbaden [VS Verlag] 2004

FUTRELLE, DAVID: »Why the new media won't save the world – or even displace the old media«. In: *Salon (online)*, 1997 [neu editiert 31.05.2011]

HALLER, MICHAEL: *Die Reportage* (5. Auflage). Konstanz [UVK Verlagsgesellschaft] 2006, S. 52-66

OSWALD, BERND: Vom Produkt zum Prozess. In: KRAMP, LEIF; LEONARD NOVY; DENNIS BALLWIESER; KARSTEN WENZLAFF (Hrsg.): *Journalismus in der digitalen Moderne*. Wiesbaden [Springer VS] 2013, S. 63-80

QUITTNER, JOSHUA:»The Birth of Way New Journalism«. In: *Hotwired*, 1995, Archived from the original on 3.05.1999 [6.02.2011]

listengeneration ausfallen. Wir haben in den vergangenen zwei Jahren 80 angehende Journalistinnen und Journalisten im Rahmen von Ausbildungsseminaren danach gefragt. Nicht mal jeder Zehnte wusste, dass diese Zuweisung gesetzlich festgeschrieben ist und auch übermorgen noch aktuell sein wird. Der für Zeitungen gültige Paragraf 3 lautet in fast allen Landespressegesetzen so (Beispiel LPG von Sachsen): »Öffentliche Aufgabe der Presse: (1) Die Presse dient dem demokratischen Gedanken im Sinn des Grundgesetzes. (2) Die Presse erfüllt dadurch eine öffentliche Aufgabe, indem sie in Angelegenheiten *von öffentlichem Interesse* Nachrichten beschafft und verbreitet, Stellung nimmt, Kritik übt oder auf andere Weise an der Meinungsbildung mitwirkt.« Demnach meinen die Propheten des neuen Selfi-Journalismus, dass es in der Internet-Gesellschaft mit dem öffentlichen Interesse vorbei und deshalb auch die ›öffentliche Aufgabe‹ des Journalismus hinfällig sei. Doch damit wird gleichsam das Kind mit dem Bade ausschüttet, d. h. mit der öffentlichen Aufgabe des Journalismus wird auch das Ziel der demokratisch organisierten Gesellschaft beerdigt – doch zum Glück nur in den Köpfen dieser Propheten.

Die Basisfunktion des Journalismus

Mit dieser Vorbemerkung möchte ich mich von den laut geführten Selbstgesprächen verschiedener Schönschreiber abgrenzen – und daran festhalten, dass die aufklärerische Rolle des Journalismus, die jenseits des Subjektivismus mit der mühsamen Informationsbeschaffung beginnt, nicht weiter geschwächt, vielmehr gestärkt werden muss. Sie steht – normativ gedacht – ausdrücklich nicht infrage, auch wenn in den folgenden Kapiteln die prekäre Zukunft der Zeitung das Thema ist. Vielleicht verbirgt sich hinter der Reichweitekrise der gedruckten Zeitung ja (auch) eine Krise des Selbstverständnisses der Journalisten – verschärft durch die sich verschlechternden Produktionsbedingungen. Die journalistischen Inhalte würden notwendig schlechter, weil die Refinanzierung wegbreche, konstatierte Ende 2012 der von der *Columbia Journalism School* publizierte Report über den »Post-Industrial Journalism« (vgl. ANDERSON et al. 2013):

Der tradierte Journalismus würde die sich rasant ändernde Mediennutzung ignorieren – er müsse mehr Kompetenzen entwickeln und lernen, den Medienwandel kreativ mitzugehen.

Ohne Zweifel sind die Printjournalisten derzeit schwer verunsichert, weil die technikgetriebenen Innovationszyklen sie handwerklich überfordern, zumal die digitalen Medien in einem verschleißenden AufmerksamkeitsWettbewerb stehen. Und weil die verschlechterten Arbeitsbedingungen Existenzängste auslösen, die ihrerseits zu einem ungesund hohen Anpassungsdruck führen, der die journalistische Berufsrolle korrumpiert. Aber steht deswegen die gesellschaftliche Funktion des Journalismus infrage? Auch wenn der schon etwas ältere Bundespräsident Joachim Gauck mit Crossmedia, Smartphones und Twitter nicht allzu intim sein dürfte, waren seine Erwägungen triftig, die er in seiner Rede an der BDZV-Jahrestagung im September 2013 zur Funktion des Journalismus vortrug. An die Adresse der zuhörenden Verleger gerichtet, sagte er:

>»Gute Journalisten fühlen sich nicht allein dem Eigentümer ihres Mediums verpflichtet, sondern auch dem Gemeinwohl. Sie beleuchten unsere Gegenwart, sie decken Missstände auf und riskieren in manchen Ländern der Welt dabei unter Umständen ihre Freiheit und ihr Leben. Wenn sie einem Skandal nachjagen, suchen sie nicht bloß Erregung, sondern Wahrhaftigkeit. Deshalb prüfen sie die Fakten und hören die Gegenseite. Sie verstehen Erfolg nicht nur als flüchtigen, spektakulären Augenblick. Sie setzen auf langfristigen Erfolg durch Präsenz und Profil, durch Haltung und Hingabe. In diesem Sinn dienen sie der Demokratie. Das sage ich nicht nur als Bundespräsident. Ich sage es vor allem als Leser, der sich lange danach gesehnt hat, dass es diese Art Journalismus nicht nur in Hamburg oder München, sondern auch in Rostock oder Dresden geben darf.«

Das System Journalismus

Schauen wir zunächst auf ›den‹ Journalisten, über den viele journalistische Individuen so viel reden und schreiben, obwohl es ihn real gar nicht gibt (ebenso wenig wie ›den‹ Mediziner oder ›den‹ Rechtspfleger); Journalismus ist ein Konstrukt, das nur als abstraktes Systemmodell in den Köpfen existiert. Über dieses Konstrukt lässt sich indessen viel Kritisches sagen, weil es nicht so funktioniert, wie es seine Konstrukteure erwarten (vgl. PÖRKSEN/KRISCHKE 2013). Eine aus meiner Sicht treffende Funktionskritik am (abstrakten) Journalismus lieferte der Praktiker Wolfram Weimer (2013). Er findet, der Journalismus in toto stecke in einer doppelten, einer Identitäts- und Funktionskrise:

> »Während unsere Branche über ›Plattformen‹ und ›Schnittstellen‹, über ›Multimedialität‹ und ›Content for People‹, über ›Social Media‹ und ›Mobile Interaction‹ räsoniert, während klassische Redaktionen entmündigt werden und Manager die Macht in Verlagshäusern übernehmen, denen Journalismus eine Ware wie Hundefutter oder Fußpilzcreme ist, während Kollegen nur noch reden, als seien sie bei McKinsey, fragt niemand mehr nach dem Eigentlichen: den Inhalten. Im Geraune über einen technischen Wandel hört kaum einer mehr hin, dass es uns Journalisten in Wahrheit ergeht wie den Politkern – uns wird nicht mehr geglaubt.«

Die von der demokratisch organisierten Gesellschaft dem Journalismus zugewiesene Aufgabe (Funktion) besteht ›theoretisch‹ auch heute darin, das Publikum über bemerkenswerte Vorgänge sinnmachend zu orientieren. Damit diese Funktion auch gegen Widerstände eingelöst werden kann, wurden die Pressejournalisten vor einem halben Jahrhundert mit einigen besonderen Rechten und, komplementär dazu, mit entsprechenden Pflichten versehen (Paragraf 6 in den erwähnten Landespressegesetzen). In den Folgejahren haben die Berufsverbände das Berufsbild ausgeformt und den Ausbildungsweg formal und inhaltlich festgeschrieben – beides wichtige Kennzeichen von Professionalisierung. Seither unterscheidet sich der journalistische Profi vom Amateur dadurch, dass seine Wirklichkeitsbeschreibungen triftig und wahrhaftig zu sein haben und seinem Medium Glaubwürdigkeit zukommt. Darin sieht auch Weimer die zentrale Funktionsleistung des Systems Journalismus; sie macht den mitzudenkenden Bezugsrahmen seiner Kritik aus. Weimer schreibt weiter:

> »Der Medienbetrieb steckt als Ganzes mit seiner Kultur der Affirmation in der geistigen Schuldenfalle. [...] Wir etablieren im Journalismus zusehends eine seltsame Hierarchie von Wichtigkeiten, die die kritische Intelligenz immer geringer schätzt, die affirmative höher und die inszenatorische am höchsten. Das Eigentliche ist uns zusehends weniger wert als das Erzählte und noch weniger als das Unterhaltende. Reporter und Rechercheure, Kritikaster und Kämpfer gegen das Falsche – die konzentrierte Sphäre der journalistischen Integrität, die altmodischen, querköpfigen Wahrheitssucher also haben Qualitätsmedien groß und vor allem wichtig gemacht.

Es gab dereinst sogar einen Kampf um Wahrheit und Wirklichkeit, woraufhin Journalisten einander über Inhalte Feinde werden konnten.

Vorbei. Heute wollen wir häufig eines: cool sein und dem Publikum gefallen. Die Welt der Bühne hat die der Kulisse als Sehnsuchtsort abgelöst. Die Folgen sind jedenfalls tiefgreifend. Der Journalismus wird zusehends von einer Haltung des Opportunistischen, des Unernstes, der Eitelkeiten geprägt, weil wir die Hierarchie der Wahrheiten durch eine Hierarchie der Gefälligkeiten ersetzen.«

Ins Positive gewendet, verbindet sich mit Weimers Kritik der Anspruch, dass zur Ausübung der journalistischen Berufsrolle diese zwei Qualitäten gehören: erstens frei zu sein von äußeren Interessen und verpflichtenden Bindungen, also das Leitbild Unabhängigkeit hochzuhalten. Und zweitens über eine eigene Wertehaltung zu verfügen, die sich mit den gesellschaftlichen Grundwerten deckt. Dabei sind diese Qualitäten gar nichts Neues, sondern greifen ein bewährtes Journalismus-Credo auf: ›Der‹ Journalist solle sich nicht gemein machen mit egal welcher Sache; er solle keinen Macht- und keinen Partikularinteressen dienen, vielmehr aus unabhängiger Position beobachten, beschreiben, bewerten. So lautet die Theorie. In der Realität aber, sagt Weimer, suche die Meute der Journalisten meist die Affirmation; sie erzeuge statt öffentlicher Debatte den palavernden Mainstream mit seinem So-sehe-ich-es-auch-Gerede. Und noch ein letztes Mal Weimer:

»Eine Ursache der journalistischen Krise liegt in der Auflösung von Wahrheiten zu diskursiven Konsensen. Wir fragen immer weniger danach, was wir für richtig halten, sondern danach, was andere für richtig halten könnten. [...] Wenn Medien so demonstrativ werden wie sozialistische Denkparaden, ist es dann ein Wunder, dass sich das Publikum abwendet? Haltung, Abweichlertum, Originalität wirken in der superkonformen Medienwelt der Vollkaskomeinungen wie Antiquitäten aus längst versunkenen Zeiten. Man gibt sich eben auch als Journalist lieber geschmeidigen Netzwerken hin, Meinungstrends und Stimmungs-Communities [sic!], weil sie kollektive Bande einer Welt sind, die die Wahrheit fürchtet wie der Chorknabe das Solo. Die schleichende Erosion unserer journalistischen Intelligenz kommt aus einer kulturellen Haltung des Unernstes, des Unechten, des Zynischen.«

Man mag einwenden, dass diese flotten Formulierungen selbst schon von dem Virus infiziert seien, dessen Krankheitswirkungen sie beschreiben. Gleichwohl: Zutreffend daran ist aus meiner Sicht der Kontext, der Hintergrund, vor dem wir die Zukunft der Tageszeitung diskutieren: Der

Zeitungsjournalismus ist derzeit tief verunsichert; er muss seine Identitätsängste, seine derzeitige Krisenhysterie überwinden und sich an den Berufsnormen seiner Profession orientieren, die ihn zu einer aufklärenden Beschreibung und glaubwürdigen Bewertung der komplex gewordenen, von den Dampfplauderwolken verhüllten Wirklichkeit befähigen.

Verschiedene Journalismen

Der Haupteinwand gegen diese Beschreibung lautet: Über ›den‹ Journalismus kann man sagen, was man will, man findet für seine Thesen immer Beispiele und Episoden. Und darum sind solche Pauschalkritiken auch nicht weiterführend, sie lassen sich mit Gegenbeispielen leicht konterkarieren: Fernsehnachrichten gegen TV-Talkgewäsch; das Morgen-Feature des DEUTSCHLANDRADIOS gegen ENERGY-Gebrabbel; die Seite 3 der *Süddeutschen* gegen die Seite 3 der *Bild*-Zeitung; das *Spiegel*-Gespräch gegen die Gefälligkeitsfragen im Lokalteil der *Flensburger Nachrichten* usw. In der Medienwelt gibt es nicht ›den‹, sondern verschiedene Journalismen, genauer: Es gibt unterschiedliche journalistische Rollen und Funktionen, die sich ergänzen und die Medienkommunikation ausweiten (vgl. WEISCHENBERG et al. 2006: 33ff.; MEIER 2011).

Partizipatorische Formen im Internet ersetzen nicht die nachrichtlichen News-Angebote. Und diese verdrängen nicht den auf Nutzwert ausgelegten Service im Lokalteil. Oder die Wochenzeitung: Sie kann nicht die Funktion eines tagesaktuellen Informationsmediums übernehmen, auch jene Zeitschrift nicht, die im Untertitel ›Nachrichtenmagazin‹ heißt. Und umgekehrt: Eine Tageszeitung wird dysfunktional, wenn sie sich in Aufmachung und Inhalt als eine täglich erscheinende Wochenzeitung verkleidet und vermeintlich aufregende, dafür inaktuelle Geschichten anbietet. Trotzdem versuchen es viele Blattmacher; sie sehen aus wie der Schneider von Ulm.

Jede Tageszeitung erfüllt mit ihren durchschnittlich 28 redaktionellen Seiten sehr unterschiedliche Nutzungszwecke, die von der nackten Informationsfunktion über Aufklärungsarbeit sowie Nutzwert-Generierung zu den integrierenden Effekten des Lokalteils reichen. Ihnen allen ist aber ein Nutzungsmodus gemeinsam und insofern übergeordnet: die Informationsnachfrage der berufstätigen Erwachsenen, die von deren Tagesrhythmus gesteuert wird. Zwar erweitern sich die Mediennutzungen dank der marktgängig gemachten technischen Innovationen (derzeit Smartphone und Tablet). Aber diese Innovationen sind vom Tagesrhythmus nicht zu entkoppeln, sondern schmiegen sich den Zyklen an. Im Mediennutzungsset eines berufstätigen Mittdreißigers etwa funktioniert eine vollwertige Tageszeitung nur als Morgen-, nie als Abendzeitung (Blätter, die den Abend noch in ihrem Titel tragen – in München oder Hamburg etwa –, erscheinen lange schon frühmorgens, genau wie die anderen Zeitungen). Also wissen die Profis unter den Blattmachern, dass der genannte Mittdreißiger am Morgen sehr wohl auf Aktualität und Relevanz achtet; irrelevante Geschichten oder redaktionelle Selbstbeweihräucherung – dies zeigen unsere Studien deutlich – lehnt er kategorisch ab.

Publikationsintervalle, die langsamer laufen, dienen wiederum deutlich anderen Nutzungszwecken, zum Beispiel der Generierung von Hintergrundwissen, dem Flanieren in unbekannten Themen oder der Befriedigung von Unterhaltungswünschen. Ein Tageszeitungsjournalist sollte nicht versuchen, seine Themen so aufzubereiten, wie es für ein Wochenmagazin angemessen wäre (mehr dazu im 5. Kapitel).

Umgekehrt überschätzen die gehetzten Online-Redakteure den Informationsdrang ihrer Nutzer. Nicht das Publikum hetzt sie, sondern die Mitbewerber; so bewegen sich die Online-Macher im Zirkel permanenter Selbstinduktion. Andererseits unterschätzen viele Verlage bei schnell laufenden Update-Intervallen den damit verbundenen Zwang zu gehaltvollen Neuigkeiten. Beispiel regionaler Newsticker: Mangels Substanz müssen inhaltsleere Fortschreibungen oder Banalitäten produziert werden – mit lausigen Reichweiten. Die Macher übersehen, dass kurze Update-Intervalle mit kürzeren Nutzungszeiten quittiert werden: Messungen belegen, dass die Verweildauer auf der Website umso kürzer und flacher wird, je häufiger im Tagesverlauf aktualisiert wird. Kurze Nutzungsintervalle indessen erfordern eine hoch präzise, auf Schlagzeilen und Raffer zugeschnittene Nachrichtenaufbereitung, die sich deutlich von der Präsentation in der gedruckten Zeitung unterscheidet. Unsere Messungen zeigen: Auf Aktualität getrimmte Websites, die dem Wunsch nach sekundenschneller News-Erschließung nicht gerecht werden, wirken dysfunktional und verlieren Nutzer. Zwischenfazit: Der ›digitalisierte‹ Journalist muss nicht zur eierlegenden Wollmilchsau mutieren, aber er sollte verstehen, welche Medien (Kanäle) von welchen Zielgruppen im Tagesverlauf wann genutzt werden und wie welche Angebote beim Adressaten wann optimal funktionieren (d. h. Reichweiten erzielen).

Der Zeitungsjournalismus im Besonderen

Der verunsicherte Zeitungsjournalist: Ihm sollte als erstes klargemacht werden, was *Journalismus* insgesamt auszeichnet (und auch in Zukunft auszeichnen wird). Befragungen zeigen, dass selbst leitende Redakteure im Digitalisierungstaumel aus den Augen verloren haben, was *journalistische* Medien von anderen Kommunikations- und Nutzungsangeboten unterscheidet. Gegen die Dysfunktionen der Zeitungen (online wie offline) und gegen die verbreitete Verunsicherung ihrer Blattmacher möchte ich nachfolgend die sechs Essentials *journalistischer* Medienmache in aller Kürze in Erinnerung rufen. Hierzu fasse ich zunächst die in der Journalistik und in den Medienwissenschaften im Laufe der letzten drei Jahrzehnte – davon die letzten zwei inklusive Internet – entwickelte und vielfach überprüfte Umschreibung in einer knappen, normativ zu verstehenden Sechs-Punkte-Definition zusammen:

Erstens: Journalistische Informationsmedien – also auch Tageszeitungen! – selektieren ihren Nachrichten-Input auch in Zukunft nicht maschinell, sondern manuell (bzw. kognitiv) nach Maßgabe rationaler (= beschreib- und begründbarer) Auswahlkriterien, die für das Publikum Bedeutung generieren. Die Redaktionen dieser Medien sind und bleiben professionelle Gatekeeper. Dies unterscheidet sie auch von automatisierten und maschinell kompilierten Informationsangeboten.

Zweitens: Journalistische Medien insgesamt sind keine Aggregatoren; sie veröffentlichen Inhalte, für die sie in toto die publizistische und presserechtliche Verantwortung übernehmen. Deshalb ist die Recherche ein für journalistische Medien unverzichtbares Instrument. Auch dies unterscheidet sie grundsätzlich von Plattformen und News-Aggregatoren.

Drittens: Die Herstellung journalistischer Medien, insbesondere von Zeitungen, weist einen hohen Grad an Organisiertheit auf, indem die Produktion der Inhalte über definierte Prozeduren und personalisierte Zuständigkeiten abläuft (hierzu steht einiges rechtsverbindlich im Paragraf 9 der Landespresse- bzw. Landesmediengesetze und in den Rundfunkstaatsverträgen). Diese mit Verantwortungen ausgestattete Organisation erzeugt eine Markenidentität, die, wenn sie glaubwürdige Inhalte erzeugt, auch Vertrauen generiert. Auf Glaubwürdigkeit gestütztes Vertrauen ist Bedingung, um bei den Lesern/Usern Informiertheit herzustellen – eine Qualität, die publizierende Individuen (wie Blogger oder Websiten betreibende Personen mit Presseausweis) nicht herstellen können.

Viertens: Die von journalistischen Medien, zumal von Zeitungen veranstaltete öffentliche Kommunikation ist und bleibt auch in Zukunft asymmetrisch: Über den Inhalt entscheiden die Produzenten, nicht die Rezipienten. Daran ändern auch Konzepte wie ›Bürgerjournalismus‹ und ›Leserreporter‹ nichts; umgekehrt sind digitale Container, die von beliebigen Laien gefüllt werden – zum Beispiel die digitale *Gießener Zeitung* – keine journalistischen Medien, auch wenn sie über eine verantwortlich (im Sinne des Medienrechts) kuratierende Redaktion verfügen und von vielen Nutzern beliefert werden. Offen ist in diesem Zusammenhang die Frage, wohin sich journalistisch gut gefüllte Blogs und hybride Angebote vom Zuschnitt der unentgeltlich angebotenen, Agenturmaterialien verwertenden Web-Blogzeitungen – modellhaft die *Huffington Post* – entwickeln werden.

Zu den argumentstarken Skeptikern zählt Publizist und FAZ-Mitherausgeber Frank Schirrmacher (2012). Er schreibt: »Im Zeitalter des Internets kann jeder alles sein, Verleger, Autor, Journalist. Jeder kann partizipieren, jeder Geld verdienen.

Das ist das Mantra. Keine dieser Aussagen stimmt. Trotzdem werden sie weiter nachgeplappert. [...] Achtzig Millionen Deutsche, die über Nacht ihre eigenen Verleger, Drucker, Autoren werden konnten – welches Modell hat funktioniert? Wo ist der neue Pulitzer, Augstein, Suhrkamp? Wer hat profitiert? Wo gibt es das Blogger-, Startup-, Nachrichten- oder Kommunikationsmodell, das auch nur ansatzweise funktioniert? Was ist wirklich geschehen mit der ›Demokratisierung von Information‹? An Versuchen hat es, wie jeder weiß, nicht gemangelt. Ihr Scheitern ist Legion. Alternativmedien, für die seinerzeit sogar Journalisten wie der Kollege Prantl ihre Urgesteinshaftigkeit zur Verfügung gestellt haben, Debattenportale, Netzzeitungen.«

Fünftens: Journalistische Aussagen, auch journalistische Reportagen sind kein Selbstzweck (sich selbst genügend ist allein die Kunst). Sie dienen stets einem Zweck: das Publikum über reale Geschehnisse zu orientieren (informieren, verstehen, teilhaben lassen, beurteilen). Und wenn dies den Journalisten auf unterhaltsam-vergnügliche Weise gelingt: umso besser. Doch leider hat die Medienkrise viele Journalisten in den Glauben versetzt, sie dürften sich von der Informationsarbeit befreien und könnten in Zukunft besonders originell, aufregend und dramatisch erzählen; Storytelling gilt als Losung der Stunde (vgl. http://www.reporter-forum.de/index.php?id=221). Dasselbe mit den Worten des Eingangs erwähnten Constantin Seibt:

> »Die wichtigste handwerkliche Konsequenz für unser Produkt betrifft etwas, was die besseren Journalisten schon immer gewusst haben: Fakten sind Dreck – so wie jeder Rohstoff Dreck ist. Ihre Richtigkeit ist insofern wichtig wie die Reinheit und Vollständigkeit von Zutaten beim Backen wichtig ist. Aber der Kuchen ist das noch nicht. Die Fakten müssen erst zu einer echten Geschichte werden: zu einer, die auch ohne jede Neuigkeit interessant wäre. Denn nur solche Geschichten reißen Leser mit« (SEIBT 2012).

Welche Leser? Diejenigen, die eine Tageszeitung abonnieren wollen, jedenfalls nicht – dies zeigen die Befunde der Leserforschung und der Blick auf die Auflagenentwicklung in aller Deutlichkeit. Mitreißend wirken eher Enthüllungen, scharfe Blicke hinter die Kulissen und erklärende Hintergründe.

Sechstens: Im Unterschied zur ungeheuren Flut der beliebig publizierten Aussagen im Web erzeugen journalistische Aussagen in Bezug auf das

Zusammenleben der Menschen eine Bedeutung; sie entspringen darum keiner Laune, sondern einer (erkennbar zu machenden) Haltung. Diese trägt wesentlich zu dem bei, was mit der Etikette ›Vertrauen‹ bezeichnet wird. Zur Ehrenrettung von Constantin Seibt sei erwähnt, dass sich in diesem Zusammenhang unter seinen ›Thesen‹ auch eine trendrichtige findet. Seibt (2012) schreibt:

> »Sich der Gegenwart zu stellen, heißt, sich der Komplexität zu stellen. Und um die aufs Papier zu bringen, braucht es Stil. Oder genauer: mehrere Stile, je nach Sachlage. Stil ist nie Selbstzweck, er ist ein Maßanzug für die Fakten. Und somit die einzige Methode, komplexe Dinge zu sagen, ohne zu lügen und ohne an Schwung und Klarheit zu verlieren. Ohne raffiniertes Handwerk ist die Welt nicht mehr zu begreifen. Zweitens zwingt die Förderung von Stil eine Zeitung zur Erneuerungsdiskussion. Denn Stil ist das Gegenteil von Ornament, Design, Oberfläche. Er ist im Kern: Haltung. Haltung ist, sobald man sie hat, eine hocheffiziente Sache: denn sie zeigt sich in jeder Handlung, jedem Produkt.«

Die Zukunft heißt: Konvergenter Journalismus

Diese sechs Punkte sind aus meiner Sicht zwingend notwendig, um das *Funktionssystem Journalismus* im Allgemeinen und den Zeitungsjournalismus im Besonderen vom großen Rest des meist amateurhaften Publizierens abzugrenzen, welches sich in der Welt des Web 2.0 ins Grenzenlose öffnet – es ist notwendig, aber nicht hinreichend. Denn die mit der digitalen Welt verbundenen Veränderungen, vor allem das veränderte Medienverständnis der nachwachsenden Generationen, erfordern eine Erweiterung der Berufsrolle und der Kompetenzen. Auch hierüber ist in den letzten zehn Jahren sehr viel diskutiert und sind viele Vorschläge in zahlreichen Thesen aufgelistet worden.

Im September 2013 brachte die digitale *Kontext:Wochenzeitung* ein Gespräch mit den beiden Chefs der *Südwestpresse* in Ulm, dem Verlagsgeschäftsführer Thomas Brackvogel und dem Chefredakteur Ulrich Becker *(Kontext:Wochenzeitung* vom 04.09.2013). Beide erzählten anschaulich, wie sich im Alltag der Online-Redaktion das Rollenselbstverständnis der Journalisten veränderte:

BRACKVOGEL: Wir hatten hier ein Schlüsselerlebnis. Der stellvertretende Chefredakteur hat von seiner Wohnung aus eine Rauchsäule fotografiert, ein Auto, das auf dem Autobahnzubringer gebrannt hat. Das klickstärkste Bild auf der Seite. Es gibt offensichtlich ein Bedürfnis der Nutzer nach Themen, die guter seriöser Journalismus, wie Sie es vielleicht nennen würden, nicht gern bedient. Aber zu sagen, wir entziehen uns dem Wunsch des Lesers, geht auch nicht. Wer sind wir, das tun zu wollen? Es wäre auf der anderen Seite aber auch ein Fehler, eine Zeitung, entschuldigen Sie, Herr Becker, ausschließlich dem Boulevard zu überlassen.

BECKER: Wenn Sie nur nach den Nutzungszahlen gehen würden, hätten Sie sogar einen reinen Boulevardjournalismus. Die Frage ist doch, wie seriös und glaubhaft bereite ich das auf. Man hat im Internet die schnelle Information, und die ist halt oftmals auch Blaulicht, das erzeugt Reichweite und hat so einen gewissen Vorrang vor dem Hintergründigen. Die Bedürfnisse der User im Netz sind anders als die der Menschen, die jetzt noch eine Zeitung kaufen. Die haben ein anderes Informationsverständnis.

BRACKVOGEL: Ich erinnere mich an einen Tag, an dem die Redaktion mit großem Schrecken festgestellt hat, dass der klickstärkste Text eine Reportage über Westerwelle war. Nicht vorstellbar eigentlich, ein langes Stück. Über die FDP und dann auch noch über Westerwelle. Niemand hätte das gedacht.

BECKER: Mollath hat auch extrem gut funktioniert. Das hat die Leute bewegt, ganz egal was wir veröffentlicht haben. Also funktionieren Nähe, die Angst vor einem Überwachungsstaat, was macht der Staat mit mir, persönliches Schicksal. Da ist die Sozialreportage aus den Fernen des chilenischen Hochlands zwar gut, aber vielleicht nicht mehr zeitgemäß. Im Print können Sie das noch lesen, weil Sie sich da freuen, wenn Sie ein solches Stück entdecken. Aber online wählen die Leser aus, was Sie wissen wollen. Darauf muss man eingehen. Vielleicht saßen wir zu lange auf dem hohen Ross. Wir müssen sehen, dass wir die Bedürfnisse der Leser erfüllen. Online ist eine große Chance, mehr über unsere Leser zu erfahren. Das war bisher schwer möglich.

Dies ist nur ein Schlaglicht auf die mit dem Publikumskontakt verbundenen neuen Erfahrungen. Ich will diese und viele andere bemerkenswerte Beiträge zum Rollenwandel des Journalismus in den Online-Medien hier nicht weiter referieren, sondern die aus meiner Sicht zentralen Kompetenzerweiterungen aufzählen.

An *erster Stelle* steht der Perspektivenwechsel: weg vom Mainstream-Denken des quellengläubigen Einbahnstraßen-Berichterstatters – hin zur publikumsbezogenen Sicht des beobachtenden, recherchierenden, nachfragenden und risikobereiten Reporters. Dies gelingt allerdings nur denen, die ihr Publikum kennen und verstehen. In der angewandten Medienforschung der USA existiert seit Jahren hierzu der festgefügte Begriff ›Audience Understanding‹. Damit ist kein blumiges Bauchgefühl des Lokalchefs gemeint, aber auch kein kommerzielles Marketing und kein Schielen auf die Klickzahlen, sondern das wissenschaftsbasierte, genaue Erfassen dessen, was die Zielgruppen des Mediums tun und lassen, wie und wann sie mit welchen Medien umgehen und was ihnen wichtig ist. Dieser Ansatz steht im Mittelpunkt mehrerer Kapitel dieses Buches.

An *zweiter Stelle* kommt die durch das Internet *erweiterten* Recherche- und Thematisierungsverfahren: Vor allem Tageszeitungsjournalisten müssen die Verfahren der aufdeckenden – manche sagen gern: investigativen – Recherche deutlich professioneller (auch: routinierter!) beherrschen als bisher; derzeit herrscht eine stupide »Googleisierung der Recherche« (WEGNER 2012), die kaum mehr leistet als das, was jeder Web-Nutzer kann. Sie brauchen auch die ›hinter‹ Google zugreifende Datenbankrecherche sowie das Themen-Scouting in der Twitter-Welt und den Social-Media-Netzen. Gelernt werden müssen zudem die online-basierten Methoden des Data-Journalismus (ein tolles Wort für rechnergestützte Strukturdatenanalysen). Und nicht zuletzt benötigen sie ein kritisches Wissen der trügerischen Web-Logiken, die artefaktische Aussagen in Wahrnehmungsrealität (›augmented reality‹) verwandeln.

An *dritter Stelle* stehen die mit dem Web aufblühenden Kommunikations- und Interaktionsformen. Vor allem Tageszeitungsjournalisten müssen ihr Rollenverständnis rasant verändern: weg vom Katheder-Journalismus der Oberschlauen, hin zum dialogisch denkenden Kommunikator, der sein Publikum einbezieht – virtuell, indem er die Sicht des Publikums antizipiert, wenn er ein Thema umsetzt. Und real, indem er Leser/User bei der Themenfindung, beim Interview-Entwurf, am aktuellen Stadtgespräch usw. via Social Web und Twitter einbezieht.

An *vierter* Stelle sehe ich die Überwindung des Gattungsdenkens: Gerade, wenn es um die Zukunft der Zeitung gehen soll, darf nicht mehr in den Routinen des Offline-Produkts produziert werden. Überhaupt: Zeitungsjournalisten werden nicht mehr in den Kategorien der klassischen Kanäle (Zeitung, Radio, Fernsehen, Internet) denken und produzieren, sondern in den medialen Räumen, in denen auch ihre Kommunikationspartner, die Publika unterwegs sind, im dauernden Wechsel zwischen Offline- und Online-Nutzung, zwischen kognitiven (Text) und emotiven (Video) Rezeptionen, zwischen Breaking News, Ereigniskontexten und singulären Geschichten (hier endlich kommt sie zur Geltung: die Story). Zeitungsjournalisten müssen, mit anderen Worten, ihre aktuellen Ereignisthemen *konvergent denken* und angehen (was aber nicht bedeutet, dass jeder Journalist multimedial produzieren können muss).

Auch der Internetchef der *Süddeutschen Zeitung*, Stephan Plöchinger (2013), hat Thesen zur Zukunft des Journalismus verfasst und darin seine Sicht des redaktionellen Change-Prozesses eingebracht – zutreffend, wie ich finde. Er schreibt:

> »Die Herausforderung ist klar: Die meisten Redaktionen müssen künftig ausgeruhte Reportagen und tiefgehende Recherchen genauso beherrschen wie Live- oder Datenjournalismus oder die nächste neue Ausdrucksmöglichkeit. Veränderung ist kein Selbstzweck. Doch nur wer das Sich-neu-erfinden als selbstverständlichen Teil der journalistischen Neugier und seiner Jobbeschreibung annimmt, meistert am Ende die Vielfalt der Aufgaben.«

Und nicht zuletzt als *Fünftes* die Crossmedialität. Weiter oben wurde schon angedeutet, dass die Zukunft der Zeitung durch ihre *Funktionen* bestimmt sein wird und nicht durch das Trägermedium Papier bzw. ihren physischen Vertriebsweg. Letzterer ist ja bereits heute variabel – aber keineswegs austauschbar, wie viele Zeitungshäuser glauben, die ihr Zeitungsprodukt 1:1 digital verbreiten und komplett übersehen, dass jedes der digitalen Ausgabegeräte aus Lesersicht ein spezifisches Nutzungsprofil besitzt. Der klassischen Zeitungs*nutzung* am nächsten kommt – allen mir bekannten Studien zufolge – derzeit die Application (App) für das Tablet.

Ihr Layout kann die Themenrelevanz über Hierarchien erkennbar machen und besitzt eine der Zeitungsausgabe vergleichbare Abgeschlossenheit. Auch der Leseprozess – Wischen statt Blättern – benutzt quasi-sinnliche Routinen, die der Haptik der Papierlektüre entstammen. Gleichwohl funktioniert eine App im alltäglichen Nutzungskontext der User deutlich anders als die gedruckte Zeitung, ganz anders auch als deren Website. Entsprechend spezifiziert müssen die Inhalte ›kanalgerecht‹ aufbereitet werden. Stephan Plöchinger hat zu diesem Aspekt seine Erfahrung als Online-Chefredakteur eingebracht. Er schreibt hierzu:

> »Es geht nicht darum, unsere existierenden Inhalte zu digitalisieren, also Text aus der Zeitung technisch in ein digitales Produkt zu bekommen und damit letztlich ›Zeitung im Netz‹ zu machen – sondern darum, den Journalismus an sich zu digitalisieren. Ein Reporter kann seine Geschichten im digitalen Medium grundlegend anders erzählen; vom theoretisch unendlichen Platz, den er hat, bis zu den multimedialen Möglichkeiten. Er muss nicht, aber er kann, und das ändert vieles, von der Recherche bis zur Produktion.«

Diese Sicht deckt sich mit unseren Erhebungen: Auch die ePaper-Apps treten nicht an die Stelle der Zeitung, sondern erweitern diese um die mit der Multimedialität verbundene Nutzung – und sollten dementsprechend gebaut werden. Daraus folgt, dass in Zukunft (auch) Zeitungsjournalisten Mediennutzungsexperten sein müssen: Schreiben, was man wichtig und erhellend findet, ist das eine. Den Stoff so angehen und aufbereiten, dass er die Zielgruppen erreicht und von diesen genutzt, verstanden und wertgeschätzt wird, ist das andere.

Beides zusammen macht den konvergent denkenden Journalisten der (nahen) Zukunft aus. Beides zusammen erfordert eine für Zeitungsjournalisten neue Kompetenz.

Literatur

ANDERSON, C. W.; EMILY BELL; CLAY SHIRKY: Post-Industrial Journalism: Adapting to the Present. A report. In: *Columbia Journalism Review*, 2013. URL: http://towcenter.org/research/post-industrial-journalism

ARNOLD, KLAUS: *Qualitätsjournalismus. Die Zeitung und ihr Publikum*. Konstanz [UVK Verlagsgesellschaft] 2009

DEUTSCHER JOURNALISTENVERBAND DJV (Hrsg.): *Acht Thesen zum Verbandstag 2013*. URL: http://www.djv.de/uploads/media/_Thesen_Zukunft_des_Journalismus.pdf

DONSBACH, WOLFGANG; MATHIAS RENTSCH; ANNA-MARIA SCHIELICKE, SANDRA DEGEN: *Entzauberung eines Berufs. Was die Deutschen vom Journalismus erwarten und wie sie enttäuscht werden*. Konstanz [UVK Verlagsgesellschaft] 2009

GAUCK, JOACHIM: *Rede an der BDZV-Jahrestagung in Dresden, 17. September 2013*. URL: http://www.bundespraesident.de/SharedDocs/Reden/DE/Joachim-Gauck/Reden/2013/09/130917-Jahrestagung-Zeitungskongress-2013.html

KRAMP, LEIF; LEONARD NOVY; DENNIS BALLWIESER; KARSTEN WENZLAFF: *Journalismus in der digitalen Moderne. Einsichten-Ansichten-Aussichten*. Wiesbaden [Springer vs] 2013

MEIER, KLAUS: *Journalistik* (=UTB-Reihe »basics«). 2. Auflage. Konstanz [UVK Verlagsgesellschaft] 2011

MEIER, KLAUS; CHRISTOPH NEUBERGER (Hrsg.): *Journalismusforschung. Stand und Perspektiven*. Baden-Baden [Nomos] 2013

NEUBERGER, CHRISTOPH; CHRISTIAN NUERNBERGK; MELANIE RISCHKE (Hrsg.): *Journalismus im Internet. Profession – Partizipation – Technisierung*. Wiesbaden [vs Verlag] 2009

PLÖCHINGER, STEFAN: Wie wir nach vorne denken sollten – acht Thesen zur Zukunft. Beitrag für das Jahrbuch 2013 des BDZV. Zitiert nach: http://ploechinger.tumblr.com/post/61688994730/wie-wir-nach-vorne-denken-sollten-acht-thesen-zur (2013)

RUSS-MOHL, STEPHAN: *Journalismus. Ein Lehr- und Handbuch*. Frankfurt/M. [Frankfurter Allgemeine Buch] 2010

SCHIRRMACHER, FRANK: *Zukunft des Journalismus – Das heilige Versprechen*. URL: http://www.faz.net/aktuell/feuilleton/medien/zukunft-des-journalismus-das-heilige-versprechen-11970610.html (2012)

SEIBT, CONSTANTIN: *15 Thesen zum Journalismus im 21. Jahrhundert*. URL:
http://blog.tagesanzeiger.ch/deadline/index.php/36/15-thesen-
zum-journalismus-im-21-jahrhundert (02.05.2012)

SEIBT, CONSTANTIN: *Mein Held Howard Luck Gossage*. URL: http://blog.ta-
gesanzeiger.ch/deadline/index.php/32982/mein-held-howard-luck-
gossage/ (2013a)

SEIBT, CONSTANTIN: DEADLINE – *Über den täglichen Kampf mit dem Text*.
Zürich [Verlag Kein & Aber] 2013b

WEGNER, JOCHEN: Die Welt laut Google. Oder: Was heißt hier Recherche? Eine viel zu schnelle Suche. In: *Epd Medien*, 2005/4, S. 8 - 11

WEIMER, WOLFRAM: *In der geistigen Schuldenfalle* (Beitrag zur Zeitungsdebatte auf *Spiegel.de* vom 10.08.2013. URL: http://www.spiegel.
de/kultur/gesellschaft/wolfram-weimer-zur-zeitungsdebatte-
a-915759.html (2013)

WEISCHENBERG, SIEGFRIED; MAJA MALIK; ARMIN SCHOLL: *Die Souffleure der Mediengesellschaft – Report über die Journalisten in Deutschland*.
Konstanz [UVK] 2006, S. 97 - 119

»Wir sind unentbehrlich« – Gespräch mit Thomas Brackvogel und
Ulrich Becker. In: *Kontext:Wochenzeitung*, Stuttgart. URL: http://
www.kontextwochenzeitung.de/macht-markt/127/wir-sind-
unentbehrlich-1711.html [04.09.2013]

Zur Messbarkeit von Qualitätsdimensionen im Journalismus

Wenn es um Tageszeitungen geht, dann sind in unserer informations-
offenen, marktwirtschaftlich organisierten Gesellschaft Qualität und
Erfolg untrennbar miteinander verbunden. Dieser Umstand macht die
Ermittlung und Beurteilung von ›erfolgreicher Qualität‹ recht kom-
pliziert, zumal verschiedene Einflussgrößen zusammenwirken. Dieser
Reader orientiert sich am folgenden Modell, mit dem die wichtigsten
Dimensionen – im Rahmen der normativ ›gewollten‹ Grundversorgung
der Gesellschaft mit Informationsmedien – veranschaulicht werden.

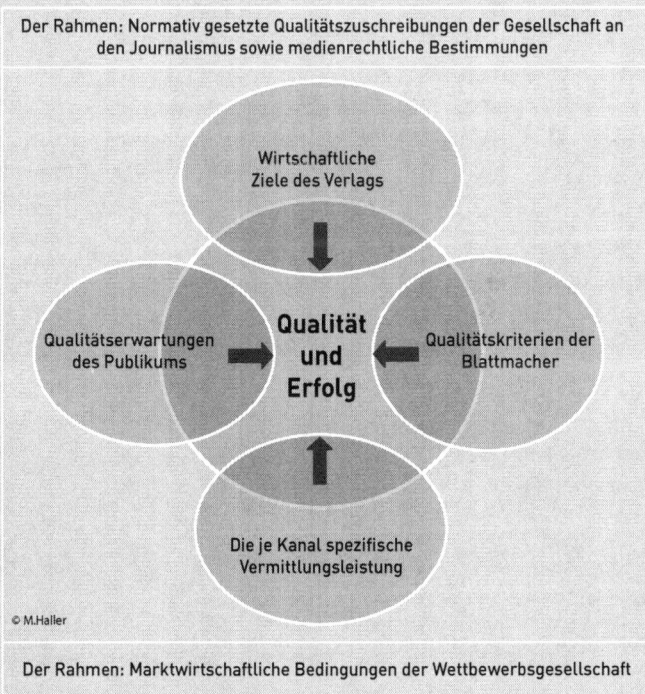

Der Rahmen: Normativ gesetzte Qualitätszuschreibungen der Gesellschaft an den Journalismus sowie medienrechtliche Bestimmungen

Wirtschaftliche Ziele des Verlags

Qualitätserwartungen des Publikums

Qualität und Erfolg

Qualitätskriterien der Blattmacher

Die je Kanal spezifische Vermittlungsleistung

© M.Haller

Der Rahmen: Marktwirtschaftliche Bedingungen der Wettbewerbsgesellschaft

Qualität ist kein Selbstzweck und auch keine abstrakte Wunschgröße, sondern Prädikat einer Funktionsleistung. Diese generiert sich aus dem Zusammenspiel der vier Dimensionen – und ist stets (auch) an den Erfolg im Lesermarkt gebunden: Journalistisch produzierte Informationsangebote, die keine Leser finden, sind bedeutungslos. Denn ohne Kommunikationspartner findet auch keine Medienkommunikation statt.

Modelle zur Messung von publizistischer Qualität: In früheren Jahrzehnten wurde die Dimension ›Qualitätskriterien der Blattmacher‹ mit den normativ (meist: demokratietheoretisch) begründeten Zuweisungen durch die Gesellschaft (der Rahmen) in eins gesetzt und als einzig legitimer Maßstab genommen (vgl. WYSS 2002: 305ff. sowie RUSS-MOHL 1994: 989f.). Diesem Konzept folgt auch heute noch das Messverfahren der Arbeitsgruppe ›fög‹ an der Universität Zürich, die alljährlich in ihrem *Jahrbuch Qualität* den inhaltsanalytisch erfassten Zustand der Massenmedien publiziert, dabei aber die Publikumsperspektive sowie die Spezifika der verschiedenen Kanäle (Kaufzeitung, Gratiszeitung, Blogs, Websites, Wochenzeitung usw.) außer Acht lässt. Plausibler erscheint uns demgegenüber das Konzept der ›meritorischen Qualität‹, das von einem normativ-pragmatischen Funktionsverständnis der Medienkommunikation ausgeht (vgl. RAU 2007: 112ff.).

In anderer Hinsicht verkürzt wird die Medienqualität in der Welt der *Publikumszeitschriften* und der *Boulevardmedien*. Dort gehen die Dimensionen ›Erwartungen des Publikums‹ und ›Wirtschaftliche Ziele des Verlags‹ eine Symbiose ein und dominieren die übrigen Dimensionen unter gelegentlicher Missachtung der normativen Rahmensetzung.

In der Welt der aktuellen Informationsmedien (Rundfunknachrichten und -magazine, Tageszeitungen, journalistische Newssites im Internet) indessen lässt sich publizistische Qualität nur über das Zusammenspiel aller vier Dimensionen abbilden. Um aber Qualität messen zu können, sind empirisch fassbare Indikatoren erforderlich, die den Einfluss der einzelnen Dimensionen sowie deren Interdependenzen aufzeigen. Dabei muss berücksichtigt werden, dass solche Interdependenzen überkomplex sind, ein Grund, weshalb bis heute der Qualitätsbegriff auch in der empirischen Forschung nur schwer zu erfassen ist. Deshalb haben die mit Zeitungsqualitätsforschung beschäftigten Medienwissenschaftler nach möglichst kausal und stark wirkenden Indikatoren Ausschau gehalten, um auf diesem Wege wenigstens einige signifikante Qualitätseinflüsse aufzeigen zu können. Zentrale Bedeutung hat dabei die Frage, wie der Zusammenhang von ›Qualität und Erfolg‹ operabel gemacht werden kann. Neben der journalistisch-blattmacherischen Qualität und dem über die harte Auflage bzw. Reichweite nachweisbaren Markterfolg müssen auch qualitative Größen erfassbar werden, was mit dem Konstrukt ›Kundenzufriedenheit‹ aus der Marketingforschung (LINGEN 1994; STRAUSS 1999) versucht wurde. Dieses Analysekonzept vergleicht beispielsweise die Produzentenzufriedenheit mit der Kundenzufriedenheit – und analysiert dann den Graben, der sich zwischen diesen zwei Dimensionen öffnet. Die Qualitätsforschung des IPJ nutzt dieses sogenannte GAP-Konzept (PARASURAMAN et al. 1985) für sein Benchmark-Programm. Beispiel für ein weit verbreitetes GAP ist die Diskrepanz zwischen den tatsächlichen Publikumserwartungen und den von der Redaktion ihrem Lesepublikum unterstellten Erwartungen (CHRISTIANUS 2011: 58ff.). Symptomatisch für solch ein GAP sind beispielsweise Projektionen eigener Wünsche auf ein imaginiertes Publikum oder auch unzulässige Simplifizierungen der Blattmacher, die ihr stark ausdifferenziertes Publikum auf ›den Leser‹ verkürzen oder ein singuläres Feedback oder zeitlich weit zurückliegende Episoden als Erfolgsnachweise anführen.

Auf der Suche nach *qualitätsprägenden Einflussgrößen* im Konzert der gezeigten vier Dimensionen haben sich viele Medienforscher auf einen akteurszentrierten Ansatz gestützt: Die Bedingungen, unter denen Journalisten bzw. Blattmacher ihr Produkt erstellen, haben den größten Einfluss auf die von den Leserkunden wahrgenommene Qualität bzw. Zufriedenheit. Mit diesem Ansatz haben die beiden US-Medienforscher Lacy und Fico bereits vor drei Jahrzehnten experimentiert und in der Folge mehrere

Qualitätsanalysen anhand von acht als maßgeblich definierten Indikatoren durchgeführt, darunter etwa Länge der Berichte und Anzahl der Nachrichtenagenturen (LACY/FICO 1990). Eine komplexer angelegte Studie von Christianus überprüfte und erweiterte das Indikatoren-Set und gelangte dabei auf der Makroebene (statistische Korrelationen) zu aufschlussreichen Nachweisen des Wirkungszusammenhangs zwischen redaktionell abhängigen Indikatoren und der Zufriedenheit der Zeitungsleser – zum Beispiel, dass zwischen dem Umfang des Serviceteils und der Leserzufriedenheit oder der Anzahl redaktioneller Kommentare und der Leserzufriedenheit kein signifikanter Zusammenhang besteht – im Unterschied zum Indikator ›Anzahl festangestellter Journalisten des Zeitungsverlags‹ und der Globalzufriedenheit nach Maßgabe des deutschen Kundenbarometers – oder, für manche Blattmacher überraschender, dass zwischen dem Umfang des Lokalteils und der Zufriedenheit der Leser »kein Zusammenhang besteht« (CHRISTIANUS 2011: 119 und 129f.).

Die in diesem Reader ausgeführten Befunde und die daraus abgeleiteten Folgerungen, wie die Regionalzeitungen zukunftstauglich zu machen seien, stützen sich überwiegend auf das oben gezeigte Qualitätsmodell und beziehen sich dort, wo es um aggregierte Aussagen geht, auf statistische Korrelationen zwischen Qualitätsmerkmalen des Produkts (Benchmarks) einerseits und Leser-/User-Erwartungen, dem Lesermarkterfolg (ablesbar an der verkauften Abo-Auflage) bzw. der Reichweite in der erwachsenen Bevölkerung andererseits. Dabei wurden die Befunde der IPJ-Forschung mit jenen der anderen, hier erwähnten so weit wie möglich abgeglichen.

2. DIE GATTUNG: WER MACHT DIE REGIONALZEITUNG KAPUTT?

Morgens, wenn ich in Leipzig zum Frühstück das Café-Restaurant ›Te-legraph‹ am Dittrichring betrat, saßen meist schon drei Herren mittle-ren Alters an ihren Tischen und lasen Zeitung. Nicht nur die *Leipziger Volkszeitung*, sondern Regionalzeitungen aus anderen Städten, zudem die *Süddeutsche* und die FAZ. Die drei hatten nichts miteinander zu tun, sie waren – wie ich – beruflich in Leipzig unterwegs. Im Verlauf einiger Wochen kamen wir ins Gespräch. Jeder hatte wegen der Zeitungslektüre hierher gefunden. Frühstück ohne Zeitung? Das geht nicht. Frühstück mit der *Leipziger Volkszeitung*? Das fanden sie unbefriedigend. Also such-ten sie nach einem Ausweg und fanden diesen Ort, der wie ein Wiener Kaffeehaus ein Repertoire an Tageszeitungen bereithält. Jeder der drei Herren hatte ein Smartphone dabei, nutzte Apps und Twitter. Warum noch Zeitung auf Papier? Wir kamen gelegentlich darauf zu sprechen, zumal, wenn man Berichte über Auflagenschwund, Sparmaßnahmen und Medienverkäufe las. Doch keiner ließ sich beirren, keiner mochte auf sein Morgenritual verzichten.

Jeder der drei schimpfte gelegentlich über das, was er las. Der jüngste von uns, als Verwaltungsjurist tätig, meckerte über Berichte, die er feh-lerhaft, ohne Belege oder überzogen fand. Der zweite, ein Ingenieur aus Braunschweig, studierte das Blatt seiner Heimatstadt mit Hingabe. Der älteste der drei, kein Akademiker, blätterte oft in mehreren Zeitungen, verglich Überschriften, Aufmachungen und Bilder. Das sei für ihn eine Art Hobby geworden, meinte er, ihn interessiere, welche Zeitung bei welchem Thema mehr und welche weniger Sachverstand an den Tag lege. Gelegentlich grinste er, mal zog er die Brauen hoch oder schüttelte den Kopf. Er war voll bei der Sache.

In der beruflichen Diaspora haben sich die drei zu Intensivlesern entwickelt – eine inzwischen eher rare Spezies. Der Umgang mit den Medien hatte sie kompetent und kritisch gemacht. Sie wussten, wenn sie etwas gut oder miserabel fanden, stets Gründe zu nennen. Dank ihrer vergleichenden Zeitungslektüre konnten sie ziemlich genau sagen, wie aus ihrer Sicht eine gut gemachte Regionalzeitung mit diesem Ereignis oder jenem Thema umgeht oder umgehen würde. Für mich beruhigend daran war, dass die Kriterien, die sie in den Gesprächen nannten, *grosso modo* mit jenen übereinstimmten, die im Laufe der letzten 60 Jahre von der Journalistik als Anforderungsprofil an die Tageszeitung entwickelt worden sind.

Die fünf Essentials der Regionalzeitung

Reden wir darüber, was die *Gattung* Regionalzeitung eigentlich auszeichnet. Auf den ersten Blick scheint dies trivial: Sie ist eine Nachrichtensammlung, die an jedem Werktag frühmorgens den Abonnenten zugestellt wird; sie besteht aus großformatigen, meist mehrfarbig bedruckten Papierseiten, deren redaktionell erstellte Texte und Bilder aktuelle Vorgänge in der Welt behandeln. Man nennt sie regional, weil sie ein geografisch klar begrenztes Gebiet beliefert und über die Vorgänge in diesem Verbreitungsgebiet weit ausführlicher informiert als über das Geschehen in anderen Regionen, ausführlicher auch als dies die überregional verbreiteten Medien tun, die ja ebenfalls am Ort erhältlich sind.

Diese Umschreibung entspricht der einschlägigen Fachliteratur und stimmt mit der Publikumsmeinung überein, wenn man einschlägige Befragungen der letzten fünf Jahre heranzieht, einer Zeitspanne, in der bereits rund 90 Prozent der deutschen Haushalte einen Internetzugang, die meisten mit Flatrate, besaßen. Einige Befragungen (vgl. ARNOLD 2009; IPJ-LESER-PANEL 2012f.) erweiterten diese Definition mit Fragen nach Erwartungen, die das erwachsene Publikum an seine Regionalzeitung richtet. Die Antworten zeigen ein facettenreiches Anforderungsprofil – es lässt sich auf folgende fünf Punkte verdichten:

Erstens das Ritual und der Rhythmus des Tagtäglichen. Eine typische Antwort aus Fokusgruppengesprächen: »Die Zeitung lesen wir deshalb jeden Morgen, weil wir zum Tagesbeginn über das wichtige Geschehen der letzten 24 Stunden ins Bild gesetzt sein wollen.« Mit anderen Worten: Aus Sicht ihrer Leser soll die Regionalzeitung auch im Jahre 2014 zur Frühstückszeit *informieren*; ihre Abonnenten erwarten, dass *möglichst alle* relevanten Ereignisse tagesaktuell vermittelt werden und Orientierung bieten. Warum, so bemängeln vor allem die formal besser Ausgebildeten, sind viele der Zeitungsberichte irrelevant? Warum ist der Informationsstand oftmals älter als der der *heute*-Sendung, die am Vortrag bereits um 19 Uhr ausgestrahlt worden ist? Also das Internet nutzen? Irrtum: Die meisten berufstätigen Leute wollen auch 2014 zum Frühstück nicht online gehen, Schlagzeilen anschauen und recherchieren; sie wollen eine von Profis gemachte Tageszeitung lesen, um sich ins Bild zu setzen.

Zweitens das Themenfeld: »Die Regionalzeitung vermittelt das Geschehene nicht nur aus dem Lokalen und der Region, sondern aus der ganzen Welt.« Auch im Zeitalter von Web 2.0, darin ist sich die große Mehrheit der Zeitungsleser einig, soll sie für ihre Abonnenten das wichtigste Informationsmedium (›Primärmedium‹) sein. Und zwar deshalb, weil sie das Lokale, Regionale und Überregionale gleichermaßen vermittelt. Zwar nutzen auch ältere Leser im Laufe des Tages verschiedene Informationsmedien, auch Smartphones. Gleichwohl erwarten sie, dass die Tageszeitung neben der lokalen Nabelschau auch das relevante regionale und überregionale Geschehen *kompetent* vermittelt und einordnet. Nicht die Radio- oder Fernsehnachrichten, nicht *Google-News* und auch nicht *Spiegel.de* oder *bild.de*, sondern die abonnierte Zeitung soll – aus

Sicht ihres Verbreitungsgebiets und ihres Erscheinungsorts – eine Übersicht bieten über das, was zu wissen wichtig und *bedeutsam* ist. Weil ihre Regionalzeitung meist nur noch bringe, was man schon vom Rundfunk her kenne, im Übrigen oft Belanglosigkeiten groß herausstelle, müsse man jetzt ins Internet und verschiedene News-Websites absuchen, damit man sich informiert fühle, klagen Abonnenten nicht nur in Hamburg, Magdeburg und Leipzig. Da braucht es nicht mehr viel (ein paar Pannen bei der Zustellung zum Beispiel), und die Idee, das Abonnement zu kündigen, gewinnt Gestalt.

Drittens die Orientierungsfunktion: Auch 20 Jahre nach Etablierung des World Wide Web und zehn Jahre nach Erfindung des Web 2.0 soll die Tageszeitung *aus Sicht der Zeitungsleser* – dies zeigen verschiedene Erhebungen übereinstimmend – in erster Linie informieren, in zweiter Linie einordnen (Kontexte herstellen) und gewichten; in dritter Linie soll sie bemerkenswerte Ereignisthemen recherchieren und Missstände mitsamt den Akteuren aufdecken. *Erst in vierter Linie* soll sie – aufschlussreiche! – Geschichten erzählen, schließlich auch Vermischtes inklusive Promi-Klatsch gleichsam für die Entspannungspausen liefern. Wichtiger als Unterhaltung ist die Unterhaltsamkeit der Themenaufbereitung – was vor allem eine Frage des Stils ist.

Was das Lokale betrifft, so soll die Zeitung ihre Leser in die Lage versetzen, sich in der städtischen Nahwelt zurecht zu finden, urbane Angebote zu nutzen und über öffentliche Belange und Kontroversen im Bild zu sein. Diese Aufgaben zusammengefasst: *Sie soll ihre Orientierungsfunktion erfüllen,* und zwar so anschaulich und kompetent wie möglich. Doch statt orientiert zu werden, so klagen viele Ex-Leser, bekomme man im Lokalteil allzu oft irrelevante Geschichten und auf Themenseiten Abseitiges oder Spezielles vorgesetzt. Die sehr schlichte Frage, die Leser angesichts solcher Seiten stellen – »Warum soll ich das lesen?« – bleibt unbeantwortet. Die Folge: Diese Leser verstehen das Konzept ihrer Zeitung nicht, lesen immer weniger und steigen dann mal ganz aus. Für das Blattkonzept ist auch dieser Befund wichtig: Das Lokale soll aus Sicht der Leser das Überregionale nicht verdrängen; dominiert der Lokalbezug (Frontseite, Wirtschaftsseite), empfinden gerade die formal besser gebildeten LeserInnen die Zeitung als ›provinziell‹ (bedeutet: nicht ernst zu nehmen). Und dieser Effekt schlägt umso stärker durch, je ausgeprägter die Metropolfunktion der Stadt ist, in der die Zeitung erscheint. Was den Lokalismus betrifft, macht es aus Sicht der jeweiligen Leserschaft einen Unterschied, ob die Zeitung in Winsen an der Luhe, in Lüneburg oder in Hamburg erscheint.

Viertens die Gestaltung: Die *einordnende Übersicht* über das relevante Geschehen kann bislang die gedruckte Tageszeitung noch am besten liefern, weil sie auf ihrem großformatigem Papier eine Art Welt-Ordnung anbietet bzw. anbieten soll. Während die meisten Online-Newssites ihre Nachrichten nur nach Aktualität im chronologischen Nacheinander (Newsstream) präsentieren – stilbildend war *Spiegel.de* –, ermöglichen moderne Zeitungsseiten mit ihrem spezifischen Layout und ihrem mehrspaltigen Umbruch eine ordnende Gewichtung (Nachrichtenhierarchie), die von den Lesern ›auf den ersten Blick‹ erfasst werden kann. Wahrnehmungs- und Zeitungsnutzungsstudien belegen, dass Zeitungsseiten (ab dem rheinischen Format aufwärts) von ihren Lesern innerhalb weniger Sekunden ganzheitlich erfasst (›gescannt‹) und erschlossen werden.

»Ich finde mich nicht zurecht«, sagen Leser, wenn zu viel Kleinteiliges oder wenn keine hierarchische Ordnung geboten wird. »Das sind große Bleiwüsten, das lese ich nicht«, kommentieren Abonnenten solche Seiten, auf denen keine Vielfalt, sondern nur Texteinfalt zu finden ist, zum Beispiel überlange Lesetexte ohne Kurzstoff. Vor allem der formal besser ausgebildete, medienerfahrene Teil der Leser schätzt die Gattungsstärke der Zeitung: ihr strukturiertes, gewichtetes Nachrichtenangebot. »Ich schau' in meine Zeitung und verstehe die Aufmachung der Berichte als Vorschlag der Redaktion, dies hier als wichtig oder bedeutungsvoll zu sehen, und jenes dort nach dem Motto: nett zu wissen«, sagen Leser im Fokusgruppengespräch sinngleich.

Die unbestechlichen Daten der Blickverlaufsmessungen belegen dies: Leser, die auf der Zeitungsseite keine gewichtende, einordnende und Sinn machende Gestaltung der Inhalte vorfinden, sind frustriert – und blättern schneller durch die Zeitung. Dies erklärt auch, warum das sogenannte ›Tabloid-Format‹ (halbes nordisches Format, d.h. genau halb so groß wie etwa die *Süddeutsche* oder *Die Welt*) einer zuhause am Frühstückstisch gelesenen abonnierten Tageszeitung bei vielen Lesern zu Frustration und in der Folge zu einer Abbestellwelle führt – führte, muss man im Rückblick auf die *Frankfurter Rundschau* sagen, die ihre 2007 mit viel Marketing und PR orchestrierte Umstellung auf das halbierte Format in den nachfolgenden zwölf Monaten mit tausenden Abo-Kündigungen bezahlen musste (abgemildert betraf dies auch die Schweizer Zeitung *Blick*, die angesichts der Kündigungen restituiert wurde auf das größere Format).

Fünftens das journalistische Handwerk: Weil sie auch heute ein informationsbasiertes *Orientierungsmedium* sein soll, muss die Regionalzeitung – jedenfalls aus Sicht ihrer Leser – die Ereignisse, Vorgänge und Themen prägnant, sachrichtig, allgemeinverständlich und soweit möglich auf unterhaltsame Weise aufbereiten und präsentieren. Und sie soll dies aus möglichst unabhängiger Sicht tun. Selbstverständlich? Keineswegs! Ein beachtlicher Teil der Leserschaften unterstellt den Regionalzeitungen PR-Gefälligkeit, Unsachlichkeit, Besserwisserei und unangemessene Selbstbelobigung. Tatsächlich wäre es leicht, ein umfangreiches Kompendium mit ›Worst Practices‹ aus einer beliebigen Stichprobenwoche zu füllen.

Mit anderen Worten: Allen uns bekannten Befragungen zufolge wünscht das Lesepublikum auch im Jahre 2014, dass ›seine‹ Tageszeitung die journalistischen Qualitätsstandards erfüllt und (wieder) das glaubwürdigste Medium werde. An diesem Punkt setzt heftige Kritik auch der jüngeren Nutzer ein: Leserbefragungen machen deutlich, dass a.) wichtigtuerische Kommentierungen, Kolumnen und Selbstbelobigungen sowie b.) Partikularinteressen bedienende oder übertrieben personalisierte oder boulevardmäßig zugespitzte Berichte auch beim jüngeren Teil des Publikums zu Misstrauen führen. Viele unterstellen ihrer Zeitung Nähe zu bzw. Abhängigkeit von Machtträgern, von Wirtschaft oder

Politik (man erinnert sich dabei beispielhaft an die *Schwäbische Zeitung* der 1990er-Jahre). »Aus Sicht vieler Bürger geht das Nachrichtenangebot an der Nachfrage vorbei«, konstatiert die Repräsentativstudie von Donsbach et al. »der Nachrichtenjournalismus ist also gerade dabei, sich seinen eigenen Ast abzusägen« (2009: 132). Bei keinem Medium ist der Unterschied zwischen Erwartung und Enttäuschung so groß wie bei den Lesern der abonnierten Regionalzeitung. Daraus kann man schließen: Den anderen privatwirtschaftlichen Informationsmedien (einschließlich der News-Websites) wird eine hohe Glaubwürdigkeit gar nicht mehr zugetraut. Umso größer die Enttäuschung, wenn dann auch die Zeitungslektüre hinter den Erwartungen zurückbleibt.

Panik auf der Kommandobrücke

Vielleicht sind diese fünf Zuschreibungen an die *Gattung* Regionalzeitung in den Augen vieler Blattmacher so unspektakulär, dass sie diese nicht ernst nehmen. Einige Chefredaktionen missachten sie ganz bewusst und verfolgen eigensinnige Blattideen, die vielleicht originell, auch innovativ sein mögen, die aber die Funktionsleistung *der Gattung Regionalzeitung* schwächen (wie: Große Symbolbilder auf der Frontseite, über mehrere Seiten laufende ›Titelthemen‹, ganzseitige Firmenporträts in der Art eines PR-Prospekts u. a. m. – ich verzichte auf die Nennung von Zeitungstiteln, weil dies von sensiblen Blattmachern als *bashing* missverstanden werden könnte).

Das dahinter liegende Missverständnis sehe ich darin, dass diese Blattmacher die sinkende Auflage ihrer Zeitung nicht mit der Erwartungsenttäuschung in ihrem Publikum in Verbindung bringen (das würde ja Blattkritik bedeuten), vielmehr folgern, die tradierte Gattung Regionalzeitung habe sich überlebt und müsse ›radikal‹ verändert werden. Und weil man nicht so genau weiß, wie und wohin, folgen manche den Posaunen der Internet-Promotoren, andere übernehmen die Erfolgsrezepte ganz anderer Gattungen (derzeit gerne ein paar Innovationen der Wochenzeitung *Die Zeit*), wiederum andere adaptieren die Idee einiger

Wie man sich selbst entbehrlich macht

»Mit so was kann ich nichts anfangen, das ist doch Reklame!«, sagt ein Teilnehmer unserer Leser-Fokusgruppe in Hamburg. Seit 2008 führen wir dort drei Mal im Jahr Gruppengespräche mit berufstätigen Einwohnern der Stadt über deren Informationsverhalten und Mediennutzung. Es ist Mai 2013, der Leser hält das *Hamburger Abendblatt* in der Hand, unter den Abo-Regionalblättern der Monopolist in der Hansestadt. Vier Fünftel des Titelblatts gehören einem in Rosa-Tönen gehaltenen Farbposter, das wohl ein Feuerwerk darstellen soll. Eine dicke Handschrift läuft quer über die Seite: »Kreativ-Hauptstadt Hamburg«. Ganz klein darunter steht: »Führende Werber haben diese Ausgabe des Hamburger Abendblatts gestaltet«. Werbeagenturen, die nicht der Wahrheit, sondern dem Verkaufen dienen, ersetzen den Journalismus. Das wirkt symbolisch und hat für viele Leser Signalwirkung. Einige der Fokus-Teilnehmer sind entsetzt, andere zucken die Achseln. Sie blättern die mit grellen Posterfarben und Handschriften durchsetzte Zeitung durch (Ausgabe vom 14. Mai 2013). »Was haben die sich denn dabei gedacht?« lautet der sanfteste der Kommentare.

Keiner der Teilnehmer macht sich für die Idee zu dieser Ausgabe stark, einige haben das Abonnement im Laufe der vergangenen zwei Jahre abbestellt, obwohl (oder weil) die Chefredaktion aus dem *Abendblatt* eine Lokalzeitung gemacht hat. »Unwichtiges wird hochgejubelt, Wichtiges fehlt mir«; »Ich fühle mich als Hanseat nicht ernst genommen.«; »Immer derselbe Partyklüngel.« Diese und ähnliche Begründungen laufen auf die Formel hinaus: »Die Zeitung bietet mir nicht das, was ich vom Journalismus erwarte und wofür ich bezahle.«

Es entbehrt nicht der Tragik: Auf der einen Seite mühen sich kluge, handwerklich sattelfeste, mit Preisen dekorierte Journalisten, gehaltvolle Inhalte zu produzieren. Und auf der anderen Seite finden immer größere Teile des Publikums, dass sie dieses Zeitungskonzept nicht brauchen. Was läuft da falsch? Es liegt gewiss nicht am Internet (s.a. *Lädt das Layout zum Lesen ein?*, S. 123).

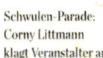

Quelle: *Hamburger Abendblatt*, Titelseite vom 14. Mai 2013

Mediengurus aus den USA, die aus der Tageszeitung ein thematisch enges Special-Interest-Medium stricken (vgl. die an Missverständnissen reiche Debatte, die im Juli 2013 vom stellvertretenden Chefredakteur der *Augsburger Allgemeinen* losgetreten und vom *Spiegel* weiterführt wurde). Noch radikaler und insofern interessanter sind die Konsequenzen, die der *Spiegel*-Reporter und Ressortleiter Cordt Schnibben zum Abschluss der von ihm moderierten *2020 – Die Zeitungsdebatte* auf *Spiegel.de* zog: Die Regionalzeitung der Zukunft sei eine App, die täglich gegen Abend abgerufen werde könne und mit viel interaktivem Service ausgestattet sei.

Relevanz oder lokale Nabelschau? Beispiel Titelseite

Gefragt wurde: »Für manche ist die Titelseite der Tageszeitung das Schaufenster der Zeitung, für andere soll sie das Wichtigste der letzten 24 Stunden bieten. Wiederum andere wünschen sich eine Mischung, zu der auch Kurzweiliges gehört. Und es gibt Leser, die mehr am Lokalen interessiert sind. Welcher dieser vier Typen sagt Ihnen am ehesten zu?«

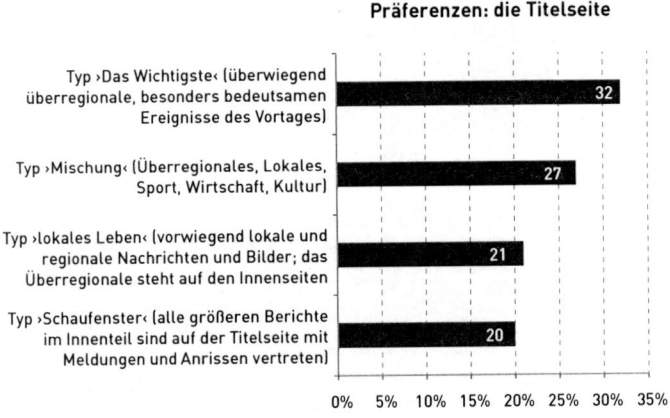

Präferenzen: die Titelseite

Quelle: Online-Basiertes Leser-/User-Panel des IPJ (Berufstätige Zeitungsleser zw. 30 und 55 Jahren, formale Bildung ab mittl. Reife) n = 428 vom Mai 2012. © IPJ Leipzig

Nichts gegen Experimente, davon könnte es in Deutschland gewiss noch mehr geben. Doch wenn man sich mit dem Unbehagen systematisch beschäftigt, das vor allem die besser ausgebildeten, berufstätigen Erwachsenen zwischen 30 und 55 Jahren äußern, dann zeigt sich ein anderes Bild. Dann gewinnt man den Eindruck, die *Funktionsleistung* der Regionalzeitung werde von den eigenen Leuten kontinuierlich geschwächt. Manches Zeitungshaus, so ließe sich sarkastisch sagen, scheint unter dem Label Qualitätsmanagement zielstrebig daran zu arbeiten, seine Zeitungen zugrunde zu richten. Wenn zum Beispiel auf der Frontseite das große Aufmacherbild (in der Wahrnehmung der Leser der erste und wichtigste Eyecatcher der ganzen Zeitung) die Motorhaube eines Maserati – flankiert von zwei ›Girls‹ – zeigt und mit der sensationellen Nachricht garniert, dass man dieses Auto nun auch in dieser Stadt kaufen könne, fühlt sich die überwiegende Mehrheit der Leser – wir sprechen hier von Leipzig, Durchschnittseinkommen aller Beschäftigen 2.250 Euro brutto – schlicht veräppelt (*Leipziger Volkszeitung* vom 8. 11. 2013 – dieses Informationsverständnis ist kein Ausreißer, sondern derzeit für mehrere Blätter regelhaft).

Der Abbau an Professionalität zeigt sich auch strukturell. Wenn zum Beispiel mit Inbetriebnahme des Newsdesks die Ressorts abgeschafft sind und alle alles machen, dann wird manches Redaktionsmitglied genötigt, zu Ereignissen einen Hintergrund oder Kommentar schreiben, auch wenn es von der Sache nichts versteht. Wenn in der Außenredaktion drei außertariflich bezahlte Redaktionsmitglieder, ein Volontär und ein Praktikant tagtäglich den 6-seitigen Lokalteil stemmen müssen, dann ist klar, dass sie der Not gehorchend die unentgeltlich gelieferten Pressetexte und Pressefotos verwenden und sich des PR-Verdachts aussetzen: Für eine Überprüfungsrecherche war keine Zeit. Wenn die personell ausgedünnte Nachrichtenredaktion für ihren Spätdienst keine Profis mehr im Einsatz hat, sondern Leihredakteure oder Stringer, dann wird nur ausnahmsweise substanziell aktualisiert, etwa, wenn fest geplante Veranstaltungen anstehen (Sport zuerst). Alles, was sich nach Feierabend ungeplant ereignet, bleibt außen vor.

Folgerungen

Wie kein anderes Medium erfüllt die *Gattung Regionalzeitung* gerade im Internetzeitalter die für demokratisch organisierte Gesellschaften unverzichtbare *Orientierungsfunktion*. Diese Erwartung artikuliert auch der überwiegende Teil der formal besser ausgebildeten, berufstätigen erwachsenen Bevölkerung. Von diesem Publikum wird die Regionalzeitung noch immer mehrheitlich nachgefragt, in diesem Publikum besitzt die Gattung (trotz manch schlimmer Beispiele im Norden, Nordwesten und Nordosten der Republik) immer noch ein gewisses Renommee. Doch beides sinkt unaufhörlich: die Nachfrage und das Renommee. Keines von beiden lässt sich durch Demontage der eigenen Gattungsmerkmale, durch Nachahmung fremder Mediengattungen, durch Selbstinszenierungen und das Publizieren beliebiger Storys zurückgewinnen.

Umgekehrt aber könnte es gelingen: durch nachhaltige Stärkung ihrer Gattungseigenschaften, freilich nicht nach Regeln und Routinen des vorigen Jahrhunderts, sondern nach Maßgaben der Mediennutzungsmuster, Qualitätserwartungen und Orientierungsbedürfnisse dieses Jahrzehnts.

Inhaltlich gehaltvolle und handwerklich gut gemachte Regionalzeitungen haben gerade als *Offline-Produkt* noch eine lange Lebenszeit vor sich – unbesehen der Frage, auf welchem Wege sie in fünf oder zehn Jahren zu ihren Abonnenten kommen (ihre Distribution lässt sich ja digitalisieren). Auf die rauschhafte Faszination der Online-Welt folgt nach und nach Ernüchterung; die Enthüllungen über die totale Überwachung des Kommunikationsgeschehens im Internet durch westliche Geheimdienste im Sommer und Herbst 2013 hat vielen Menschen die Risiken und Nebenwirkungen des grenzenlos dauervernetzten Alltags deutlich gemacht – und damit indirekt die Qualität der Offline-Kommunikation sowie die konkrete Bedeutung der Pressefreiheit als Abwehrrecht gegenüber der übergriffigen Staatsgewalt. Schade, dass viele Blattmacher die Tragweite dieser Vorgänge und Erfahrungen nicht erkannt, jedenfalls nicht genutzt haben, um die Bedeutung ihrer Gattung herauszustellen. Aber was noch nicht ist, das kann ja noch werden.

Literatur

ARNOLD, KLAUS: *Qualitätsjournalismus. Die Zeitung und ihr Publikum*. Konstanz [UVK Verlagsgesellschaft] 2009

BUNDESVERBAND DEUTSCHER ZEITUNGSVERLEGER BDZV (Hrsg.): *Zeitungen 2013/14*, Berlin 2013

DETJEN, CLAUS: Zeitungskrise – ein Scheinwerfer, der vieles im Dunkeln lässt. In: SCHRÖDER, MICHAEL; AXEL SCHWANEBECK (Hrsg.): *Zeitungszukunft Zukunftszeitung. Der schwierige Gang der Tagespresse in die Informationsgesellschaft des 21. Jahrhunderts*. München 2005, S. 147-154

DONSBACH, WOLFGANG; MATHIAS RENTSCH; ANNA-MARIA SCHIELICKE; SANDRA DEGEN: *Entzauberung eines Berufs. Was die Deutschen vom Journalismus erwarten und wie sie enttäuscht werden*. Konstanz [UVK verlagsgesellschaft] 2009

HALLER, MICHAEL: Was soll aus der Zeitung werden? Über Funktionszuweisungen, Nutzungswünsche, Gattungsmerkmale, Probleme und Perspektiven der Tageszeitung. In: ARNOLD, KLAUS; CHRISTOPH NEUBERGER (Hrsg.): *Alte Medien – neue Medien. Theorieperspektiven, Medienprofile, Einsatzfelder*. Wiesbaden 2005, S. 119-131

IPJ-LESER-PANEL: *Kolumne über Forschungsbefunde* (2010ff.)unter: http://www.journalismusforschung.de/die-ubersicht-behalten/

MARKS, JÜRGEN: *Fünf Thesen zur Zukunft der Zeitung*. URL: http://www.augsburger-allgemeine.de/community/profile j_rgen_marks/Fuenf-Thesen-zur-Zukunft-der-Zeitung-id26458611.htm (2013)

SCHNIBBEN, CORDT: Elf Vorschläge für bessere Zeitungen. In: *Spiegel.de* vom 05.08.2013. URL: http://www.spiegel.de/kultur/gesellschaft/auflagenschwund-elf-vorschlaege-fuer-bessere-zeitungen-a-914855.html (2013)

WEICHERT, STEPHAN; LEIF KRAMP: *Das Verschwinden der Zeitung? Internationale Trends und medienpolitische Problemfelder*. Berlin [Friedrich-Ebert-Stiftung] 2009

3. WER ODER WAS IST SCHULD AM REICHWEITENSCHWUND?

Wenn Betriebsräte und Sprecher der Journalistenverbände, wenn Geschäftsführer der Zeitungsverlage und wenn Chefredakteure über die Krise der Gattung Tageszeitung sprechen, dann werden – je nach Perspektive – ganz unterschiedliche Hauptursachen genannt: Für die einen trägt die zerstörerische Sparpolitik der Medieneigentümer die Schuld (Thesen der Betriebsräte und Funktionäre), für die anderen liegt es an der bequem und selbstgerecht auftretenden Redaktion (Thesen vieler Verlagsleiter), für die dritte Gruppe ist es der radikale Wandel von den analogen Offline- zu den digitalen Online-Medien (These vieler Chefredakteure und Nachrichtenchefs). Alle drei Erklärungen sind, wenn es um Begleitumstände geht, nicht falsch, doch als Ursachenerklärung treffen sie nicht zu. Und wenn die Anamnese nicht stimmt, dann hängt wohl auch die Prognose vom nahenden Tod der Tageszeitung in der Luft. Dieses und das folgende Kapitel drehen sich um diese Argumente und versuchen eine Krisenanalyse mit dem Ziel, therapeutisch verwertbare Ansätze zu gewinnen.

Erstens: Der Reichweitenschwund ist älter als das Internet

Von den genannten drei Schuldzuweisungen ist derzeit das Schlagwort ›Smartphone‹ das populärste. Vor allem die Web-Apologeten spielen Kassandra und verkünden den nahen Tod des ›Holzmediums‹: ein Hindenburg-Zeppelin inmitten der Helikopter und Drohnen.

Stimmt deren These, dass der Niedergang der gedruckten Zeitungen durch das World Wide Web und die unentgeltlich und interaktiv zu nutzenden News-Dienste erzeugt wurde? Manche Blattmacher verfechten diese Meinung, weil damit der Schwund als fremdverschuldet erscheint. Und vielen Mobilisten aus der Bloggerszene gefällt sie, weil sie nun sagen können: Die Dynamik des Web mache die Antiquiertheit der Blattmacher offensichtlich – und darum seien die Blattmacher die Krise selbst. Der für seine polemischen Zuspitzungen bekannte Thomas Knüwer wetterte:

>Tageszeitungen sterben, ihre Auflage ist im freien Fall, ihre Mitarbeiterzahl parallel dazu. Online haben sie keinerlei Innovationen zu bieten, wollen einfach nur ihr Geschäft weitermachen. Wer dann einwirft, dass Zeitungsinhalte keine Online-Zahlungsbereitschaft auslösen, weshalb Paid Content der aktuellen Inhalte nicht funktioniert, ist ein Häretiker. Die Leute sollen zahlen, weil sie zahlen müssen. Ansonsten sind sie Piraten, Räuber, vor Gericht mit denen oder gleich auf die Planke. So entstand eine befremdliche Distanz zwischen Netz-Vielnutzern und Medien« (aus: *medium magazin*, Ausgabe 03/2013, S. 11f.).

Bei genauerem Hinsehen erkennt man, dass solche Behauptungen nicht stimmen. Der Reichweitenschwund der Regionalzeitungen begann nicht mit der Durchsetzung des Internets im Alltag der Menschen, sondern schon ein Jahrzehnt früher – sanft schleichend und von vielen Verlegern und Blattmachern unbemerkt.

Das Schaubild ›Zeitungsreichweite‹ (folgende Seite) zeigt die Entwicklung der Zeitungsleser in Deutschland während zwei Jahrzehnten (Daten der Arbeitsgemeinschaft Media-Analyse; alle Tageszeitungen inklusive Sonntags- und Straßenverkaufszeitungen). Die vertikale Achse bildet den Teil der erwachsenen Bevölkerung Deutschlands ab, der regelmäßig eine Zeitung liest. Der Befund: Die nach Alterskohorten gestaffelten Linien sinken schon *seit den 1980er-Jahren*, vor allem in den Alterskohorten der jüngeren Erwachsenen ab.

Hier die Detailanalyse: Mitte der 1980er-Jahre, mehr als zehn Jahre vor Etablierung des World Wide Web in Deutschland, haben laut Media-Analyse noch vier von fünf jungen Leuten (unter 25 Jahre) regelmäßig Zeitung gelesen (deckungsgleich mit den Daten der Allensbacher Werbeträger-Analyse [AWA]). Und in der Gruppe der

Berufstätigen zwischen 35 und 44 Jahren waren es sogar 90 Prozent. Wenige Jahre später – das www hatte noch lange nicht den Alltag der Menschen erreicht – waren es nur noch 70 Prozent der Jugendlichen und 85 Prozent der Erwachsenen im mittleren Berufstätigenalter. Zur Jahrtausendwende, als weniger als 20 Prozent der erwachsenen Bevölkerung das kommerzielle Web regelmäßig nutzten, war die Reichweite der Tagespresse bereits unter 55 bzw. 80 Prozent abgesunken. Denselben Trend bildet die AWA ab: In der Altersgruppe der 20- bis 29-Jährigen sank der Anteil der Zeitungsleser von 1980 bis 2000 von (gerundet) 64 auf 45 Prozent.

Entwicklung der Tageszeitungsleser (mehrmals pro Woche) nach Alter

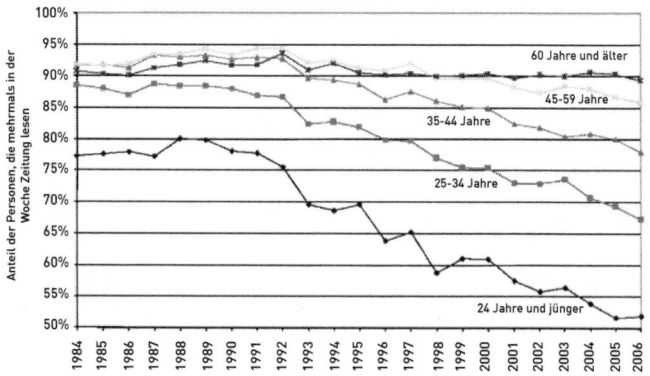

Der Reichweitenrückgang der Tageszeitungen begann in der Alterskohorte der unter 24-Jährigen 1988, d. h. rund zehn Jahre vor der Verbreitung des Internets per Flatrate. Und auch in den folgenden zehn Jahren blieb der jährliche Reichweitenrückgang weitgehend konstant. Da der Anteil der Nicht-Leser in den nachwachsenden Kohorten stetig zunimmt, setzt er sich in den Folgejahren auch in den Kohorten der Älteren durch. Quelle: Gilles MLFZ 07/2009 (Media-Analyse 1984-2006, ab 1993 inkl. Neue Bundesländer).

Der rasante Reichweitenzuwachs des Internets setzte im Übrigen erst später dank Breitband und preisgünstigeren Flatrates ein. Im Jahr 2005 besaßen laut Statistischem Bundesamt dann 55,1 Prozent der Haushalte einen Internetanschluss, fünf Jahre später waren es 72 Prozent. Doch die tatsächliche Nutzung sieht anders aus: Laut Langzeitstudie Massenkommunikation lag die alltägliche Nutzung des Web im Jahr 2000 erst bei 10 Prozent der Bevölkerung ab 14 Jahren, zehn Jahre später bei 43 Prozent (vgl. *Media Perspektiven* 2011: 8). Anders wiederum die ARD/ZDF-Online-Studie: Sie fragt ganz pauschal nach der Online-Nutzung und dieser zufolge gingen im Jahr 2000 rund 29 Prozent Personen ab 14 Jahre ins Internet, zehn Jahre später waren es 69,4 Prozent (vgl. *Media Perspektiven* 2013: 359). Fazit: Die Veralltäg-

lichung des Web war kein Verursacher, jedoch ein Beschleuniger des Reichweiten-
rückgangs der Tageszeitungen.

Diese Daten sind deshalb bedeutsam, weil die Regionalzeitungen in den
späten 1990er-Jahren (bis zur Dotcom-Krise) als Werbeträger profitträch-
tige Cash Cows waren und das Leseangebot wie auch die Redaktionen damals kräftig ausgebaut wurden. Von 1985 bis zum Jahr 2000 vergrößerte
sich – den Angaben des Deutschen Journalisten Verbandes (DJV) zufolge – in
Deutschlands Tageszeitungen der Redaktionsbestand um mehr als 15 Prozent auf rund 15.000 Redakteure; das tägliche Leseangebot stieg um rund
10 Prozent (von 32 auf 36 Seiten). In derselben Zeit sank die Reichweite der
Regionalzeitungen in der erwachsenen Bevölkerung um mehr als zehn
Prozent. Ob der Schwund damals noch stärker ausgefallen wäre, wenn das
Angebot nicht ausgebaut worden wäre, ist nicht bekannt. Alle Hinweise
und Indikatoren, die mir bekannt sind, weisen aber in eine andere Richtung
(Inwieweit das veränderte Medienverhalten der jungen Erwachsenen die
Reichweitenkrise verschärft hat, ist Thema des nächsten Kapitels).

Zweitens: Auflagenrückgänge sind überwiegend hausgemacht

Wenn es nicht ursächlich am Internet liegt: Welche Gründe könnten
sonst dafür verantwortlich gemacht werden? Wenn Chefredakteure über
Ursachen für den unverhältnismäßig starken Auflagen- und Reichweitenrückgang ihrer eigenen Zeitung sprechen, wird oftmals auf die prekäre Soziodemografie des Stadtgebiets oder den Bevölkerungsanteil mit
Migrationshintergrund verwiesen. Wir haben 2011 20 Chefredakteure
unterschiedlich erfolgreicher Regionalzeitungen gefragt, ob sie diese
markanten Unterschiede statistisch untersucht hätten. Leider konnte
niemand auf entsprechende Analysen verweisen. Thesen und Meinungen gab es indessen viele. Die vier am häufigsten genannten:
1. Stadt-Land-Unterschiede (in Großstädten viel höhere Verluste
    wegen hoher Wanderungsbewegung, höherer Mobilität und Sin-
    gle-Haushalte),

2. Wirtschaftliche Strukturstärke bzw. -schwäche der fraglichen Region (Wanderungsbewegung, Arbeitslosenquote),

3. Leistungsdefizite des Verlags (schwaches Abo-Marketing, Mängel im Vertriebssystem),

4. Formale Bildung und Soziodemografie (»in meiner Region gibt es einen höheren Anteil formal schlecht Ausgebildeter« o. Ä.).

Dies sind ernst zu nehmende Hypothesen, denn aus ihrer Tradition heraus ist die Abo-Tageszeitung ja ein Familienblatt (mehrere Bücher; jeder hat am Frühstückstisch was zu lesen), die sich in das tradierte Alltagsmuster einfügt (der Tag beginnt mit dem Frühstück irgendwann zwischen 6 und 9 Uhr) und bei einem Abonnementspreis von derzeit rund 35 Euro pro Monat den sozial Schwachen als (zu) teuer erscheint. Zutreffend ist wohl auch, dass der (sofern attraktive) Lokalteil für sesshaft gewordene und deutsch sprechende Einwohner nutzwertiger ist als für ungebunden lebende Singles ggf. mit Migrationshintergrund. Die Meinung klingt also plausibel, dass Regionalzeitungen in strukturschwachen Regionen, doppelt in Großstädten mit hohem Anteil an Single-Haushalten und wachsender Mobilität besonders zu leiden hätten.

Stimmt das? Unsere Frage lautete: Können diese exogenen Faktoren erklären, dass manche Regionalzeitung mehr als 6 Prozent ihrer Abonnements pro Jahr verliert, andere indessen nur 1 oder 2 Prozent? Wirken sich demnach die Umweltbedingungen auf den Markterfolg stärker aus als die endogenen Faktoren wie Blattqualität und Vertrieb?

Wir haben für den Zeitraum von fünf Jahren (von 2008 bis 2012) die nach Maßgabe der ›harten‹ ivw-Abonnement-Auflage erfolgreichsten Regionalzeitungen mit den erfolglosesten verglichen (ab 60.000 verkaufte Auflage). Die im Ranking bestplatzierten verloren pro Jahr maximal 1 Prozent Abonnements, die Zeitungen auf den hinteren Plätzen hatten einen Schwund von mindestens 3 Prozent, einige verloren sogar bis zu 7 Prozent pro Jahr.

Im Weiteren haben wir die für die Mediennutzung relevanten Strukturdaten aus der Bevölkerungsstatistik erfasst und die fünf besten mit den fünf schwächsten Zeitungen verglichen.

Die Mittelwerte aus diesen Daten der beiden Gruppen – alles exogene Faktoren – zeigen keine signifikanten Unterschiede; einzig die Wirtschaftsstruktur lässt sich als Einflussgröße nachweisen: In den strukturschwachen Regionen vor allem Ostdeutschlands mit höherer Arbeitslosenquote, die vom Wegzug berufstätiger Erwachsener betroffen sind, sank die Abo-Auflage der fünf größten Regionalzeitungen pro Jahr um 3 bis 4 Prozent (Die *Schweriner Volksstimme* und die *Mitteldeutsche Zeitung* verloren sogar jeweils bis zu 5 % pro Jahr). Doch dieser Indikator wirkt nicht stark. In den drei ostdeutschen Ballungsräumen Erfurt, Leipzig und Dresden beispielsweise, die als weniger strukturschwach gelten und seit 2002 einen sanften Zugewinn an Einwohnern aufweisen, zeigen sich Unterschiede, die mit den soziografischen Rahmenbedingungen nicht zu deuten sind: Die *Leipziger Volkszeitung* verlor im Laufe dieser vier Jahre fast 19, die *Thüringer Allgemeine* immerhin 15 und die *Sächsische Zeitung* indessen ›nur‹ 12 Prozent ihrer Abonnements – Unterschiede, die sich nicht anhand der Strukturdaten, eher mit Unterschieden im Zeitungsangebot erklären lassen (siehe ›Gewinner und Verlierer‹, S. 65).

Die Spitzenplätze des Rankings halten Zeitungen aus Baden-Württemberg und Bayern; es sind zweifelsfrei strukturstarke Gebiete. Und doch gibt es innerhalb dieser Regionen markante Unterschiede. So fällt zum Beispiel auf, dass die *Schwäbische Zeitung* deutlich besser dasteht als etwa der *Schwarzwälder Bote* (6 gegenüber 11 % Verlust in den vier Jahren). Oder dass der *Donaukurier* in Ingolstadt den Spitzenwert von nur 1 Prozent, die *Stuttgarter Zeitung* indessen bedenkliche 11 Prozent Verluste ausweist. Oder die wachstums- und strukturstarke Region Hamburg mit nur einer lokalen Abo-Zeitung: Hier verlor das *Hamburger Abendblatt* während fünf Jahren mit 18 Prozent seiner Abo-Auflage sogar mehr als die *Lausitzer Rundschau*, die in einer der strukturschwächsten Regionen Deutschlands erscheint. Spätestens hier wird deutlich, dass zu den externen Umständen auch interne, vor allem blattmacherische Bedingungen kommen, die einen stärkeren Einfluss auf den Markterfolg der Zeitung haben. Es wäre zu einfach, diese Schwächen allein den Marketingabteilungen der Verlage anzulasten.

Man muss allerdings einräumen, dass die Stadt-/Landstruktur zwischen vielen Verbreitungsgebieten recht unterschiedlich ausfällt. Wir haben darum zusätzlich die Abo-Auflagenentwicklung nur der Stadtausgaben nachgerechnet (soweit uns Daten zur Verfügung standen). Dies verschärft die Frage nach den selbst erzeugten Gründen erneut. Beispiel *Badische Zeitung*: In der Stadt Freiburg verlor das Blatt innerhalb von 5 Jahren nur 4 Prozent, das *Hamburger Abendblatt* hingegen 21 Prozent (jeweils ohne E-Paper, dessen Anteil auch 2012 noch marginal war). Umgekehrt weisen die ostdeutschen Regionalblätter selbst in strukturschwachen Städten eine um rund 5 Prozent bessere Quote auf als die Hamburger.

Man könnte nun einwenden, dass in einer 1,7-Millionen-Stadt wie Hamburg auch anteilsmäßig mehr Einpersonenhaushalte existierten, dass dort viel mehr ungebundene junge Leute lebten und die Arbeitslosenquote deutlich höher sei – dass, mit anderen Worten, eben doch exogene Faktoren die Hauptrolle spielten. Stimmt das? So weit erhältlich, haben wir für alle Verbreitungsbiete bzw. Städte die Bevölkerungsstatistiken analysiert. Diesen zufolge haben die Universitätsstädte Freiburg und Hamburg einen Single-Haushaltsanteil von rund 52 Prozent und deren Bewohner etwa dieselben formalen Bildungsanteile; rund ein Drittel der Einwohner ist zwischen 30 und 50 Jahre alt (in Hamburg sogar 2 % mehr), sie stellen das Hauptpotenzial für Abonnenten. Auch der Rentneranteil und die Wanderungsbewegung sind vergleichbar. Beide Städte haben ein geringes Wachstum (2 bis 3 %); nur der Anteil der Arbeitslosen ist in Hamburg mit knapp 7 gegenüber 4 Prozent in Freiburg höher.

Nach Maßgabe dieser Umweltbedingungen gibt es also keine hinreichende Erklärung für den Sachverhalt, dass die *Hamburger Zeitung* im selben Zeitraum einen fünffach größeren Anteil ihrer Abo-Auflage verloren hat. Tatsächlich sind die Unterschiede noch gravierender: Die *Badische Zeitung* verkaufte im untersuchten Zeitraum bei den rund 118.700 Freiburger Haushaltungen (davon 63.300 Single-Haushalte) im Mittel 51.000 Abonnemente und erzielte demnach eine Haushaltsabdeckung von 43,2 Prozent. Das *Hamburger Abendblatt* versorgte im selben Zeitraum im Mittel knapp 105.000 Haushaltungen mit einem Abonnement und erzielte bei insgesamt 973.000 Haushaltungen (davon 517.000 Single-Haushalte) eine Abdeckung von nur 10,7 Prozent. Demnach verfügt das *Hamburger Abendblatt* – umgekehrt gedacht – über ein vier Mal größeres Marktpotenzial: Wäre das *Hamburger Abendblatt* ähnlich erfolgreich wie die *Badische Zeitung*, hätte es selbst 2013 eine verkaufte Auflage von einer halben Million Exemplare.

Drittens: Die Erwartungen an die Zeitung sind in allen Regionen dieselben

Manche Verlagschefs werden hier einwenden, dass die Regionen mit ihren spezifischen politischen und kulturellen Traditionen wie auch Soziokulturen derart unterschiedliche Medienangebote und -nutzungsgewohnheiten ausgeformt hätten, dass dagegen auch gewitzte Blattmacher nicht ankämen. Ich halte dies für eine Ausrede, die der Überprüfung nicht standhält. Das IPJ hat seit 2009 mit seither 16 Regionalzeitungshäusern in 18 verschiedenen Verbreitungsgebieten Deutschlands – von Bayern und Baden-Württemberg über NRW, Niedersachsen und Brandenburg bis Sachsen und Sachsen-Anhalt – ausgiebige Erhebungen über Zeitungsnutzung und Nutzungspräferenzen bei insgesamt annähernd 3.500 regelmäßigen Lesern durchgeführt. Das Überraschende: Das Nachrichteninteresse, die Themenpräferenzen sowie die Beurteilung der Themenaufbereitung in den verschiedenen Zeitungen (bezogen auf überregionale Ereignisse, über die alle teilnehmenden Zeitungen berichteten) unterschieden sich nicht; die Streuung blieb im Rahmen der Standardabweichung. Selbst der in den Lebensstilen noch spürbare Ost-West-Unterschied machte sich kaum bemerkbar.

Man kann aus diesen Daten eine Typologie der Zeitungsleser destillieren: Die einzelnen Typen unterscheiden sich sehr wohl in ihrer Mediennutzung und in ihren Interessen. Doch diese werden nicht durch die Region (Wohnort/Herkunft) beeinflusst. Prägend sind vielmehr das Alter (Mediensozialisation) und, abgeschwächt, die formale Bildung (Medienkompetenz und Nutzwert). Der Vergleich Stadt/Land zeigte eine nur sehr schwache Prägung beim Themeninteresse, nicht aber in Bezug auf die Qualitätskriterien der Blattmache. Ob im Übrigen der soziale Status eine größere Rolle spielt, wissen wir nicht. Der Grund: Die Erhebung erfasste ein soziodemografisch festgelegtes ›zeitungsaffines‹ Bevölkerungssegment: berufstätige Erwachsene (Anteil Frauen 50 %) zwischen 30 und 55 Jahren mit mindestens mittlerer Reife als formaler Bildung.

So unbequem es für den einen oder anderen Chefredakteur sein mag: Diese Befunde belegen zweifelsfrei, dass die für die Tageszeitung wichtigste Bevölkerungsgruppe unabhängig von der lokalpolitischen und lokalkulturellen Tradition, unabhängig von der Region und unabhängig von Urbanitätsfaktoren die Zeitungsangebote in Bezug auf deren Themenaufbereitung und blattmacherische Qualität (= Vermittlungsleistung) übereinstimmend beurteilt.

Wenn also die Regionalzeitung A drei Mal mehr Abonnenten verliert als die Regionalzeitung B, dann kann man dies überwiegend nur mit Unterschieden in der Angebotsqualität erklären. Und wenn das so ist, dann sind hohe Anteile der Reichweitenrückgänge nicht schicksalhaft, sondern selbstgemacht.

Fazit

Die in diesem Kapitel summarisch beleuchteten Trends in der Reichweiten- und Abo-Entwicklung zeigen mit überraschender Deutlichkeit, dass viele Regionalzeitungen schon seit Ende der 1980er-Jahre in einer Akzeptanzkrise stecken, die sie zu großen Teilen selbst verursacht haben und deren schwerwiegende Folge der stetige Abonnenten- und Leserschwund ist. Das bedeutet dreierlei:

Erstens: Egal, wo man nachfragt, in allen urbanen Räumen Deutschlands haben diejenigen, die von der lokalen Tageszeitung in erster Linie angesprochen werden sollten (berufstätige Erwachsene zwischen 30 und 55 Jahren und mindestens mittlere Reife als formale Bildung), in etwa dieselben Erwartungen an und Qualitätsvorstellungen von ›ihre/r‹ lokale/n Tageszeitung.

Zweitens: Immer mehr Menschen finden in der Zeitung nicht das, was sie suchen und brauchen – nicht, weil die Zeitung gedruckt daher kommt, sondern weil es die Zeitung nicht bringt. Stattdessen bietet die Zeitung (zu) viel Lesestoff, von dem (zu) viele Leser nicht wissen, warum sie diesen eigentlich lesen sollten.

Drittens: Einige Regionalzeitungen in Deutschland erreichen auch derzeit etwa denselben Bevölkerungsanteil wie vor 30 Jahren, wenn man die Alterskohorten oberhalb der ca. 35-Jährigen in Betracht zieht: In dieser Zielgruppe besitzen sie dieselben Leseranteile wie in den Vor-Internet-Zeiten; ihr Reichweitenschwund (etwa ein Prozent) entspricht der Mortalitätsrate und dem Wegbleiben der jungen Erwachsenen als Lesernachwuchs (mehr dazu im nächsten Kapitel).

Daraus folgt: Etwa ein Prozent Schwund pro Jahr, das wäre für alle Regionalzeitungen die Benchmark (ausgenommen solche Regionen mit hoher Abwanderung und/oder Arbeitslosigkeit). Jede Regionalzeitung, die dem gegenüber einen höheren Reichweitenschwund zu verzeichnen hat, muss die Ursachen im eigenen Hause suchen. Und finden!

Literatur

EHRENBERG, MARIA; SABINE HAKE: Die Alten bleiben der Lokalzeitung treu. Die Entwicklung des Lesens regionaler Tageszeitungen nach Altersgruppen. Medientrends und sozialer Wandel – MLFZ-Reihe mit aktuellen und historischen Medientrends. In: *Media-Analyse*, 45/2008

GERHARDS, MARIA; WALTER KLINGLER: Mediennutzung in der Zukunft. Traditionelle Nutzungsmuster und innovative Zielgruppen. In: *Media Perspektiven*, 2/2006, S. 75-90

GILLES, DAVID: Das Aussterben der Zeitungen in den jüngeren Altersgruppen, reloaded. In: *MLFZ-Reihe Medientrends und sozialer Wandel*, Ausgabe 7/2009

HAGENAH, JÖRG: Das Aussterben der Zeitungen in den jüngeren Altersgruppen. Die Entwicklung des intensiven Zeitungslesens nach Altersgruppen (nur »mehrmals in der Woche«-Leser). Medientrends und sozialer Wandel – MLFZ-Reihe mit aktuellen und historischen Medientrends. In: *Media-Analyse*, 31/2008a

HAGENAH JÖRG: Das Aussterben der Zeitungen in allen Bildungsschichten. Die Entwicklung des intensiven Zeitungslesens nach Bildung. Medientrends und sozialer Wandel – MLFZ-Reihe mit aktuellen und historischen Medientrends. In: *Media-Analyse*, 17/2008b

HAKE, SABINE; MARIA EHRENBERG: Ostdeutsche wenden sich von der Tageszeitung ab. Die Entwicklung der Lesewahrscheinlichkeit von Tageszeitungen insgesamt und überregionalen Abo-Zeitungen in Ost- und Westdeutschland. Medientrends und sozialer Wandel – MLFZ-Reihe mit aktuellen und historischen Medientrends. In: *Media-Analyse*, 1/2009

MENDE, ANNETTE; EKKEHARDT OEHMICHEN; CHRISTIAN SCHRÖTER: Befunde aus den ARD/ZDF-Onlinestudien 1997 bis 2012: Gestaltwandel und Aneignungsdynamik des Internets. In: *Media Perspektiven*, 1/2013 , S. 33-49

MEYEN, MICHAEL: Medienwissen und Medienmenüs als kulturelles Kapital und als Distinktionsmerkmale. Eine Typologie der Mediennutzer in Deutschland. In: *Medien & Kommunikationswissenschaft*, 55, 3/2007, S. 333-354

SCHWEIGER, WOLFGANG: Transmedialer Nutzungsstil und Rezipientenpersönlichkeit. Theoretische Überlegungen und empirische Hinweise. In: *Publizistik. Vierteljahreshefte für Kommunikationsforschung*, 51, 3/2006, S. 290-312

STASCHÖFSKY, ERIK: Deutschland liest Zeitung – Zur Entwicklung der Reichweiten. In: BBZV (Hrsg.): *Zeitungen 2011/12*. Berlin [zv] 2012, S. 103-118

Gewinner und Verlierer

Welchen Einfluss haben zeitungsexterne Faktoren auf die Auflagenentwicklung? Wir sind dieser Frage nachgegangen und haben für die fünf Jahre von 2008 bis 2012 gemäß der IVW-gemeldeten Abo-Zahlen ein Ranking mit den Top-Ten und den Flop-Ten aufgestellt und – soweit die Verlage Auskunft gaben – die jeweilige Stadtauflage am Erscheinungsort herausgerechnet. Für diese Städte wurden dann die als Indikatoren infrage kommenden Statistiken ausgewertet: die Bevölkerungsentwicklung (natürliche Bewegung sowie Zu- und Abwanderung), Migrationsanteil (Indikator für Deutsch), Haushaltsgröße, Altersstruktur, formale Bildung und Arbeitslosenquote. Aus den Daten der Städte mit den Top-Zeitungen und denen der Städte mit den Flop-Zeitungen wurden Streubreiten erfasst sowie Mittelwerte gebildet und verglichen (siehe folgende Tabelle).

Tops und Flops

Soziodemografie des Stadtgebiets	Top-Zeitungen	Flop-Zeitungen
Indikator Altersstruktur		
30- bis 50-Jährige	29%	28%
über 65-Jährige	20%	22%
Anteil Single-Haushalte	56%	54%
Indikator formale Bildung		
Hauptschulabschluss und weniger	33%	22%
Realschule oder Ähnliches	22%	24%
Fachhochschul- oder Hochschulreife	27%	35%
Sozialer Indikator		
Arbeitslosenquote 2012	6%	10%
Bevölkerungsentwicklung (2008-2012)	+1%	+1%

Die **Top-Regionalzeitungen** erscheinen in den Stadtgebieten: Ingolstadt, München, Oldenburg, Freiburg, Weiden, Passau, Ravensburg, Trier, Ludwigshafen am Rhein
Die **Flop-Regionalzeitungen** erscheinen in den Stadtgebieten: Hamburg, Wuppertal, Berlin, Halle (Saale), Schwerin, Düsseldorf, Potsdam, Chemnitz, Leipzig, Cottbus

Befunde

Exogene Makro-Faktoren: Nach Bundesländern verteilt, finden sich die relativ meisten Top-Regionalzeitungen in Baden-Württemberg und Bayern, die relativ meisten Flop-Zeitungen in den neuen Bundesländern, in Hamburg und Nordrhein-Westfalen (Berlin als Sonderfall). Die Stadtgröße ist kein Indikator; Hamburg und Berlin sind atypisch (siehe München).

Exogene Mikro-Faktoren: Von den über Statistiken erfassten Indikatoren scheint einzig die wirtschaftliche Struktur Einfluss zu haben (die Regionen der Flop-Zeitungen haben statistisch eine deutlich höhere Arbeitslosenquote, Ausnahme: Hamburg). In Bezug auf die anderen Indikatoren schneiden die Stadtgebiete (Single-Haushalte, formale Bildung, Nicht-Deutsche, Altersstruktur) der Flop-Zeitungen eher besser ab und dienen daher nicht als Erklärung. Auch die Printmedienausstattung (Wettbewerb wie in München oder Printmonopol wie in den meisten anderen Stadtgebieten) zeigt keinen messbaren Einfluss.

Die Folgerung ist naheliegend, dass vor allem endogene Faktoren – die Produktqualität und/oder die Verlagsleistungen – den Erfolg der jeweiligen Zeitung am stärksten beeinflussen.

Zwischen endogenen und exogenen Faktoren besteht insofern ein Zusammenhang, als in den Städten mit hohem Akademikeranteil der Reichweitenschwund sehr unterschiedlich ausfällt (Bspl. der Vergleich Freiburg/Hamburg). Abbestelleranalysen lassen vermuten, dass formal gut Ausgebildete mit leitenden Funktionen strengere Qualitätskriterien an das Zeitungsangebot anlegen und konsequenter handeln als die übrigen Lesergruppen.

Die besten und die schlechtesten Zeitungen nach Stadtausgaben

Top Ten beste Zeitungen nach Stadtausgaben	1. Donaukurier	2. Merkur München	3. Nordwestzeitung	4. Badische Zeitung	5. Der Neue Tag	6. Passauer Neue Presse	6. Schwäbische Zeitung	6. Trierischer Volksfreund	9. Die Rhein-pfalz	10. Augsburger Allgemeine
Entwicklung der Abo-auflage in %	-1%	-2%	-3%	-4%	-5%	-5%	-5%	-5%	-7%	-10%
Entwicklung Gesamtverkauf in %	-1%	-5%	-1%	-5%	0%	-5%	-5%	-5%	-7%	-4%
	Ingolstadt	München +Land-kreis	Olden-burg	Freiburg	Weiden	Passau Stadt u. Landkreis	Ravens-burg	Trier	Ludwigs-hafen am Rhein	Augsburg
Altersstruktur [2012]										
30- bis 50-Jährige	30%	33%	30%	26%	27%	27%	31%	30%	29%	29%
über 65-Jährige	19%	18%	18%	16%	22%	22%	27%	18%	20%	20%
1-Personen Haushalte (2011-2012)	41%	54%	50%	52%	nicht vor-handen	48%	nicht vor-handen	78%	nicht vor-handen	51%
Bildung										
Hauptschulabschluss und weniger	41%	26%	25%	keine Daten vorhan-den	keine Daten vorhan-den	keine Daten vorhan-den	keine Daten vorhan-den	keine Daten vorhan-den	keine Daten vorhan-den	39%
Realschule oder Ähnliches	22%	19%	24%							21%
Fachhochschul- oder Hochschulreife	18%	34%	35%							19%
Arbeitslosenquote 2012	4%	6%	9%	4%	8%	6%	3%	5%	9%	7%
Bevölkerungsentwicklg. (2007-2011)	3%	4%	1%	3%	-1%	0%	1%	0%	1%	1%

Top Ten schlechteste Zeitungen nach Stadtausgaben	1. Hamburger Abendblatt	2. West-deutsche Zeitung	3. Berliner Zeitung	4. Mittel-deutsche Zeitung	5. Schweriner Volkszei-tung	6. Märkische Allgemeine	6. Freie Presse	8. Berliner Morgen-post	9. Leipziger Volkszei-tung	10. Lausitzer Rundschau
Entwicklung der Abo-auflage in %	(-18%)	-14%	-14%	-14%	-13%	-13%	-13%	-12%	-11%	-10%
Entwicklung Gesamtverkauf in %	(-20%)	-20%	-19%	-13%	-14%	-13%	-13%	-17%	-11%	-11%
	Hamburg	Wupper-tal	Berlin	Halle (Saale)	Schwerin	Potsdam	Chemnitz	Berlin	Leipzig	Cottbus
Altersstruktur (2012)										
30- bis 50-Jährige	33%	29%	31%	27%	26%	30%	25%	31%	28%	22%
über 65-Jährige	21%	20%	19%	23%	24%	20%	28%	19%	22%	23%
1-Personen Haushalte (2011/2012)	51%	43%	31%	60%	nicht vor-handen	49%	44%	31%	53%	50%
Bildung (Anteil in der Bevölkerung)										
Hauptschulabschluss und weniger	26%	36%	21%	22%	18%	9%	29%	21%	22%	15%
Realschule oder Ähnliches	24%	20%	20%	31%	34%	12%	36%	20%	32%	11%
Fachhochschul- oder Hochschulreife	40%	30%	39%	30%	44%	41%	23%	39%	32%	31%
Arbeitslosenquote Dez. 2012	7%	11%	12%	11%	10%	8%	10%	12%	11%	12%
Bevölkerungsentwicklg (2007-2011)	2%	-2%	2%	0%	-1%	5%	-1%	2%	4%	-1%

Quellen: jeweilige statistische Landesämter

Quellen ›beste Zeitungen‹: *Donaukurier* Bayrisches Landesamt für Statistik und Daten-verarbeitung http://www2.ingolstadt.de/media/custom/465_1978_1.PDF?1351855722; *Merkur München* Statistisches Amt München: http://www.muenchen.de/rathaus/Stadtinfos/Statistik.htm; *Nordwestzeitung.* Stadt Oldenburg: http://www.oldenburg.de/startseite/politik/verwaltung/statistik.html; *Badische Zeitung* Amt für Bürgerservice: http://www.freiburg.de/pb/,Lde/207932.html; *Der Neue Tag* Stadt Weiden: http://www.weiden.info/; *Passauer Neue Presse* Stadt Passau http://www.passau.de/Stadt,Buerger-Politik/Buerger-Info/Broschueren.aspx, https://www.statistikdaten.bayern.de/genesis/online; *Schwäbische Zeitung* Statistisches Landesamt: http://www.statistik.baden-wuert-temberg.de/SRDB/home.asp?H=BevoelkGebiet&U=06&T=01035410&K=436; *Trierischer Volksfreund* Stadt Trier: http://cms.trier.de/stadt-trier/Integrale?SID=AD6FB61A32EC 3E42E686127E2FB02535&MODULE=Frontend&ACTION=ViewPage&Page.PK=181; *Die Rheinpfalz* Statistisches Landesamt Bawü: http://www.infothek.statistik.rlp.de/neu/MeineHeimat/detailInfo.aspx?topic=1043&ID=3537&key=0731400000&l=3; *Augsburger Allgemeine* Stadt Augsburg: http://www.augsburg.de/index.php?id=20

Quellen ›schlechteste Zeitungen‹: *Hamburger Abendblatt* http://www.statistik-nord.de/daten/; *Westdeutsche Zeitung* Stadt Wuppertal: http://www.wuppertal.de/wirt-schaft-stadtentwicklung/standort/daten_fakten/102010100000002779.php; *Berliner Zeitung* Landesamt für Statistik: http://www.statistik-berlin-brandenburg.de/basis-zeitreihegrafik/Bas-Mikrozensus.asp?Ptyp=300&Sageb=12002&creg=BBB&anzw er=4; *Mitteldeutsche Zeitung* Stadt Halle: http://www.halle.de/de/Rathaus-Stadtrat/Statistik-Wahlen/; *Schweriner Zeitung* Stadt Schwerin: http://schwerin.de/?internet_na-vigation_id=51; *Märkische Allgemeine* Stadt Potsdam: http://www.potsdam.de/cms/bei-trag/10035557/400366/; *Freie Presse* Stadt Chemnitz: http://www.chemnitz.de/chemnitz/de/die-stadt-chemnitz/stadtportrait/zahlen-fakten/zahlenfakten_bevoelkerungsstand.html; *Berliner Morgenpost* Landesamt für Statistik: http://www.statistik-berlin-branden-burg.de/basiszeitreihegrafik/Bas-Mikrozensus.asp?Ptyp=300&Sageb=12002&creg=BB B&anzwer=4; *Leipziger Volkszeitung* Stadt Leipzig: http://statistik.leipzig.de/%28S%28 usj3eo45xhy3bxrlrioeghvs%29%29/statcity/table.aspx?cat=6&rub=2&obj=0; *Lausitzer Rundschau* Stadt Cottbus: http://www.cottbus.de/unternehmer/statistik/index.html

4. JUNGE ERWACHSENE: WOFÜR BRAUCHEN SIE ZEITUNGEN?

Man könnte depressiv werden. Seit mehr als drei Stunden telefonieren zwei meiner Mitarbeiter mit jungen Leuten, alle unter Dreißig, alle berufstätig; deren Kontaktdaten hat uns ein solides Marktforschungsinstitut zur Verfügung gestellt. Meine Leute fragen: »Wollen Sie während drei Monaten kostenlos die lokale Tageszeitung testen?« Antworten: »Bin ich Rentner?«; »Das hat mit mir nichts zu tun.«; »Brauch' ich nicht.«; »Ein Mal die Woche für den Lokalsport, das reicht.«; »Ich such' mir online das, was ich wissen will.«; »Ist eher was für Spießer.«; »Nee, die wissen doch alles besser.«; »Manchmal schau ich rein, ist aber langweilig.«; »Da müsste ich viel zu viel lesen.«; »Die ist mir irgendwie zu kompliziert.«; »Erfahr' ich doch schneller über Facebook.«; »Wie bitte? für was eigentlich?« Immer wieder müssen sich meine Leute solche und ähnliche Sätze anhören.

Es ist Frühherbst 2010, wir sitzen in einem Büro im Raum Frankfurt und wollen herausfinden, ob die jungen ›Digital Natives‹ mit der Regionalzeitung am Ort etwas anfangen können und wollen. Sie können es nicht. In Zahlen ausgedrückt: In jener Stichprobe (185 realisierte Kontakte) meinte rund jeder Siebte, dass er gelegentlich zwar zur Lokalzeitung greife, etwa beim Arbeitskollegen oder im Bistro, wenn er den Kaffee to go hole. Aber täglich und im Abonnement? »Das macht gar keinen Sinn!«

In eindrücklicher Weise wurde uns damals klar, dass die Welt der regelmäßigen Zeitungsleser (ab Mitte Dreißig) und die Welt der jungen Nicht-Leser viel weiter auseinander liegen als in den Zeiten, als es kein Internet gab. Jedes Lager äußert robuste Meinungen über die andere, ihm unbekannte Welt; wie Klein Fritzchen über China werden die Ansichten mit wilden Geschichten und negativen Vorurteilen zementiert. Und noch etwas war auffällig: Wie Klein Fritzchen, das einen großen Respekt vor den Chinesen hat, aber nie hinfahren und mit ihnen reden würde, ganz ähnlich sprechen diese jungen Leute über die Tagezeitung: Ja, sagen sie, gut, dass es sie gibt; ist grundsolide gemacht und zuverlässig; irgendwie praktisch. Aber nichts für uns (ich komme darauf zurück).

Den soziokulturellen Wandel verpasst

Unser Rückblick auf die letzten zwei Jahrzehnte (Thema des vorigen Kapitels) zeigte dies: Lange bevor die Internetnutzung alltäglich wurde, drifteten die beiden Welten auseinander – hier die Welt des ›Systems‹ mit seinen Einrichtungen, Behörden und Funktionsträgern; dort die junge Szenewelt, wo man authentisch und spontan sein möchte und stets unter sich, den Gleichaltrigen, verbleibt. Die soziologische Etikette heißt *peer-to-peer*. Eine erste, 1995 am Lehrstuhl Journalistik der Universität Leipzig durchgeführte – West und Ost vergleichende – Studie über die Mediennutzung junger Erwachsener ergab dies: Aus Sicht der Befragten repräsentieren die Regionalzeitungen in Inhalt, Sprache und Stil quasi das System; es ist die ›institutionelle Sicht‹ mit der ›Logik abstrakter Zuständigkeiten‹, die auf junge Menschen formalistisch, belehrend und unecht wirkt. Mit ›unecht‹ meinten die Befragten, dass in den Zeitungen die wahren Interessen verdeckt und meist nur Fassaden und Inszenierungen beschrieben oder PR-getriebene Informationen publiziert würden.

Umgekehrt rechneten sich damals viele Zeitungsjournalisten zur Welt der Etablierten. Sie wollten miterleben und berichten, was die Macht- und Funktionsträger tun. Sie waren stolz auf ihren neu erworbenen Status des Nachrichtenmachers und sahen sich als professionelle Sachwalter der öffentlichen Meinung (vgl. WEISCHENBERG et al. 1994: 160ff.). Die Nähe zu den Machtträgern schien erwünscht, bedeutsam – und war auch prickelnd. Die ganz anderen Informations- und Beteiligungswünsche der jungen Leute interessierten nicht.

Glaubt man den periodisch erhobenen Daten zum soziokulturellen Lebensstil- und Einstellungswandel (Allensbach, Sinus, BAT), dann war das Desinteresse am Zeitungslesen symptomatisch für jenen Prozess, der gesellschaftlich zur Desintegration und weiter zur Segmentierung führte – und der das Verhältnis der jungen Menschen zu den Mainstream-Medien nachhaltig verändert hat (ich komme im letzten Kapitel darauf zurück).

Man kann rückblickend die Haltung der damals jungen Generation als Verweigerung gegenüber dem Common Sense der etablierten Gesellschaft deuten, ein Bruch, den die Zeitungen nicht verstanden, nicht einmal gesehen haben. Wirkmächtige Einflussgrößen waren:

- die damals neuen ›politikfernen‹ privaten Rundfunkprogramme und die von ihnen inszenierte Welt des Hedonismus mit ihrer sinnfreien Unterhaltung (RTL eröffnete sein Primetime-Format mit *Tutti Frutti*). Dieser Trend erfasste auch die öffentlich-rechtlichen Programme: weg vom Imperativ des Bildungsauftrags, hin zu eskapistischen Entschädigungsprogrammen;
- generell die schwindende Reputation und Bindekraft der politischen und kulturellen Institutionen, abzulesen am Vertrauens- und Mitgliederschwund (Parteien, Konfessionen, Gewerkschaften); damit verbunden
- der schwindende Glaube in den gemeinwohlorientierten Gestaltungswillen des politischen Systems, seiner Einrichtungen und Akteure; zeitgleich
- in den urbanen Räumen die Herausbildung einer vom Mainstream abgekoppelten Sub- und Szenekultur mit eigenen Verhaltens- und Kommunikationsformen (Event-Kultur) und auch Medien (bsp. Stadtmagazine); zeitgleich
- die mit dem Scheitern der politischen Utopien entwerteten gesellschaftspolitischen Leitbilder (Fortschritt, Wohlfahrt, Ökologie, soziale Gerechtigkeit) und, hierzu komplementär
- der seit der Wiedervereinigung starke Trend zur Konkurrenz- und Wettbewerbsgesellschaft, den die jungen Erwachsenen als Entsolidarisierung und Hang zum Konsumismus erleben; zeitgleich

- der gender-bezogene Rollenwandel in der Elterngeneration, der die Institution Familie (insbesondere die Mutterrolle) abwertete und in der nachwachsenden Generation zu einer Verunsicherung wie auch zu einer Verlängerung der Adoleszenzphase führte (*Neon* und die medial gepflegte Angst vor dem Erwachsensein);
- der Rückgang geregelter Beschäftigungsverhältnisse in der Arbeitswelt, was die jungen Erwachsenen als Verlust an sozialer Sicherheit (Risikoerfahrungen) und Zwang zu hoher Mobilität erlebten; ebenfalls zeitgleich
- die Entwertung tradierter Ausbildungsformen und -inhalte im Schulsystem und, damit verbunden, die Schwächung der grundlegenden Fertigkeiten: Lesen, Verstehen, Analysieren – und selbstständiges Denken.

Für einen inzwischen großen Anteil der jungen Erwachsenen, dies zeigen Tests mit Auszubildenden, ist die Kulturtechnik des Zeitung-Lesens nicht nur befremdlich, sie ist vor allem beschwerlich. Viele Azubis verstehen nicht, was sie lesen, die für die Wissens- und Meinungsbildung erforderliche Unterscheidung zwischen Information (Wissen) und Beurteilung (Meinung) scheint der Mehrheit einer von uns getesteten Stichprobe 17-jähriger Berufsschüler fremd zu sein: Sie hielt Kommentare für Tatsachenberichte und Nachrichten für Meinungsäußerungen. Einerseits. Andererseits stieg in den 1990er-Jahren der Anteil derjenigen, die Abitur machten und sich einem Hochschulstudium zuwandten, auf rund 40 Prozent des entsprechenden Schuljahrgangs. Viele von ihnen fühlten – und fühlen – sich vom konfektionierten Angebot ihrer Lokalzeitung schlicht *unter*fordert. Mehrere unserer Studien belegen, dass formal gut ausgebildete junge Erwachsene das Lokalangebot der Regionalzeitungen als belanglos und den überregionalen Teil als oberflächlich empfinden. Dieselben Erhebungen machen zudem deutlich, dass die im Lokalteil der Blätter gespiegelte Nahwelt eher dem Alterssegment 50 plus, kaum aber der Wahrnehmung der Unter-35-Jährigen entspricht.

Abschied vom klassischen Bildungskanon

»Fasst man Politik, Wirtschaft, Wissenschaft, Umwelt, lokale Ereignisse, Kunst und Kultur zusammen, so liegt der Interessenpegel der gesamten Bevölkerung heute nur knapp unter dem Niveau vom Ende der neunziger Jahre, derjenige der jungen Generation dagegen erheblich darunter.[...] Soziale Gerechtigkeit sinkt in der Bedeutung – Parallel wandeln sich die Rangordnungen und Werte. Erfolg im Beruf, ein hohes Einkommen, ein gepflegtes Aussehen, aber auch eine eigene Familie und Kinder zu haben, sind den jungen Menschen bis 30 Jahre heute wichtiger als vor einem Jahrzehnt, gesellschaftliche Ziele dagegen weniger wichtig. Das gilt sogar für die soziale Gerechtigkeit, ein Thema, das in letzter Zeit in der öffentlichen Diskussion eine regelrechte Renaissance erlebt hat. Der Anteil derer, die in dieser Altersklasse der sozialen Gerechtigkeit besonders große Bedeutung beimessen, hat sich binnen zehn Jahren von 60 auf 53 Prozent vermindert.«

Auszüge aus: Renate Köcher, IfD Allensbach: *Der schleichende Abschied vom klassischen Bildungskanon*. Vortrag vom 20. August 2008 (Skript)

Das tiefe Tal des ›digital gap‹

Hier kommt nun das heutige Web 2.0 ins Spiel: Die ohne Zeitungslese-Erfahrung aufgewachsenen Leute unter Dreißig heißen zu Recht ›Digital Natives‹, weil sie mit Computer und Handy groß geworden sind, sich lieber ›on demand‹ informieren und mit den analogen (linearen) Offline-Medien nicht umgehen können bzw. wollen – auch, weil sie die Ubiquität ihres mobilen Web-Zugangs unverzichtbar finden: Man will immer und überall vernetzt sein und jederzeit Zugriff zu den digitalen Wissensspeichern haben.

Alle Studien, die mir bekannt sind, bestätigen die tiefe Kluft des ›digital gap‹, welche die erwachsene Bevölkerung in die zuvor skizzierten zwei Welten teilt: diesseits die Unter-30-Jährigen, jenseits die Über-35-Jährigen inklusive ›Digital Immigrants‹ – und dazwischen die Grenzgänger. Und dieser tiefe Graben wandert mit dem Älterwerden der Kohorten mit.

In jeder der beiden Welten werden die Informationsmedien sehr unterschiedlich genutzt, leicht ablesbar am Umgang mit dem Smartphone, welches für einen wachsenden Teil der jungen Leute das All-in-one-Gerät bedeutet – derzeit. Tatsächlich sprechen die jungen Leute unter 30 Jahren der Gattung Tageszeitung hohe Zuverlässigkeit zu. Die Ende 2012 veröffentlichte jüngste JIM-Studie (›Jugend, Information, Multimedia‹) bestätigt die Ambivalenz: Gedruckte Medien tun sich bei Jüngeren zunehmend schwerer, genießen zugleich aber hohe Glaubwürdigkeit (Basis der Erhebung waren 1.201 befragte Heranwachsende zwischen 12 und 19 Jahren). Sinngleich lauten Ergebnisse auch anderer Repräsentativerhebungen, etwa vom Institut für Zukunftsfragen in Hamburg oder die periodischen Erhebungen des IfD Allensbach. Interessant sind diese Befunde auch deshalb, weil das bei Jugendlichen noch große Vertrauen ins Internet bzw. in Internetdienste mit wachsendem Alter und steigender formaler Bildung deutlich absinkt (die aktuellen Forschungsbefunde hierzu diskutierte ich im letzten Kapitel).

Viele junge Leute zeigen Respekt vor der Printzeitung wie vor einer Autoritätsperson, die man kennt, der man aber wenn möglich aus dem Wege geht (rund jeder fünfte der jungen Onliner nutzt Angebote der lokalen Tageszeitung, nicht aus Begeisterung, vielmehr, weil er woanders die Infos nicht findet). Die junge Generation benimmt sich also in Sachen Zeitung ambivalent. Und niemand vermag zu sagen, ob diese Ambivalenz auch dann fortbesteht, wenn die junge Generation ihre Post-Adoleszenz beendet und ihre bis Anfang des dritten Lebensjahrzehnts gedehnte Etablierungsphase durchlaufen haben wird. Die viel zitierte Hochrechnung, dass die Printgattung Tageszeitungen mangels Nachwuchs in rund 30 Jahren ausgestorben sein wird, ist deshalb kurzschlüssig (und auch begrifflich irreführend, weil das Medium Zeitung nicht ans Papier gebunden ist).

Zur Ambivalenz der jungen Leute gehört auch, dass sie zwar stets online sind, aber mit dem *Web-Angebot* der Lokalzeitung am Ort zurückhaltend umgehen und deren E-Paper nicht mögen. Und auch dies ist uns aufgefallen: Die jungen Teilnehmer des IPJ-Online-Panels – Leute unter 30 Jahre, die in einem ›zeitungslosen‹ Haushalt leben, mindestens mittlere Reife haben und berufstätig sind – schauen doch recht häufig in die gedruckte Lokalzeitung. Sie tun dies im Café, am Arbeitsplatz, bei Bekannten oder ausnahmsweise per Kauf am Kiosk (am ehesten montags und samstags). Rund zwei Mal pro Woche – so unsere Daten – kommen viele junge Nicht-Leser mit der gedruckten Regionalzeitung in Kontakt. Und je nach Qualität der Zeitung haben sie auch gar keine schlechte Meinung über das Blatt. Sie sind (wie oben ausgeführt) indessen überzeugt, dass *diese* Lokalzeitung einer anderen, für sie fremden Welt zugehört, mit der sie nicht viel am Hut haben.

Wie die Kluft überbrücken?

Man kann die Frage auch anders stellen: Für wen vor allem hat die Lektüre der Regionalzeitung einen Nutzwert? Die Antwort liegt auf der Hand: Den größten Gewinn haben erstens diejenigen, die sich in ihrem beruflichen und privaten Umfeld mit Allgemeinbildung und aktuellem Ereigniswissen profilieren können. Und zweitens diejenigen, die sich in ihrer lokalen Alltagswelt schon aus pragmatischen Gründen zurechtfinden und sich beteiligen wollen. Beide Profile passen auf die Altersgruppe der ca. 30- bis 55-Jährigen Berufstätigen, die als formale Bildung mindestens mittlere Reife (überwiegend Abitur) besitzen und in einem Mehrpersonenhaushalt (bevorzugt: Familie) leben – eben diejenigen, die ihre Etablierungsphase erfolgreich abgeschlossen haben und in ihrem Alltag Orientierungshilfe wünschen. Für sie besitzt das tägliche Zeitung-Lesen einen konkreten Mehrwert – sofern die Zeitung die Erwartungen erfüllt. Hinzu kommt noch eine andere Beobachtung: Solche journalistischen Medien, die in der Zielgruppe der Etablierten über Reputation verfügen, erscheinen auch den ›Einsteigern‹ als attraktiv, weil sie sich am Lebensstil der erfolgreich Etablierten orientieren (nebenbei: Die Über-60-Jährigen Leser bleiben der Zeitungslektüre treu, auch wenn sie nicht mehr oft thematisiert werden). Die Tageszeitungen hätten also durchaus Chancen, wieder wertvoll und für die Kohorte der ›Einsteiger‹ attraktiv zu werden.

Ausweiten, vernetzen, rückkoppeln

Es war im Frühjahr 2010, als wir im Rahmen eines Symposiums den Chefredakteuren diesen für uns neuen Befund vorstellten: Der Anteil zeitungsferner junger Erwachsener, der aktiv zur gedruckten Zeitung greift, ist deutlich größer als erwartet – und der Anteil unter den regelmäßigen Zeitungslesern, der regelmäßig die Website der Zeitung besucht, ist deutlich kleiner als erwartet. Zudem besuchen diese beiden Gruppen die Website der Zeitung mit unterschiedlichen Nutzungszielen zu verschiedenen Tageszeiten. Wir hatten damals vier Folgerungen daraus vorgestellt:

Erstens macht es keinen Sinn, die für die gedruckte Zeitung verfassten Texte anschließend online zu stellen (aus Sicht der Leser, die auch online unterwegs sind, ist dies redundant; kein Wunder, dass sie kaum noch die Website besuchen).

Zweitens bedeutet die Übernahme des Inhalts durch das Gratismedium Online eine indirekte Abwertung des Bezahlmediums Zeitung (kein Wunder, dass junge Onliner nicht einsehen, warum sie für eine Zeitungsausgabe bezahlen sollen).

Drittens werden die mit dem Internetmedium verbundenen Chancen ›verschenkt‹: andere Nutzungszyklen und somit Update-Rhythmen, ganz andere Aktualitätsansprüche, andere Themenaufbereitungen per Multimedia; Rückkopplungen durch Interaktivität.

Viertens sollte das crossmediale Marketing umgestellt werden: Nicht in der Zeitung für die Website werben, sondern umgekehrt: In den Communitys der Social-Media-Welt, auf der Website, im Lokalradio usw. mit tagesaktuellen Trailern auf die Geschichten in der Zeitungsausgabe verweisen (noch immer verdient die Zeitung das Geld, nicht die Website).

Inzwischen haben einzelne Zeitungshäuser diese Chancen für sich erkannt und tun etwas: Im Verlag wird rund um die Zeitung ein Strauß nutzwertiger Specials, Dienstleistungen und Placements entwickelt, der auf die ›Einsteiger‹ in der Etablierungsphase (bis 35-Jährige, junge Familien, Zuzügler usw.) zugeschnitten ist, mit dem Ziel, die publizistischen

Wie gut sind die Online-Auftritte?

In den online-basierten User-Panels des IPJ mit jungen Nicht-Abonnenten kommt immer wieder zur Sprache, dass man den *Web-Auftritt* der Zeitung am Ort als unübersichtlich, inhaltlich zu oft irrelevant, manchmal veraltet, und die Präsentation als ›oldie‹ empfinde. Layout, Bildsprache, Textaufbereitung: Der ganze Auftritt wirkt auf viele junge Leute wie ein missglückter Kompromiss zwischen Offline und Online.

> In Usability-Studien, die das IPJ 2012 und 2013 durchführte, machten die Testleser während des Navigierens u. a. folgende Spontanäußerungen (›lautes Denken‹): »überfrachtet mit Kleinklein«, »Bauernstubenbarock«, »wie haben die das gemeint?«, »Kraut und Rüben«, »die Werbung nervt« (diese Klagen bezogen sich auf spezielle Web-Werbeformen, wie: Billboard, Layer-Ad, Pop-up, Prestitials), zu regionalen Unterseiten: »finde mich nicht zurecht«, »Wichtiges und Unwichtiges wird gleich behandelt«, »schon wieder dasselbe Bild«; zur Startseite: »Bringen die gar nichts über … (überregionales Thema)?«, »doofe Slides ohne Nachrichtenwert«, »diese Videos sind Zeitfresser«, »für mich zu viel Eigenwerbung«.

Unzufrieden waren vor allem solche jungen Leute, die mit ihrem Smartphone viel im Internet unterwegs sind und die elegant aufbereiteten Apps etwa der Magazinverlage kennen. Die Kritik richtete sich nicht gezielt gegen die schnell geschusterten Kurznachrichten, es ist die überfrachtete Machart des Web-Auftritts, den die jungen Leute umso weniger mögen, je mehr Web-Erfahrungen sie gesammelt haben.

Man muss hier fairerweise anmerken, dass eine wachsende Zahl der Regionalzeitungsverlage die Konzeptschwäche erkannt haben und einen beruhigten, strukturierten Auftritt bieten mit einer deutlich verbesserten Usability, die das Angebot – funktional gesehen – ähnlich übersichtlich präsentiert wie die gut gelayoutete Zeitung (Beispiele im September 2013: Web-Auftritt der *Badischen Zeitung*, des *Südkurier*, der *Hannoverschen Allgemeinen*, der *Südwestpresse*). Testbefragungen im IPJ-Online-Panel gestatten die These, dass seriös und ›wertig‹ aufgemachte Web-Auftritte deutlich mehr Akzeptanz generieren, wenn es um den Übergang vom Gratisangebot zu Paid-Content geht (s. a. *Gut genug für Paid-Content?*, S. 118).

Leistungen bekannt und die Marke wertvoll zu machen. Aber auch die Online-Redaktion definiert ihr Profil neu – sie agiert nicht mehr abgekoppelt oder gar mit dem Konkurrenzgefühl zur eigenen Printzeitung, sondern denkt konzertiert mit der Zeitungsredaktion: Wie gewinnen wir die jungen Leute für unsere journalistischen Angebote online wie offline? Wie müssen wir Themen und Diskussionen auf den Social-Media-Plattformen moderieren, sodass wir als Medienhaus ernst genommen und als Medienmacher glaubwürdig erscheinen? Verschiedene Online-Redaktionen haben inzwischen ihre Chancen erkannt. Ihre Redaktionsmitglieder interagieren, kommentieren und kuratieren auf Facebook, Google+, LinkedIn und XING; sie twittern mit einem Kometenschweif von mehreren hundert Followern und moderieren Diskussionen zu den gerade hochkochenden Aufregern im Lokalen, die nicht nur die Klickzahlen und Unique User erhöhen, sondern auch in der Zeitungsausgabe ihren Niederschlag finden – zum Beispiel mit einer für Print zugespitzten und mit Hintergrundinformationen ergänzten Zusammenfassung einer Facebook-Diskussion. Zu den Medienhäusern, die sich in diese Richtung bewegen, gehören aus meiner Sicht die Auftritte der *Fuldaer Zeitung* und der *Sächsischen Zeitung*, die Online-Redaktion der *Thüringer Allgemeinen* und der *Badischen Zeitung* sowie das Konzept der *Rhein-Zeitung* in Trier.

Übrigens haben auch im Laufe der einleitend erzählten Testleser-Akquise in Frankfurt vor fast vier Jahren viele der jungen Leute ihr Unverständnis ausgedrückt: »Warum ist der Online-Auftritt ›unserer‹ Zeitung so langweilig?« »Warum gibt es nicht pro Tag zweimal ein App-Update – und zwar stets zur selben Zeit?« »Wieso bringt die Zeitungsredaktion so selten Lokalstoff, der unsere Sicht der Dinge ernst nimmt?« »Warum so selten Berichte, die uns junge Leute wirklich interessieren?« Ja – warum eigentlich?

Literatur

BEST, STEFANIE; BERNHARD ENGEL: Alter und Generation als Einfluss-faktoren der Mediennutzung. Kohortenanalysen auf Basis der ARD/ZDF-Langzeitstudie Massenkommunikation. In: *Media Perspektiven* 11/2011, S. 525-542

EBERT, LENA; WALTER KLINGLER; ULRIKE KARG; THOMAS RATHGEB: FIM 2011. Familie, Interaktion & Medien. Untersuchung zur Kommunikation und Mediennutzung in Familien. Hrsg. v. Medienpädagogischen Forschungsverbund Südwest. Stuttgart, Februar 2012. Zusammenfassung. In: *Media Perspektiven,* 4/2012, S. 189-202

SCHOLL, ARMIN; SIEGRIED WEISCHENBERG: *Journalismus in der Gesellschaft. Theorie, Methodologie und Empirie*. Wiesbaden [Westdeutscher Verlag] 1998

ZICK, ANDREAS; BEATE KÜPPER: Zusammenhalt durch Ausgrenzung? Wie die Klage über den Zerfall der Gesellschaft und die Vorstellung von kultureller Homogenität mit Gruppenbezogener Menschen-feindlichkeit zusammenhängen. In: HEITMEYER, WILHELM (Hrsg.): *Deutsche Zustände – Folge 10*. Berlin [Suhrkamp] 2012, S. 152-176

5. WER WILL DAS PUBLIKUM VERSTEHEN?

Es war wohltuend zu lesen, was der Verleger des größten schweizerischen Pressehauses, Pietro Supino von der Tamedia AG, im März 2013 im *Magazin* (ein mehreren schweizerischen Tageszeitungen beiliegendes Wochenmagazin) publizierte: »Journalismus gewinnt noch mehr an Bedeutung«, so die Überschrift, und es folgten fünfeinhalb Druckseiten, auf denen er seine Perspektive des Journalismus von ›Apokalypse‹ bis ›Zeit‹ durchbuchstabierte. Er behandelte viele wichtige Themen – zum Beispiel Demokratie und Digitalisierung, Paywall und Presseförderung, Qualität und Rendite. Doch ein Thema kam nirgends vor: die Leser. Weder die tatsächlichen noch die potenziellen (zum Buchstaben L fiel ihm nur ›Leistungsschutz‹ ein).

Das erstaunt in doppelter Hinsicht. Zum einen müsste ein Verleger doch vor allem an den Lesermarkt denken und seinen Journalisten klarmachen, dass sie nicht allein für den »öffentlichen Raum« (Supino), sondern zugleich für ihre Leser, im weiteren Sinne für das Publikum als Kunden und Käufer arbeiten. Zum andern weiß der Verleger, dass sein Konzern unter anderen das auf die Publikumserwartungen komplett zugeschnittene *20 Minuten* produziert, ein Gratisblatt, das gerade deshalb zu Europas kommerziell erfolgreichsten Blättern gehört. Derzeit gilt *20 Minuten* als eine optimal gemachte Gratis-Pendlerzeitung. Und Qualität bedeutet für dieses Produkt: wenig Recherche, keine Hintergrundanalysen und keine großen Erzählgeschichten, sondern knapper Nachrichtenstoff, kurze Erklärstückchen und viel Szene-Storys, also das, was jüngere Leute während einer Viertelstunde (= durchschnittliche Nutzungsdauer) auf dem Weg zur Arbeit konsumieren, um sich informiert *und* gut unterhalten zu fühlen.

Man fragt sich: Hat dieser Zeitungsverleger Hemmungen, seinen Journalisten des *Tages-Anzeigers*, der größten Abonnement-Regionalzeitung der Schweiz, deutlich zu machen, dass sie bitteschön keine Redner an der Speaker's Corner im Hyde Park sind, sondern einen Kommunikationsberuf ausüben, der am Gemeinwohl orientiert ist, zugleich aber auch sein Publikum als Kommunikationspartner ansprechen und gewinnen muss – und der versagt, wenn sich das Publikum abwendet? Vielleicht quält den Medienunternehmer die Sorge, seine Redaktion könnte den Verweis auf ›Publikumsorientierung‹ missverstehen als Aufforderung, sich den Marktgesetzen zu unterwerfen und vor allem Marketing zu betreiben, damit sich die Zeitung besser verkaufe. Oder er gehört zur rar gewordenen Spezies der Publizisten, die den Funktionswandel des Zeitungsjournalismus hin zum Kommunikator nicht mit vollzogen haben und glauben, es würde den Blattmachern den Rücken stärken, wenn sie die Publikumsperspektive außer Acht lassen dürften.

Genau dies würde dem überkommenen Rollenbild des vorigen Jahrhunderts entsprechen. Verschiedene Medienwissenschaftler haben vor rund zehn Jahren zahlreiche Blattverantwortliche über deren Qualitätsmaßstäbe befragt. Die Befragten äußerten zwar dezidierte Vorstellungen davon, was eine gute Zeitung ausmache. Doch in keiner dieser Befragungen kam zur Sprache, ob und wie diese Vorstellungen auf die Kommunikationsfunktion der Zeitung zu beziehen seien; Lesernähe hatte den Ruch des plumpen Anbiederns. In ihrem Bericht über die Repräsentativbefragung deutscher Journalisten zu deren Berufsrolle schrieb ein Forscherteam: »Die Diskussion um Publikumsorientierung und Marketingjournalismus dreht sich also im Kern um die Frage, ob sich die Medien weiterhin an eigenen Relevanzkriterien orientieren oder ob sie sich nach externen Interessen richten – und damit auch um die Frage nach der Autonomie des Journalismus.« Naheliegender für die Journalisten sei das eigene Milieu. Studien bestätigten, »dass sich Journalisten in ihrer täglichen Arbeit in starkem Maße an ihrer eigenen Branche orientieren, an Kollegen, Vorgesetzten und anderen Medien. Weil sie wenig über ihr Publikum wissen, nutzen sie private Bezugsgruppen und Kollegen als ›Ersatzreferenten‹, als Indikatoren für mögliche Publikumsinteressen« (WEISCHENBERG et al. 2006: 144).

Diese Sicht gehört zum Ursachenbündel der Zeitungskrise. Denn der sich nur abstrakt am Leitbild der aufklärenden Information rechtfertigende Journalismus funktioniert – wenn es um die Tageszeitung geht – schon lange nicht mehr. Im Laufe der letzten rund zehn Jahre haben dies auch viele Zeitungsredaktionen erkannt – auch in der Schweiz. Im Zuge der Krisendebatte wurde ihnen deutlich, dass ›Qualität‹ kein an die Wand zu nagelnder Pudding und auch kein abstrakt begründetes Leistungsprofil darstellt, sondern beide Dimensionen ganz konkret zusammenführt: *die normativ gerechtfertigte Funktion des Journalismus mit den daraus abzuleitenden Berufsnormen einerseits und die Publikumsperspektive mit den damit verbundenen Kommunikationsregeln andererseits.*

Wenn in früheren Zeiten noch die »Missachtung des Lesers« (LANGENBUCHER/GLOTZ 1969) die Blattmache bestimmte, so wissen inzwischen doch viele Redaktionen, dass sie ihrem Reichweitenschwund nicht mit Ignoranz und Selbstgefälligkeit begegnen können, sondern lernen müssen, ihr *Publikum zu verstehen*, um es zu gewinnen. Mit schönem Pathos drückte dies Gabor Steingart in einer Rede im November 2013 wie folgt aus: »Der Kampf um den Leser und die Leserin wird mit geschärftem Verstand und gespitzter Feder gewonnen, nicht mit dem Rechenschieber und dem Trauerkloß im Hals. Wenn wir eine Koalition schmieden wollen, dann die mit unseren aufmüpfigen und engagierten Leserinnen und Lesern.« Zu ihnen gehören nicht nur die Leser, sondern zunehmend junge Erwachsene, die gut gebildet sind und deutsche Texte lesen können, aber um die Regionalzeitung einen großen Bogen machen (das war das Thema des vorigen Kapitels).

Doch wie soll man dieses in seiner Zusammensetzung sehr unübersichtliche Publikum verstehen, wo man es doch de facto gar nicht kennt? Die Anrufe per Lesertelefon oder die E-Mails aus dem Kreis der Unverzagten sind gewiss wertvoll, um Pannen zu beheben und vergessene Themen aufzugreifen. Aber es sind singuläre Äußerungen, die keine

Rückschlüsse darauf zulassen, wie die verschiedenen Lesergruppen mit der Zeitung umgehen bzw. nicht (mehr) umgehen. Ein aktiv agierender Ombudsman (beispielhaft Anton Sahlender von der *Main-Post*) ist gewiss ein wichtiger ›Leserversteher‹. Und die auf der Website der Zeitung eingerichtete Kommentarfunktion mag zudem Einblicke in spezielle Meinungsklimata geben. Doch beides lässt kaum Rückschlüsse zu auf das verbreitete Unbehagen im Umgang mit der journalistischen Gattung.

Missverstandene Strukturdaten

»Wir wissen genug«, sagen machen Redaktionsleiter, wenn man auf ›Leserforschung‹ zu sprechen kommt. Sie verweisen auf die großen statistischen Erhebungen über das Medienverhalten der Erwachsenen-Population. Das Interesse am Umfang und der demografischen Zusammensetzung der Leserschaft indessen geht auf den Informationsbedarf der Werbebranche zurück, die wissen will, wer mit ihren Zeitungsanzeigen in Kontakt kommt. Gemeinsam mit der Werbebranche wurden vor einem halben Jahrhundert die Marktforschungsinstrumente entwickelt, deren anerkannteste bis heute die Media-Analyse der AG.MA darstellt: Es sind halbjährlich stattfindende Befragungen eines repräsentativen Querschnitts der Gesamtbevölkerung (deutsch Sprechende ab 14 Jahren).

Tatsächlich sind die Kategorien der MA so definiert, dass sie auf alle Printgattungen anwendbar und für die Werbewirtschaft nützlich sind. Um daraus zutreffende Rückschlüsse über die Nutzung des redaktionellen Teils zu ziehen, braucht es Sachverstand. Im Übrigen werden von der MA die Verhaltens- und Nutzungsmerkmale des Publikums nicht erfasst. Und für kleinere Regionalzeitungen machen die MA-Daten kaum individuelle Aussagen (kleine Fallzahlen). Der Wert dieser Daten liegt daher auf der strukturellen Ebene: Sie geben auf aggregiertem Niveau Aufschluss über die Nutzung der Gattung Tageszeitung in den verschiedenen Segmenten der deutsch sprechenden Gesamtbevölkerung, und, da sie rollierend halbjährlich erhoben werden, über den Nutzungstrend. Da der systematische Fehler (Kontakt = Lesen) derselbe bleibt, sind die Trendaussagen zuverlässig. Doch ob (und wie viel) in einer Zeitung gelesen wird, darüber kann die MA nichts sagen.

Um Näheres über das generelle Nutzungs- und Konsumverhalten zu erfahren, schuf das Institut für Demoskopie Allensbach (in Konkurrenz zur MA) ein eigenes Messinstrument, die Allensbacher Werbeträger-Analyse (AWA), an der allerdings nur größere Medienunternehmen beteiligt sind und deren Daten keine valide Auskunft über das Verhalten der Leute in kleineren Räumen (Verbreitungsgebieten) geben kann. Dasselbe gilt für weitere periodische Erhebungen mit je anderen Schwerpunkten, die von Verlagskonsortien betrieben werden (bis 2013 waren dies die Verbraucher-Analyse und die inzwischen neu organisierte Typologie der Wünsche).

Wie erwähnt: Für die Redaktionen der Regionalzeitungen wären manche dieser Erhebungsdaten allein wegen ihrer Trendaussagen über den Strukturwandel des Lesepublikums sehr wohl informativ – sofern man die Daten im Zusammenhang mit deren Datenbasen, den Erhebungsinstrumenten und Kategoriensystemen angemessen zu interpretieren versteht. Und hier hapert es in vielen Medienhäusern an Bereitschaft, Interesse und Sachverstand. So kommt es, dass man in vielen Redaktionen höchst unrealistische Ansichten über die Mediennutzung der Bevölkerung und über die Leserschaften sowie die Leserpotenziale der Tageszeitung zu hören bekommt.

Das Interesse am Lesepublikum ist neu

Als offenbar wurde, dass der Lesernachwuchs in steigendem Umfang der Zeitung fernbleibt, erklärten dies viele Chefredakteure mit den immer zahlreicheren kostenlosen digitalen Informationsangeboten und folgerten daraus, dass sich die Tageszeitung im Medienkonzert neu positionieren müsse. Auch wenn diese Schuldzuweisung ans Internet daneben geht: Mit dieser Folgerung wuchs in den Redaktionen endlich die Bereitschaft, sich auf einige ganz naheliegende Fragen einzulassen: Für wen eigentlich machen wir unsere Zeitung – und was erwarten die, die unsere Zeitung noch nicht oder nicht mehr lesen? Vielerorts wurde eingesehen, dass der Qualitätsbegriff nicht mit Zitat-Rankings (Medienresonanz) und Design-Preisen einzulösen ist, dass er vielmehr die Kommunikationsleistung der Zeitung einbeziehen muss – messbar über harte Indikatoren, die eben nicht so sexy sind, zum Beispiel anhand der Lesedauer, über den Reichweitenschwund in soziokulturell stabilen Stadtteilen oder vermittels der Akzeptanz- oder Blattbindungsverluste in sozial gut etablierten Zielgruppen.

Indem nun über Begleitforschung Leistungsdefizite nachweislich wurden, stellte sich endlich auch die Frage nach der *kommunikativen Qualität* des Zeitungsangebots. Und damit stand – hier wurde es manchem Chefredakteur unangenehm – das Produkt selbst auf dem Prüfstand. Womit das nächste Problem aufbrach: der Mangel an empirisch validierten (= gesicherten), die Kommunikationsleistung einbeziehenden Qualitätsnormen.

Viele leitende Redakteure, die in den letzten Jahren zum redaktionellen Qualitätsmanagement befragt wurden, äußerten sich recht einsilbig, wenn sie angeben sollten, wie sie Qualitätskriterien in der Redaktion entwickeln, umsetzen und auf ihren Erfolg hin kontrollieren. In teamorientierten Lokalredaktionen können die Chefs ihre Blattmacherregeln nicht *par ordre du mufti* durchboxen – wenn sie es tun, geht die Motivation vieler Redakteure und die Identifikation mit dem Blatt spürbar zurück. Und auch das berühmte Bauchgefühl oder die Meinung der eigenen Kinder und ihrer Freunde oder die der Feierabend-Kumpels an der Bar liefern keine belastbaren Begründungen etwa dafür, dass die Politikberichterstattung abgebaut, die Bilder noch größer gezogen und jede Story mit Autorenfoto versehen werden soll.

Allerdings habe ich in den letzten zehn Jahren auch eine ganze Reihe Chefredaktionen kennengelernt, denen klar geworden war, dass ihre überkommene Art der Blattmache – von der Nachrichtenaufbereitung über die Art der Ansprache bis zur Visualität des Blattes – nicht mehr dem entspricht, was ihr potenzieller Kommunikationspartner, das junge Publikum, erwartet und nutzen will. Dass, mit anderen Worten, ein verändertes, wohl erweitertes Funktions- und so auch Qualitätsverständnis der Zeitung beschrieben, operationalisiert und in die tägliche Blattmache überführt werden müsse. Doch dieses neue Funktionsverständnis existierte meist nur als Idee oder

Vorstellung – unberührt von empirischem Medienfunktionswissen. Hier tritt nun die angewandte Medienforschung auf den Plan, um den Medienmachern mit verwertbaren Aussagen über den Wandel des Medienverhaltens weiterzuhelfen. Damit rücken konkret-empirische Fragen (mit ihren spezifischen Methoden) in den Mittelpunkt der Auftragsforschung:

- Wie genau nutzen verschiedene Lesersegmente (Alter, Bildung, Einkommen, Lebensstile) ihre Tageszeitung im Konzert mit den anderen Medien, die ihnen im Tagesverlauf ebenfalls zur Verfügung stehen? (→ online-gestützte Panel-Befragungen sowie Nutzungsmessungen mit Lese-Scannern und Eyetracking).

- Woran liegt es genau, dass ein wachsender Teil der jüngeren erwachsenen Bevölkerung auf die regelmäßige Lektüre der örtlichen Tageszeitung verzichtet? (→ morphologisch angelegte, gestützte Abbesteller-Fokusgruppen).

- Was (alles) erwarten welche Einwohner von der Tageszeitung am Ort, was kein anderes Medium ebenso gut leisten kann? (→ Repräsentativbefragung, Zielgruppeninterviews, online-basierte Panel-Befragung, Fokusgruppen).

- Welche Stärken und Schwächen offenbart die alltägliche Ausgabe, wenn man untersucht, wie die Leser ihre Zeitung nutzen oder sich zu nutzen bemühen? (→ Copytests, gestützte Fokusgruppen, Benchmark-Inhaltsanalysen).

- Welche Stärken und Schwächen zeigt das tatsächliche Zeitungsangebot, wenn man die Erwartungen auch der potenziellen LeserInnen zum Maßstab nimmt? (→ Inhalts- und Benchmark-Analysen).

- Wie gehen die LeserInnen mit neuen oder veränderten Angeboten der Zeitung und ihres Web-Auftritts um: nehmen sie diese überhaupt wahr? Nutzen sie diese – und wenn ja: wie? (→ online-basierte Panel-Befragung, gestützte Fokusgruppen).

- Welche Stärken und Schwächen hat das tägliche Zeitungsangebot, wenn man die im Journalismus unstrittigen handwerklichen Qualitätsmaßstäbe heranzieht? (→ Redaktionsbeobachtung, Workflow-Analysen, Inhalts- und Benchmark-Inhaltsanalysen).

Entgegen anderen Behauptungen können auf diese Fragen weder die auf Theoriebildung ausgerichteten akademischen Medienwissenschaften noch die erfahrungs- und insofern vergangenheitsbezogene Praktikersicht belastbare Antworten geben. Denn mit diesen Fragen wird ein komplexer Funktions- und Nutzungszusammenhang thematisiert, der sich nicht auf ein paar Ursachenerklärungen verkürzen lässt. Für die Medienpraxis verwertbare Antworten liefert indessen die angewandte Medienforschung – sofern sie mit wissenschaftlich gesicherten Methoden arbeitet und zugleich ihre Forschungsdesigns pragmatisch an die jeweiligen Fragestellungen anpasst (und nicht umgekehrt, wie dies die akademische Forschung gerne tut).

Allerdings neigt die angewandte Forschung (oft aus Kostengründen) dazu, mit allzu einfachen Methoden allzu simple Forschungsdesigns umzusetzen, deren Aussagekraft über den Charakter einer Fallstudie nicht hinausreicht. Hinzu kommt, dass Mediennutzungsstudien nur wenige Aspekte auswählen und diese, wenn empirisch, unter Laborbedingungen untersuchen und dabei viele Einflussfaktoren ›übersehen‹ müssen. Aus diesen und aus weiteren Gründen werden Ergebnisse der angewandten Medienforschung von akademischen Forschern übergangen und von Praktikern oftmals ›falsch‹ gedeutet, was zu kontraproduktiven Maßnahmen führen kann. Beispiele für folgenreiche Fehlentscheidungen gibt es in Hülle und Fülle, einige davon haben Leserverluste im Gegenwert von mehreren Millionen Euro verursacht. Umgekehrt erzielt die angewandte Begleitforschung valide Ergebnisse und brauchbare Empfehlungen, wenn die Stärken und Schwächen der verschiedenen Ansätze und Methoden durch Kombination ausgeglichen werden und mit einem Mehrmethodenansatz – oder mit methodisch unterschiedlichen Designs – geforscht und ausgewertet wird (die Sozialwissenschaften haben für den Mehrmethodenansatz den Begriff der Triangulation aus den Geometriewissenschaften entlehnt, wo Entfernungen mittels der drei Winkel eines Dreiecks errechnet werden).

Die in diesem Reader angeführten Befunde aus der IPJ-Rezipientenforschung entstammen überwiegend Ergebnissen, die aus der Kombination oder dem Vergleich methodisch unterschiedlicher Verfahren zu gleichlautenden Problemstellungen gewonnen wurden (die wichtigsten: online-basierte periodische Panel-Befragungen, leitfadengestützte Befragungen und Interviews von Akteuren, Fokusgruppen und Copytests mit Lesern, Blickverlaufsmessungen, ReaderScan-Sekundäranalysen, Redaktionsbeobachtungen, qualitative und quantitative Inhaltsanalysen sowie Benchmark-Bestimmungen).

Das Problem ist die Anwendung

In den zurückliegenden Jahren haben manche Zeitungshäuser im genannten Sinne komplexe Untersuchungen durchführen lassen, mit der Zielerwartung, die Attraktivität ihres Angebots erhöhen und so die Reichweite der Zeitung im Verbreitungsgebiet festigen oder gar steigern zu können. In einigen Zeitungshäusern erzielten Begleitforschungen auch verwertbare Befunde, deren Umsetzung zu einer verbesserten Kommunikationsleistung führte. Doch aufs Ganze gesehen stehen Aufwand und Ertrag bislang in keinem guten Verhältnis. Zwar weiß man nicht, wie stark die Reichweite ohne diese Maßnahmen zurückgegangen wäre; doch die Verlage schafften es nicht, den Reichweitenschwund der Zeitung Richtung Null zu dämpfen oder die Crossmedialität ihrer Angebote so weiterzuentwickeln, dass ein realer Reichweitengewinn heraussprang. In einigen Zeitungshäusern hat dies zu einer stark resignativen Stimmung geführt, nach dem Motto: Wenn alle unsere Anstrengungen nicht geholfen haben, dann ist der Untergang der Tageszeitung unser Schicksal.

Ist es nicht. Denn wenn man genauer hinschaut, wie diese Zeitungshäuser mit ihren Forschungsbefunden umgegangen bzw. nicht umgegangen sind, dann ist der ausbleibende Erfolg keineswegs rätselhaft. Meinen Beobachtungen und Redaktionsgesprächen zufolge sind es vor allem diese (auch singulär auftretenden) sieben Formen des Missmanagements, die dazu führen, dass die Erkenntnisse aus der Begleitforschung verpuffen.

1. Die Chefredaktion bzw. Geschäftsleitung hatte den Forschungsauftrag anders gemeint: Sie wünschte sich eine Bestätigung ihrer Qualitätsvorstellungen. Nun führte aber die Untersuchung zu

Antworten, die nicht unbedingt das Blattkonzept bestätigten. Die Chefredaktion pflückt die wenigen, sie stützenden Befunde heraus und verstaut den Forschungsbericht im Bücherregal.

2. Die Chefredaktion bzw. Projektgruppe bzw. Geschäftsleitung erweist sich als überfordert, wenn sie die Forschungsergebnisse in Abhängigkeit der Methoden und Verfahren für ihre Praxis deuten und umsetzen soll. Lieber geht sie mit den Ergebnissen quasi journalistisch um und reduziert die komplexen Aussagen so weit, bis sie auf simple To-do-Listen oder zu den eigenen Erwartungen passen.

3. Die Chefredaktion bzw. Projektgruppe bzw. Geschäftsleitung ist wissenschaftlichen Verfahren gegenüber grundsätzlich misstrauisch (Vorurteile, mangelnde Fachkenntnisse bzw. -ausbildung, schlechte Erfahrungen usw.) und zieht verschiedene Studien heran, um die Ergebnisse zu vergleichen. Sie entdeckt vermeintliche Widersprüche und sieht sich in ihrem Vorurteil gegenüber der Wissenschaft bestätigt. Nun kann sie wieder selbstgerecht entscheiden und die Studien als unbrauchbar entsorgen.

4. Die Umsetzung mancher Forschungsbefunde erfordert eine kooperative Zusammenarbeit zwischen der Redaktion und den Verlagsabteilungen (insbesondere Marketing). Beide Seiten sind traditionell misstrauisch und haben keine Erfahrung, wie man ›oberhalb‹ der Trennwand zwischen Verlag (Anzeigenabteilung) und Redaktion (Inhalte) solch eine Kooperation organisiert. Hinzu kommt, dass die Geschäftsleitung des Verlags nicht aktiv wird, sondern delegiert. Schon nach kurzer Zeit verschwindet der Elan wegen der Reibungsverluste; das teuer erarbeitete Konzept wird im Jahrgangsordner ›Ideen‹ abgelegt.

5. Die Chefredaktion behält die Forschungsbefunde für sich und bezieht die Redaktion in den Denkprozess nicht mit ein. Den tieferen Sinn der von ihr angeordneten Maßnahmen kann die Redaktion nicht nachvollziehen; diese versanden bereits auf der Ressortleiterebene. An der Redaktionsbasis verändert sich nichts, der alte Trott geht weiter.

6. Manche Forschungsergebnisse machen augenfällig, dass Umbauten beim redaktionellen Workflow erforderlich sind. Teile der Redaktion üben sich jedoch in passivem Widerstand, die Reorganisation wird unterlaufen. Nach wenigen Monaten arbeitet die Redaktion wieder genauso wie früher und freut sich, dass sich an ihren geliebten (auch bequemen) Routinen nichts verändert hat.

7. Die Verlagsleitung oder Chefredaktion bedient sich einzelner Forschungsbefunde, um sie für andere Ziele als Rechtfertigung zu gebrauchen, etwa: Optimierung des Newsdesks zum Zweck der Rationalisierung oder Abbau des Mantels mit Einsparungen beim Korrespondentennetz. Die anfangs gut motivierte Redaktion lehnt nun die gesamte Begleitforschung ab und handelt nach dem Motto: Unsere Anstrengung wird missbraucht, wir verlegen uns auf passiven Widerstand.

Das Beispiel ReaderScan

Wie groß für viele Redaktionen die Herausforderungen sind, die sich bei der Anwendung von Forschungsbefunden stellen, kann man am Beispiel des Messinstruments ›ReaderScan‹, der Lesestift-Erfindung von Carlo Imboden, sehr gut nachvollziehen. Bei diesem Verfahren handelt es sich um einen elektronischen Marker (Scanner), mit welchem rund 120 bis 150 Zeitungsleser ausgestattet werden. Während der üblichen Zeitungslektüre markieren sie zuhause die Texte, die sie tatsächlich lesen (d.h. die letzte Zeile, mit der sie die Lektüre des fraglichen Textes beenden). Anschließend werden die Daten an ein Rechenzentrum übertragen. Dort ist die fragliche Zeitungsausgabe digital hinterlegt. Innerhalb weniger Stunden wird errechnet, wie viele der ›Ausgabeleser‹ auf welchen Seiten welche Texte wie weit gelesen haben. Daraus wird für jeden Text die aktuelle Lesequote errechnet. Jedenfalls theoretisch. In der Praxis gibt es viele Unwägbarkeiten, die bei der Interpretation und Umsetzung zu berücksichtigen sind.

Eines der Probleme betrifft die Validität der Daten: Markieren alle Testleser wirklich die Zeile, bis zu der sie gelesen haben – oder auch das, was sie nur angeschaut haben? Markieren sie vor allem solche Texte, die wertvoll erscheinen (= soziale Erwünschtheit) und überspringen solche, die andere vermutlich merkwürdig finden würden (= Third-Person-Effect)? Wie markieren sie kurze Zusätze, etwa Zitat- und Textboxen (Wahrnehmungs- und Definitionsproblem)? Und wenn sie das Markieren vergessen und es später nachtragen: Wie zuverlässig ist das? Wie steht es mit kleineren Bildern und mit Überschriften? In mancher Redaktion wurden richtige Erkenntnisse und irreführende Deutungen vermischt, sodass am Ende der Nutzen des Lesestifts zur Glaubenssache erklärt wurde. Auch dies war Ausdruck einer Überforderung.

Tatsächlich besitzt das Verfahren sehr wohl nützliche Seiten. Die vielleicht wichtigste ist psychologischer Natur: Angesichts der aktuell zurückgespielten Lesedaten entwickeln viele Redakteure erstmals ein konkretes Bewusstsein für die Publikumsperspektive – und empfinden eine gewisse Befriedigung, wenn ihre Texte wirklich gelesen (d. h. markiert) werden. In einer wissenschaftlichen Studie an der Universität Münster wurden die verantwortlichen Redakteure von neun Tageszeitungen, die den ReaderScan eingesetzt hatten, sehr umfassend befragt. Viele Eindrücke decken sich zu großen Teilen mit Befunden, die wir im IPJ aus der Sekundäranalyse (inklusive Befragungen) von fünf Zeitungen gewonnen haben, die ebenfalls ReaderScan eingesetzt und die Lesedaten zur Optimierung des redaktionellen Angebots genutzt haben.

Manches, was die ReaderScan-Daten erbrachten, war für die Branche überraschend. Die Verantwortlichen der *Main-Post* (dort lief die erste ReaderScan-Erhebung ab Ende 2003) und Erfinder Carlo Imboden präsentierten im Herbst und Winter 2004 einige der Erkenntnisse. Der Newsletter der Akademie Berufliche Bildung der deutschen Zeitungsverlage (ABZV) vom November 2004 berichtete:

> »Lokales bringt die Quote, Lokalsport ist wichtig. So bisher das Credo. Jetzt ist für die Redaktion der Würzburger *Main-Post* diese Glaubenswelt durcheinander geraten. Als erste Zeitung in Deutschland hat sie sich an eine neuartige Leserforschung gewagt. Das Ergebnis: Insgesamt wurden nur 6,8 Prozent des redaktionellen Angebots genutzt, vom Lokalsport nur 1,2 Prozent gelesen, Beiträge über den ›Kissinger Sommer‹, das regionale Kulturereignis, kamen auf Lesewerte von unter einem

Prozent. ›Wir wollten wissen, was die Leser tatsächlich lesen – nicht, was sie in Befragungen vorgeben zu lesen‹, berichtete Chefredakteur Michael Reinhard.[...] Verblüffend: ›Jede Mantelseite wurde stärker genutzt als die lokalen Seiten.‹ Wobei der Mantel der *Main-Post* starke regionale Akzente hat. Die Ergebnisse seien unverfälscht, so Reinhard. Die Testleser haben kein Honorar bekommen, einige hätten auch schon mal gar nicht gelesen.«

Diese und viele weitere Befunde zeigten, dass die Leser keineswegs mediendumme Konsumenten sind, sondern die Erfüllung von Qualitätsmerkmalen, die auch im Journalismus anerkannt sind, mit höheren Lesequoten belohnen. Dies sind: Sachlich informierende, dabei prägnante Überschriften; sprachlich-stilistisch gut zu lesende, klar strukturierte und untergliederte Texte; informationsreiche (d. h. gut recherchierte) Berichte; nutzwertige Textelemente; thematische Bezugnahmen auf die Lebenswelt der Leser; aussagestarke, informationshaltige Bilder mit klarer Bildaussage. »Die Leser wollen solide, hintergründig und unterhaltsam informiert werden«, brachte es ein leitender Redakteur der *Berliner Zeitung* damals auf den Punkt. Dies sind Attribute, die auch andere Studien – Copytests, Eyetrack-Messungen, Leser-Panel des IPJ – uneingeschränkt bestätigen. Die Münsteraner Studie berichtet (in der Sache deckungsgleich mit Copytest-Befunden des IPJ) über ihre Redakteursbefragung zum Thema Sprache/Stil unter anderem:

In vielen der befragten Redaktionen achten die journalistischen Akteure seit dem Einsatz von ReaderScan stärker darauf, »[...] dass man eben, wenn man Texte schreibt, schon eher überlegt, sie so zu schreiben, dass [.] sie auch wirklich gelesen werden – und zwar komplett von vorne bis hinten.« (BONK 2010: 436) Die ReaderScan-Daten zeigten in Bezug auf Überschriften und Vorspänne, »dass der Aspekt der Verständlichkeit bzw. Lesbarkeit seit der ReaderScan-Studie in den Redaktionen einen höheren Stellenwert bekommen hat [...]. Wie einer der befragten Ressortleiter bemerkt, ist dieser Punkt für eine regionale Tageszeitung auch deshalb so wichtig, weil sie als ein Generalistenmedium ein sehr inhomogenes Publikum, in dem Menschen mit unterschiedlichen Bildungsniveaus vertreten sind, ansprechen muss [...]. »weil Sie haben ja als Regionalzeitung [...] ein *Riesenspektrum*. Ich sag' immer vom Pförtner bis zum Professor haben Sie eine [...] breite Leserschicht.« (BONK 2010: 437)

Die Liste der Erkenntnisse umfasst auch viele inhaltliche Aspekte, etwa, welche Nachrichten in welchem Kontext für die Leser als bedeutsam erscheinen: eben nicht in erster Linie Lokales und Vermischtes, sondern ebenso aktuelle Vorgänge aus Politik und Wirtschaft – sofern es der Zeitung gelingt, den wissenswerten Nachrichtenkern leicht verständlich, anschaulich und dessen Bedeutung für die ganze Leserschaft *nachvollziehbar* dazustellen.

Die nicht seltenen negativen Auswirkungen des ReaderScan-Einsatzes hängen mit den komplizierten Einflussgrößen auf den Leseprozess und den zu bewältigenden Methodenproblemen, aber auch mit dem zeitlichen und apparativen Aufwand zusammen. Um Methodenprobleme und Forschungsaufwand stimmig zu machen, ist Forschungserfahrung vonnöten. Dies alles kann von einer Zeitung aber nicht erwartet werden; prompt sind folgende Problemfelder erwachsen, die zu Fehlentscheidungen geführt haben:

Erstens: Die Lesedaten (Antworten auf die Frage: Wie viele der Ausgabeleser haben welche Artikel wie weit gelesen?) werden in der Redaktion »wie automatisch« (so ein Ressortleiter Lokales) als Quoten interpretiert. Sie verleiten – analog zur Einschaltquote und den Klickzahlen beim Online-Angebot – dazu, sofort zu reagieren und ›more oft the same‹ dort zu produzieren, wo eine relativ hohe Lesequote errechnet wurde. Doch im Unterschied zum Unterhaltungsprogramm des Fernsehens, wo Einschaltquoten Auskunft geben können, ob das Angebot den Massengeschmack trifft, führt das Quotendenken in der Nachrichtenwelt zu Fehlentscheidungen. Was als Neuigkeit attraktiv war, kann als Follow-up vielleicht erneut attraktiv sein (›Weiterdrehe‹) – oder auch nicht, weil das Thema aus Sicht der Leser nichts Neues hergibt. Nicht wenige Zeitungen haben aus ReaderScan-Nutzungsdaten prompt die falschen Schlüsse gezogen und in späteren Messwellen schlechtere Befunde erhalten als in der ersten.

Zweitens: Aus Kostengründen haben manche Zeitungen den Umfang des Panels klein gehalten (zum Beispiel 90 Testleser). Der Anteil der Ausgabeleser liegt oftmals um 20 oder gar 30 Prozent tiefer, sodass mitunter weniger als 60 Testleser aktiv waren. Die Soziodemografie solcher Teil-

Samples wurde nicht berücksichtigt; die Lesequoten wurden gleichwohl so interpretiert, als handele es sich um eine repräsentative Stichprobe. Wenn man sich vorstellt, dass an bestimmten Tagen nur ältere Menschen, an anderen überwiegend junge in Ausbildung befindliche Erwachsene ihre Scan-Daten eingeben, wird deutlich, dass die Lesequoten immer nur im Kontext der Demografie der jeweiligen Ausgabeleser interpretiert werden dürfen.

Drittens: Was wird eigentlich gemessen? Die in die Redaktion gespielten Daten zeigen lediglich, wie viele Leser auf der fraglichen Zeitungsseite ›unterwegs‹ waren und wie viele von diesen ihre Leseschlusszeile gescannt haben. Selbst dann, wenn diese Testleser eine demografisch und soziokulturell homogene Gruppe wären: Wie interpretiert man diese Daten, wenn die Nutzung des Textes von verschiedenen Variablen beeinflusst wird? (Relevante Einflussgrößen sind: Thema, Platzierung, Aufmachung, Textumfang, Bildelemente, Aktualität, Aussage der Überschrift, Darstellungsform des Textes, Untergliederung des Textes, Zusatzelemente im Text, weitere Leseanreize und -angebote auf der Seite). Es ist leicht einzusehen, dass man eigentlich wissen müsste, welche Variablen die unabhängigen und welche die abhängigen sind; man sollte wissen, welche durch die Gestaltung determiniert und welche gestaltungsunabhängig ›funktionieren‹. Will man der Wirklichkeit der Zeitungsnutzung näher kommen, müsste man also über a.) grundlegende Kenntnisse der sozialempirischen Forschung sowie b.) über viel Nutzungswissen aufgrund vieler Studien verfügen. Keins von beidem kann in einer Redaktion erwartet werden, schließlich ist ihr Job nicht Medienforschung, sondern Blattmache. Man möchte es darum der Chefredaktion mancher Zeitung nachsehen, dass sie irreführende Schlussfolgerungen aus den Daten gezogen hat.

Verheerend allerdings war, dass auf Fachtagungen und Kongressen aus ReaderScan-Daten kurzsichtige Schlüsse gezogen und als objektive, weil gemessene ›Wahrheit‹ präsentiert wurden. In der Folge meinten viele Blattmacher, sie könnten sich das kostspielige ReaderScan-Verfahren ersparen und die auf den Konferenzen präsentierten Ergebnisse auf ihre Zeitung anwenden. Und am liebsten solche Ergebnisse, die zur eigenen Auffassung am besten passen.

> Beispielhaft für folgenreiche Fehldeutungen ist der Umgang mit ›langen Texten‹ von mehr als rund 7.000 Zeichen. Auf Tagungen und in Workshops der Jahre 2005/2006 wurde erzählt, laut ReaderScan schätzten die Leser wider Erwarten ›lange Texte‹. Die Botschaft verbreitete sich in den Redaktionen: Keine Berichte, sondern große Erzählgeschichten seien nun gefragt und angesagt, aktuellen Kurzstoff finde man ja auf den Websites. Diese Botschaft kam auch deshalb gut an, weil großflächig und bunt aufgemachte Texte die Autoren (vor der eigenen Zunft) besser zur Geltung bringen. Zudem sind ausführliche Berichte und langatmiges Erzählen genüsslicher zu schreiben als prägnante, auf relevante Szenen, Personen und Aussagen verdichtete Texte. Mit Layout-Umbauten wurde in den vergangenen Jahren Raum für große Bilder (mitunter höher als eine halbe Seite) und voluminöse Texte geschaffen. Und vom 8.000-Zeichen-Text zur seitenfüllenden Geschichte ist es nicht mehr weit: Nun wurden monothematische Seiten aufgezogen – mit der Folge, dass bei diesen Zeitungen die durchschnittliche Verweildauer nicht stieg, sondern weiter schrumpfte (weil monothematische Seiten das Lesepublikum segmentieren und nur eine Minderheit binden). Inzwischen weisen solche Zeitungen einen größeren Reichweitenschwund aus als Tageszeitungen, die diesem Trend nicht gefolgt sind.

Wo lag der Irrtum? In der falschen Interpretation der ReaderScan-Daten: Man dachte sich, die Textlänge sei die unabhängige Variable, von der die Lesequote abhinge. Tatsächlich aber zeigen Datenanalysen, dass die unabhängige Variable fast immer das Thema ist; Textlänge, Darstellungsform und Platzierung bilden die davon abhängigen Variablen. Das heißt praktisch: Je nach Thema ist aus Sicht des Leserinteresses mal ein kurzer Bericht, mal eine mittlere Erzählgeschichte oder ein Porträt, mal nur eine Meldung, mal eine halbseitige Story angemessen. Und wenn man verstanden hat, dass der Textumfang von Inhalt und Aussage des aktuellen Themas abhängt, dann baut man die monothematische ›Themenseite‹ schleunigst um und macht daraus (wie es zum Beispiel die *Süddeutsche Zeitung* von Anfang an richtig gemacht hat) ein ›Thema des Tages‹ als Schwerpunkt, flankiert und erweitert von anderen Elementen und Themen, mit dem Ziel, auch auf dieser Seite *General Interest* zu binden (= möglichst alle Leser flanieren zu lassen). Klar, dass diese Seite dann eine höhere Lesequote generiert.

Fazit

Mit dem journalistischen Rollenverständnis, Kommunikationspartner der Leser zu sein, sind höhere Anforderungen an die Blattmacher verbunden: Die Redaktion muss die Leserinteressen antizipieren; sie muss erfassen, was *aus der Sicht verschiedener Lesergruppen* bemerkenswert, was ›nur‹ zu wissen interessant und was zum Verweilen vergnüglich oder einfach spannend ist. Um neuen Missverständnissen vorzubeugen: ›Publikumsorientierung‹ besagt keineswegs, dass man sich der Leserschaft anbiedern und den alten Häppchenjournalismus feiern solle; es bedeutet ebenso wenig, zum bekannten Strickmuster der ›halblangen‹ Berichte (das waren 2.500-Zeichen-Texte) zurückzukehren. Es bedeutet, dass die Redaktion – insbesondere die Lokalredaktion – lernt, Vorgänge, Ereignisse und Themen *aus der Sicht der Bürger* (der Leser) zu betrachten, zu recherchieren, zu gewichten und umzusetzen. Dies gelingt freilich nur, wenn die Redaktionsspitze dies mit langem Atem durchzieht und der redaktionelle Workflow diese Umorientierung auch zulässt. Und wenn sie ihre Redaktion davon abhält, in die altvertrauten Routinen des Einbahnstraßenjournalismus zurückzufallen.

Manche der Zeitungen, die vor ein paar Jahren mit großem Elan das ReaderScan-Verfahren eingesetzt und wichtige Einsichten über die Verbesserung der Lesbarkeit ihres Blattes gewonnen haben, weisen heute keine besseren Reichweitendaten aus als solche Zeitungen, die sich das Geld für die ReaderScan-Prozedur gespart (und vielleicht stattdessen eine Reporterstelle geschaffen) haben. Einige mit ReaderScan optimierte Blätter liegen heute sogar deutlich schlechter (wie zum Beispiel *Kölner Stadt-Anzeiger*, dessen Abo-Auflage – sie wird nur im Verbund mit der *Kölner Rundschau* ausgewiesen – in den vergangenen fünf Jahren um 14,3 Prozent abnahm; im selben Zeitraum schrumpften die Abonnements etwa des Bremer *Weser-Kuriers* nur um 8,5 Prozent, wobei die Region Köln strukturstärker dasteht als Bremen). Ähnliche Negativtendenzen beobachtet man auch bei der *Westdeutschen Allgemeinen Zeitung* (Abo-Verluste in den vergangenen fünf Jahren: 21,2%), deren Ausgaben nicht mehr viel

von dem erkennen lassen, was die Begleitforschung zur Qualitätsver-
besserung des Layouts, der Frontseite und des Lokalteils ermittelt hatte.
Auch hier sollten Kurzschlüsse vermieden werden. Es liegt nicht am
Verfahren, sondern an der fehlenden Nachhaltigkeit des Lernprozesses
in der Redaktion: Statt eines kontinuierlichen Trainings, statt Weiter-
bildung und Qualitäts-Controlling schlagen sich die Redaktionen mit
immer neuen Spar- und Personalabbaurunden und den damit verbundenen resignativen Stimmungen herum. So gesehen haben gerade die
Zeitungseigentümer der WAZ-Funke-Gruppe und des Hauses DuMont
Schauberg das Gegenteil dessen erreicht, was mit der angewandten Me-
dien- und Leserforschung bezweckt werden soll. Denn auch dort war das
erklärte Ziel die Zukunftssicherung der Gattung Print.

Literatur

ARNOLD, KLAUS: *Qualitätsjournalismus. Die Zeitung und ihr Publikum*. Konstanz [UVK Verlagsgesellschaft] 2009

BONK, SOPHIE: *Diktatur der Quote? Der Einsatz von ReaderScan in deutschen
Tageszeitungsredaktionen: Umsetzung – Konsequenzen – Bewertungen*.
Diss. Universität Münster 2010

DEISENBERG, ANNA MARIA: RIFD – moderne Technologie macht Leser transparent. In: KOSCHNIK, WOLFGANG J. (Hrsg.): *FOCUS-Jahr-
buch 2009. Schwerpunkt: Die Zukunft der Printmedien*. München 2009,
S. 415-440

HALLER, MICHAEL: Qualität und Benchmarking im Printjournalismus.
In: BUCHER, HANS-JÜRGEN; KLAUS-DIETER ALTMEPPEN (Hrsg.):
Qualität im Journalismus. Grundlagen – Dimensionen – Praxismodelle.
Wiesbaden 2003, S. 181-201

HOHLFELD, RALF: Der missachtete Leser revisited. Zum Wandel von
Publikumsbild und Publikumsorientierung im Journalismus. In:
BEHMER, MARKUS; BERND BLÖBAUM; ARMIN SCHOLL; RUDOLF STÖ-

BER (Hrsg.): *Journalismus und Wandel. Analysedimensionen, Konzepte, Fallstudien.* Wiesbaden 2005, S. 195-224

IMBODEN, CARLO: »Der Leser ist brutal!«. In: *medium magazin,* 1+2, 2009, S. 44-45

MAIER, MICHAELA; CORNELIA JERS: Leserforschung deutscher Tageszeitungen: Ein Weg in die Zukunft? Ergebnisse einer Verlagsbefragung. In: *MedienWirtschaft,* 4, 2008, S. 26-36

MEYEN, MICHAEL; CLAUDIA RIESMEYER: *Die Diktatur des Publikums: Journalisten in Deutschland.* Konstanz 2009

NIGGEMEIER, STEFAN: Der Leser, das unbekannte Wesen. In: *Frankfurter Allgemeine Sonntagszeitung,* 02.04.2006, Nr. 13

RUSS-MOHL, STEPHAN: Man kennt sich nicht. Journalisten und Forscher in getrennten Welten. In: *Neue Zürcher Zeitung,* 13.5.2005, S. 61

STEINGART, GABOR: *Rede von anlässlich der w&v-Veranstaltung »Future Summit 2013: Innovation, Wirkung, Nachhaltigkeit«* in München am 14.11.2013 (Skript)

SUPINO, PIETRO: »Journalismus gewinnt noch mehr an Bedeutung« – ein Zettelkasten von Tamedia-Verleger Pietro Supino. In: *Das Magazin,* 11/2013, S. 22-27

WEISCHENBERG, SIEGFRIED; MAJA MALIK; ARMIN SCHOLL: *Die Souffleure der Mediengesellschaft. Report über die Journalisten in Deutschland.* Konstanz 2006

6. WER SOLL DAS ALLES BEZAHLEN? DAS GESCHÄFTSMODELL ZEITUNG

Nachdem klargestellt ist, dass die Krise der Regionalzeitungen nicht vom Internet verursacht wurde, könnten die Betriebsräte des Hauses, unterstützt von den Funktionären der Journalistenverbände, vielleicht Recht bekommen, wenn sie die zerstörerische Sparpolitik der Medieneigentümer anprangern. Oder liegt die Geschäftsführung des Zeitungsverlags richtig, wenn sie hinter vorgehaltener Hand über die träge, selbstgerechte Redaktion klagt, die nur an der Absicherung des Status quo interessiert sei? Nehmen wir doch mal beide Behauptungen unter die Lupe.

Behauptung 1: Die Zeitung wird kaputt gespart

Stimmt es, dass der Verlag die journalistische Qualität wegen der Renditewünsche der Eigentümer abbaut? Ja, aber ›nur‹ an einigen Orten, vor allem dort, wo in der Geschäftsleitung keine Publizisten, sondern Betriebswirte mit der Controller-Brille hantieren. Man beobachtete dies in Berlin und in Nordrhein-Westfalen, vor allem in Essen. Dort scheint die zweistellige Rendite eine Konstante und die redaktionelle Ausstattung die abhängige Variable zu sein. Eine instruktive Lektüre bot das Dossier der *Zeit*, das die Zerstörung der *Westfälischen Rundschau* durch ihren Eigentümer, die Funke-Gruppe, sehr anschaulich rekonstruiert hat: »Die Westfälische Rundschau ist die erste deutsche Tageszeitung ohne Journalisten: Alle Redakteure und freien Mitarbeiter mussten gehen.« *Die Zeit* Nr. 36/2013). Einen massiven Stellenabbau bei seinen Tageszeitungen betrieb auch das Kölner Medienhaus DuMont Schauberg in den Jahren 2012 und 2013, dort aber eher als Notmaßnahme in der Folge einer seit dem Kauf der *Berliner Zeitung* und der *Frankfurter Rundschau* notorisch scheiternden Unternehmensstrategie.

Andere Verlage operieren subtiler; sie bauen um, um dasselbe Produktionsziel mit geringeren Betriebskosten zu erreichen. Dieses Programm läuft unter der Flagge ›Restrukturierung‹; und dies bedeutet Personalabbau ohne Entlassungen – oder nur ein bisschen Entlassung. Diesen Modus – langfristige Umstrukturierung inklusive eines umfassenden Personalabbaus – betrieb (und betreibt) auch der hoch profitable Axel-Springer-Verlag. In einer Presseerklärung im März 2013 hieß es, das Unternehmen sei auf die »Expansion des digitalen Geschäfts« ausgerichtet, die »signifikante Aufwendungen für Strukturanpassungen im Printgeschäft« erforderte. Im Mai 2013 war dann von Einsparungen in Höhe von 20 Millionen Euro durch den Abbau von bis zu 200 Redakteursstellen in der *Bild*-Familie die Rede (vgl. *sueddeutsche.de* vom 13. Mai 2013). Also keine Krisenmaßnahme, sondern eine strategische Entscheidung.

Will man einer aussagestärkeren Analyse der ökonomischen Krise näher kommen, müssen beide Erlösmärkte – Leser- und Werbemarkt – untersucht werden. In beiden Märkten *zusammengenommen* schrumpfen die Erlöse der Regionalzeitungen derzeit um rund 6 Prozent (in strukturschwachen Regionen klagen Verlage über einen bereinigten Anzeigenerlösschwund von derzeit bis zu 20 % pro Jahr). Mir scheinen die Angaben mittelständischer Zeitungsverlage glaubhaft, dass sie im ersten Jahrzehnt des Jahrhunderts mehr als 15 Prozent der Gesamteinnahmen aus dem Zeitungsgeschäft eingebüßt hätten; die infolge von Papier- und Energiepreissteigerungen erhöhten Produktionskosten habe man über Kostensenkungen aufgefangen. Dabei geht diese Schere bei den Printzeitungen wegen des unverändert hohen Fixkostenblocks (Druck- und Vertriebskosten) und weiterhin sinkender Werbe-Erlöse weiter auseinander. Der Zentralverband der Werbewirtschaft (ZAW) konstatierte für das Jahr 2012 (vom Bundesverband Deutscher Zeitungsverleger [BDZV] lagen uns noch keine Daten vor):

> »Im Werbegeschäft der Medien führen laut ZAW-Studie die Fernsehveranstalter mit einem Volumen von 4.051 Mio € an (+1,8 Prozent). [...] *Die Tageszeitungen* büß-

ten erhebliche Anzeigenumsätze ein. Sie kamen auf 3.233 Mio € (-9,1 Prozent). An dritter Stelle der Medienmilliardäre im Werbegeschäft steht die Werbung per Post. Dort schrumpften die Werbeeinnahmen auf 2.864 Mio € (-4,1 Prozent). Auch die Anzeigenblätter auf Platz vier mussten Rückgänge verkraften – ihr Werbeumsatz schmolz auf 2.001 Mio € zusammen (-2,9 Prozent). [...] Die Online-Angebote konnten ihr Werbegeschäft 2012 erfolgreich abschließen. Das Netto-Werbevolumen betrug 1.079 Mio € (+9 Prozent) und befindet sich damit diesseits der Milliardensumme. Dass die Zuwachsrate nicht mehr zweistellig ausfiel, erklärt der ZAW mit der Konjunkturdelle, die sich belastend auch auf den Werbemarkt gelegt hatte und zyklische Werbeplanung forcierte« (ZAW 22.05.2013).

Wegen der Attraktivität, die personalisierte Werbung im Internet besitzt, haben die Offline-Medien derzeit das Problem des messbaren Werbewirkungsnachweises, den die Medialeute einfordern. Der damit einhergehende Schwund des Print-Werbevolumens verunsichert viele Medienhäuser, weil sie ihn (im Unterschied zum Trend bei der Reichweite) für unumkehrbar halten. Es war vermutlich diese Einschätzung, die den Geschäftsvorstand des Axel-Springer-Konzerns dazu brachte, sich im Sommer 2013 von zwei derzeit noch ertragsstarken Lokalzeitungsgruppen zu trennen und die Verkaufserlöse in das Online-Geschäft zu investieren (»Das Alte ist vergangen«, sagte Friede Springer der *Frankfurter Allgemeinen Sonntagszeitung,* »wirklich vergangen« [FAS vom 28.7.2013]).

Man sollte allerdings nicht schwarz malen: Den BDZV-Umsatzerhebungen zufolge stiegen die Gesamterlöse der Abo-Zeitungsverlage noch bis ins Jahr 2011 an. Tatsächlich konnten viele Zeitungshäuser den Rückgang der verkauften Auflage (derzeit im Durchschnitt aller Tageszeitungen 2,6 % pro Jahr) durch zusätzliche Printprodukte (Zielgruppentitel, regionale Specials) und Dienstleistungen sowie durch Erhöhung ihrer Abo-Preise locker kompensieren.

Nehmen wir als Modellrechnung eine Zeitung mit einer verkauften Auflage von 150.000 und Nettovertriebserlösen aus dem Abonnement von (gerundet) 45 Millionen Euro pro Jahr: Ihr kräftiger Abo-Schwund von 2,5 Prozent pro Jahr bescherte rund 1,3 Million Euro Mindereinnahmen; diese wurden mit einer Abo-Preiserhöhung von 4 Prozent p.a. zwar kompensiert, allerdings fördert jede Preiserhöhung die Kündigungsbereitschaft (generell zur Bezugspreisentwicklung vgl. BDZV 2013: 81ff.).

Unsere Modellzeitung konnte also den Abo-Schwund bislang problemlos kompensieren. Den deutlich härteren Erlösschwund bei den Anzeigen

Paid-Content-Erfolg in Norwegen

STOCKHOLM *taz* | Der Name klingt vorgestrig, doch das Bezahlmodell gilt als zukunftsträchtig: *Fædrelandsvennen* (»Vaterlandsfreund«), die Regionalzeitung aus dem südnorwegischen Kristiansand, hat ein Konzept für die Nutzerbezahlung im Internet entwickelt, das sich nun andere norwegische Blätter zum Vorbild nehmen.

Seit über einem Jahr ist außer Sportresultaten und aktuellen Meldungen fast nichts mehr gratis auf www.fvn.no, dem Internetauftritt des *Fevennen*, wie er im Volksmund heißt. Kein »Metered Model«, wie es nach dem Vorbild der *New York Times* immer mehr Zeitungen einführen; stattdessen wurde die Bezahlschranke gleich ganz heruntergelassen.

Wer sich online informieren will, braucht ein Abo der Papierausgabe oder muss sich einen Tageszugang kaufen. Im Gegenzug ist dann auch der Inhalt der gesamten Papierzeitung auf allen digitalen Kanälen zugänglich.

Der Effekt: Die Auflage des Blatts, die in den letzten Jahren jährlich im Schnitt um 3,5 Prozent gefallen war und nun bei rund 37.000 Exemplaren liegt, ist seither um 3 Prozent gestiegen – die Auflageneinnahmen um 8 Prozent. Ein zwar bescheidenes Plus, das man aber zuletzt in den 1980er Jahren hatte. [...]

Dabei hatte die Mehrzahl der Medienexperten dem *Fevennen*-Modell vorab keine Chancen eingeräumt. Bei einer Umfrage unter 166 Mitgliedern von NONA, der Norwegian Online News Association, glaubten nur vier Prozent, dass das Blatt damit Erfolg haben könnte.

Auffallend war, so der Osloer Medienforscher Arne H. Krumsvik, der die Untersuchung durchführte, dass Netzjournalisten selbst am wenigsten daran glaubten, auf diesem Weg für ihre Arbeit bezahlt werden zu können, während bei Web-Entwicklern der Glaube an eine solch radikale Bezahlschranke am größten war. [...]

»Früher haben die Leser für eine Zeitung bezahlt, jetzt zahlen sie für Inhalt«, sagt *Fevennen*-Chefredakteur Ljøstad. »Und für guten Journalismus und einen relevanten Inhalt sind die Leser offenbar auch bereit zu bezahlen« [...].

Auszüge aus einem Bericht der *taz*: »Fast nichts mehr gratis im Netz« unter: http://www.taz.de/Paywall-Erfolg-in-Norwegen/!121690/ [14.08.2013].

von jährlich mehr als 1,5 Millionen Euro kann unsere Modellzeitung indessen nicht mehr über Einsparungen und Preiserhöhungen gegenfinanzieren, im Gegenteil: Die sinkende Reichweite der Zeitung erfordert eine Anpassung der Anzeigenpreise (Tausenderkontaktpreis als Basis). Aber kann der Schwund denn nicht ausgeglichen werden durch die Werbe-Erlöse im Online-Geschäft? Die von uns befragten Regionalverleger sagen nein, die Werbe-Erlöszuwächse würden von den dort anfallenden Investitionskosten komplett aufgefressen. Darum müsse die Bezahlbereitschaft des Publikums geweckt und auf eine konsequente Paid-Content-Strategie mit ePaper und App gesetzt werden – längerfristig, weil das Publikum den Wechsel von der Gratis- zur Bezahlkultur wohl so schnell nicht mitmachen werde. In dieser Modellrechnung nicht berücksichtigt sind werbeaffine Crossmedia- und neue Dienstleistungsprodukte (wie: Postzustelldienst, Reisebüro, Eventmarketing, Corporate-Publishing-Produkte).

Sparpotenziale kontra Angebotsqualität

Bislang hat keiner der betroffenen Zeitungsverlage das Patentrezept gefunden, mit dem er seine Zeitung aus der derzeitigen Negativspirale herausbekommt. Und Subventionen aus Steuermitteln lehnt auch der BDZV (ich meine: zu Recht) kategorisch ab. Weil es eben kein Patentrezept gibt, muss anders, muss neu gedacht werden: Die Printzeitung sollte nicht mehr als eigenständige Einheit gerechnet werden, die für sich profitabel wirtschaften muss; sie sollte vielmehr Teil einer breiten, flexibel angelegten Produktpalette sein, die als Ganzes profitabel ist. Um sich in diese Richtung zu entwickeln, müssten beide Seiten – Redaktion und Verlag – nicht nur kooperativ, sondern auch kreativ zusammenarbeiten. Vereinzelt gibt es das auch schon. Häufiger jedoch erlebt man Zeitungshäuser, wo beide Seiten in den klassischen Hasskategorien denken (und auch so reden): Arbeitgeber (»Profitgeier!«) gegen Arbeitnehmer (»Besitzstandwahrer!«) – wodurch die Funktionsleistung der Regionalzeitung weiter geschwächt wird. Zur Veranschaulichung hier eine kleine Episode aus Berlin (*turi2* vom 30.07.2013):

»Der Berliner Verlag hat die Betriebsratsvorsitzende und den Sprecher des Redaktionsausschusses abgemahnt, weil diese einen kurzen Flashmob vor der Tür der Verwaltungsratssitzung im Verlagshaus am Alexanderplatz veranstaltet hatten. Der Journalistenverband Berlin-Brandenburg ist über die Abmahnung ›empört‹.« (Und zur weiteren Veranschaulichung mag der Kommentar von Christian Meier bei *Meedia* [2013] dienen: »Wider die schwarz-weißen Grabenkämpfer«.)

Einerseits sollte der Verlagsführung klar sein, dass ihre Redaktion personell so ausgestattet sein muss, dass sie *professionell* arbeiten und Qualität abliefern kann. Dies bedeutet konkret, dass die RedakteurInnen (fachlich und personell) in der Lage sein müssen, den Informations-Input nach Maßgabe seiner Relevanz zu filtern (PR auszusortieren), die Quellen zu kontrollieren, die Texte zu überarbeiten und wenn nötig umzuschreiben. Ferner müssen sie Informationslücken füllen und eigene Themen aufgreifen, durchrecherchieren und die Geschichten dem Medium entsprechend umsetzen können. Dies bedeutet deshalb auch, dass die Redaktionsmitglieder durch laufende Weiterbildungsmaßnahmen in die Lage versetzt werden, die Anpassungsprozesse auf dem Weg ins digitale Zeitalter zu steuern bzw. zu beherrschen. Und dies besagt, dass hierfür ein Redaktionsbudget in entsprechender Höhe erforderlich ist. Medieneigentümern, die ohne Not von Personalabbau reden, muss mit Nachdruck deutlich gemacht werden: Nicht Kreuzfahrt-Quizze, 50-Euro-Scheine und Leser-werben-Leser-Bohrmaschinen, sondern die Stärkung handwerklicher Qualitätsstandards sichert die Reichweite der Zeitung. Und die hat ihren Preis.

Unsere Modellzeitung: Wir haben drei an einer Balance zwischen Effizienz und Qualität interessierte Unternehmensberater (Betriebswirte) gefragt. Sie nennen folgende Eckpunkte für unsere oben skizzierte Regionalzeitung, deren Vollredaktion die komplette Zeitung (im Durchschnitt 28 Seiten pro Ausgabe) mit 6 Lokalausgaben produziert: In der Hauptredaktion (inkl. Lokalredaktion der Hauptausgabe) sind insgesamt rund 100 Redaktionsmitglieder plus 5 bis 7 Volontäre (Personalkosten: rund 7,5 Millionen Euro) sowie rund 25 Vollzeitbeschäftigte für administrative und gestalterische Aufgaben beschäftigt (Personalkosten: rund 1,5 Mio. Euro). Hinzu kommen rund 2 Millionen Euro für Honorare (inklusive Pauschalisten, freie Mitarbeiter, geringfügig Beschäftigte usw.). Da noch 5 eigenständige Lokalausgaben produziert werden: Für jede Lokalredaktion mindestens fünf Redaktionsmitglieder plus 2 Pauschalisten mit einem All-inclusive-Redaktionsetat von jeweils rund 0,6 Millionen Euro. Zusätzlich sollten verlagsseitig für laufende Investitionen in den Online-Bereich pro Jahr rund 0,25 Millionen Euro und für laufende Schulungs- und

Weiterbildungsmaßnahmen (Personalentwicklung, Qualitätsmanagement) ein Honorarbudget in Höhe von mind. 0,1 Millionen Euro pro Jahr bereitstehen. Daraus ergibt sich für die Herstellung des gesamten ›Content‹ ein Gesamtbudget in Höhe von rund 14,5 Millionen Euro (ohne die in der Betriebsrechnung des Verlags enthaltenen Anteile an den Overhead-Kosten, Mieten, Telekommunikation, Versicherungen etc.). Die Frage muss darum lauten: Über welche Erlösideen und -strategien spielen wir diese (aufgerundet) 15 Millionen Euro ein?

Oftmals blockieren die Redaktionen selbst zielrichtige Restrukturierungsversuche des Verlags. Das Problem beginnt damit, dass vielerorts ältere Redaktionsmitglieder (dank der Tarifverträge) mit ihren Monatsgehältern auf dem Lohniveau eines Universitätsprofessors angekommen sind. Das ist schön, aber so teuer, dass dem Chefredakteur die Mittel fehlen, für Multimedia fachlich sattelfeste, kreative junge Leute zu beschäftigen und weiterzubilden. Die von den Berufsverbänden erstrittenen Tarifvereinbarungen – etwa die kleinkarierten Arbeitszeitverrechnungsregelungen – fördern das Behördendenken und mindern die Bereitschaft, sich stets und immer als Journalist zu begreifen. Ich kenne manche Redaktion und viele Ressorts, wo sich altgediente KollegInnen weigern, ihren Workflow prozesskritisch zu durchleuchten und nach Maßgabe klarer Effizienzziele zu optimieren oder zu reorganisieren. Vielerorts wird der neu installierte Newsdesk als Innovationsnachweis zelebriert – und ist doch nur Camouflage, die verdeckt, dass überkommene Routinen und Leerläufe fortbestehen. Und auch dies: In mancher wegen Personalverknappung und Arbeitsverdichtung gebeutelten Lokalredaktion trifft man auf erstaunlich ineffiziente Produktionsabläufe, die eingespielten Vorlieben und tradierten Privilegien geschuldet sind und zu markant ungleichen Belastungen zwischen älteren und jungen Mitarbeitern führen.

Auf den Punkt gebracht: Einerseits erzeugen die von der Geschäftsleitung engagierten Controller mit ihren Abbau- und Einsparmaßnahmen eine feindselige, sich demotivierend auswirkende Stimmung in der Redaktion. Andererseits provoziert die vom Betriebsrat unterstützte Abwehrhaltung lernresistenter Redaktionsmitglieder die Geschäftsführung – und am Ende greift diese mit radikalen Maßnahmen durch: mit Outsourcing, Zusammenlegungen, gar mit Redaktionsersatz – 2007 wurde erstmals eine komplette

Lokalredaktion ausgewechselt, und zwar diejenige der *Münsterschen Zeitung* durch deren Verleger Lensing. Oder mit der oben schon erwähnten Entlassung kompletter Redaktionen, wie dies die Funke-Gruppe im Februar 2013 tat (»In Dortmund erscheint die *Westfälische Rundschau* nun als Geisterblatt ohne Redaktion. Die Lokalnachrichten kommen absurderweise von der Konkurrenz, die noch dazu politisch ganz anders getaktet ist. Vielfalt am Kiosk sieht anders aus«, schrieb *sueddeutsche.de* am 1.2.2013) – um dann die Zeitung als redaktionsfreie Hülle an den Konkurrenten Lensing abzugeben: »Funke reicht Zeitungszombie an Lensing weiter«, schrieb der Branchendienst *dwdl* am 30.10.2013 (http://dwdl.de/sl/0368aa).

In diesem feindseligen Umfeld steigt der Anteil der Tarifumgehungen (Ohne Tarif [OT]) und Tarifvertragsaustritte weiter an; in Hessen hat inzwischen die Hälfte aller Zeitungshäuser den Tarifverbund verlassen, um das Gehaltsniveau abzusenken. Die meisten Zeitungsverlage verfügen heute über Subunternehmen, die als Profitcenter PR-Beilagen, Zeitungsseiten oder auch komplette Lokalausgaben produzieren (quasi als Pilot startete damit der Verlag der *Sächsischen Zeitung* 2002, indem er die Lokalausgaben als eigenständige Unternehmen ausgründete; deren Chefredakteure sollten zugleich als Geschäftsführer agieren). Rechtlich eigenständige GmbHs versorgen als Dienstleister auch die Zentralredaktion mit billigem Personal. Selbst verantwortungsvolle Redakteursarbeit wird mancherorts inzwischen von Leihredakteuren oder markant unterbezahlten Pauschalisten erledigt. Diese halten den Schichtbetrieb zwar aufrecht, sind aber meist nicht willens oder in der Lage, Ereignisse und Themen gehaltvoll aufzubereiten und sich für das publizistische Produkt zu engagieren. Wie auch, wenn man mit der Hand im Mund leben muss und keinen unbefristeten Anstellungsvertrag bekommt? (Quelle: http://www.djv.de/startseite/info/beruf-betrieb/zeitungen-zeitschriften-agenturen/tarifumgehung-der-verlage.html). Ein Abbild dieses Ausdünnungsprozesses ist der Schwund angestellter Zeitungsredakteure in Deutschland: Zur Zeit der Jahrtausendwende waren es rund 15.000, derzeit sind es bestenfalls noch 12.000, also 20 Prozent weniger (vgl. KELLER 2011: 47, 2013: 21ff.).

Behauptung 2: Vom Geld hängt es (nicht) ab

Publizistische Produktqualität kann man nicht herbeisparen. Aber auch umgekehrt gilt: Sie lässt sich nicht erkaufen. Man erinnere sich beispielsweise an die *Berliner Zeitung* in den seligen 1990er-Jahren und an die kurze Ära Meier – dies war der Mann mit dem dicken Gruner+Jahr-Scheckbuch, der sich seine Edelfedern-Redaktion zusammenkaufte. Oder an die Ära Reifenrath bis Ende der 1990er-Jahren bei der *Frankfurter Rundschau*. Oder an Chefredakteure einiger Regionalzeitungen, die teure Designer holten, darunter auch einen aus Florida, um ihre Leserschaft mit aufwendigen Relaunchs zu verunsichern (und Kündigungswellen auszulösen, wie zum Beispiel Ende der 1990er-Jahre in Bielefeld und dann in Kassel, zehn Jahre später in Hamburg). Hier wie dort wurde im Namen der Qualitätssicherung viel Geld verpulvert und dabei die Qualität geschwächt. Oder das *Hamburger Abendblatt*: Mit Stolz präsentiert es seine 182 Redaktionsmitglieder (plus viele ›feste freie‹ Mitarbeiter); es besitzt damit die mit weitem Abstand größte Redaktion einer deutschen Regionalzeitung, zumal es das Überregionale von der Berliner *Welt*-Gruppe bezieht (vgl. Ausgabe 6. Januar 2014, S. 10) – und verschweigt, dass seine verkaufte Auflage (Abo und EV) in den letzten zehn Jahren von 270.000 auf 177.000 schrumpfte und es damit einer der größten Verlierer unter Deutschlands Regionalzeitungen ist.

Um was ging (und geht) es solchen Blattmachern? Kann man denn im Zeitungsjournalismus von *Qualität* sprechen, wenn sich sogenannte ›Alpha-Journalisten‹ im Blatt verwirklichen? Wenn sie ihrer Szene imponieren wollen? Wenn Geltungsbedürftige in der eigenen Branche nach Zustimmung lechzen und deshalb auf die von den KollegInnen besetzten Jurys schielen, weil sie sich mit Preisen schmücken möchten? Oder wenn sie gattungsfremde Ideen feiern oder berufsfernen Vorbildern nacheifern oder Designer-Spleens folgen, so, als sei Zeitungmachen ein vom Modegeschmack abhängiges Kunsthandwerk? Dies sind keine rhetorischen Fragen, sondern Hinweise auf Gründe für Haltungen und Maßnahmen, die so manche Chefredaktion frei erfindet und umsetzt. Und später dann die Achseln zuckt, wenn die Reichweite weiter schrumpft: Schicksal!

Nicht 1993, sondern im Frühherbst 2013 erntete ich Stirnrunzeln und skeptisches Kopfwiegen, als ich vor einer Chefredakteursrunde deutlich machte, dass ein wirklich professioneller Blattmacher (aus meiner Sicht) mit seiner Zeitung eine größtmögliche Reichweite erzielen will bzw. wollen sollte. Solch eine Trivialität sollte man so wenig aussprechen müssen wie den Hinweis, dass man keine leere Seiten publiziert und die Texte nicht in Spiegelschrift druckt. Aber offenbar ist diese Banalität selbst in Zeiten des dramatischen Reichweitenschwunds noch nicht überall verstanden. In manchem Zeitungshaus wird auch heute noch nicht begriffen, dass Chefredaktion und Verleger mit diesem Anliegen, immerhin, dasselbe Ziel verfolgen: Sie hätten darin eine gemeinsame Handlungsbasis. Umgekehrt gesagt: Blattmacher, denen im Grunde gleichgültig ist, ob und wie stark ihr Publikum schrumpft (»Das hat der Vertrieb verbockt.« oder »Daran ist Online Schuld.«), haben ein Problem mit ihrer Berufsrolle. Vielleicht sollten sie eher Schriftsteller, Werbetexter oder Spindoktor (oder im Fernsehen Talk-Selbstdarsteller) werden. Immerhin, diese Bemerkung löste in der erwähnten Workshop-Runde zustimmendes Grinsen aus.

Innovatives Handeln erfordert Kooperation

Für diese gemeinsame Handlungsbasis bedeutsam ist der Gesinnungswandel in Sachen ›Paid Content‹: Als der Axel-Springer-Verlag Ende 2012 ankündigte, mit *Bild+* für seine Boulevardzeitung eine weiche Bezahlschranke zu errichten (Umsetzung seit Juni 2013), war für die ganze Zeitungsbranche das Denkverbot endlich aufgehoben. Inzwischen haben sich – einer BDZV-Übersicht zufolge (Stand: 17. Dezember 2013) – bereits 70 Tageszeitungverlage für eines der drei marktüblichen Bezahlmodelle (Metered Model, Freemium, harte Schranke)[1] entschieden. Nicht ohne

---

1 Beim ›Metered Model‹ steht dem User pro Monat eine vom Verlag festgelegte Anzahl Texte zur Lektüre frei; will er mehr lesen, muss er sich registrieren und für jeden weiteren Beitrag bezahlen (Vorreiter war die *New York Times*). Das ›Freemium‹-Konzept unterscheidet zwischen dem weiterhin unentgeltlichen Angebot und hochwertigeren Beiträgen, für die bezahlt werden muss (Plattformen wie XING benutzen dieses Modell). Die ›harte Bezahlschranke‹

Euphorie kommentierte der BDZV auf seiner Web-Seite diesen Trend: »Die Menschen sind bereit, auch in der Digitalwelt für gute journalistische Inhalte zu bezahlen.« Ob genügend Menschen die Inhalte wirklich für hinreichend ›gut‹ halten werden, ist die offene Frage (und Thema dieses Buches). Entscheidend ist, dass dieses Payment-Tabu gebrochen und endlich erkannt wird, dass der Leser-/User-Markt auch für Geschäftsmodelle ein riesiges Experimentierfeld darstellt, auf dem neue Konzepte und Dienste erprobt und weiter entwickelt bzw. angepasst werden können. Und noch eine gute Nachricht: Viele Verlage machen mit, weil sie erkannt haben, dass es um kooperatives Handeln im Interesse des Gattungsschutzes geht. Endlich.

Mit diesem Trend öffnen sich weitere Perspektiven, die gemeinsam vom Verlag und der Redaktion ergriffen werden müssen. Die Blickrichtung: Transformation des Zeitungshauses zum *Kommunikationsexperten* und *Informationsdienstleister ihrer Region* (online und offline), der unter anderem auch eine Zeitung herausgibt. Die derzeit von einzelnen Zeitungsverlagen des deutschsprachigen Raums unternommenen Erweiterungen ihres Geschäftsfelds lassen sich mit folgenden Stichworten auflisten:

- der Auf- und Ausbau kommerziell verwertbarer sublokaler Mobil-Dienste mit zielgruppenaffinem Service für Freizeitaktivitäten;
- Entwicklung und Vermarktung von Programmen, die der Leseförderung bzw. Sprachkompetenz dienen: vom Kindermagazin zu Schulbüchern über Lokalgeschichte bis zu Lese- und Themenclubs; zudem (in Zusammenarbeit mit Schulbehörden) Aufbau von Sprachkursen für Jugendliche und Erwachsene insbesondere mit Migrationshintergrund;
- die (erfolgskontrollierte) Steigerung der Angebotsqualität der Online-Produkte und Online-Dienste inklusive multimedial gestalteter Apps, begleitet von einem Marketing, das auf die Durchsetzung des ›harten‹ Paid-Content-Konzepts zielt;

betrifft das gesamte Web-Angebot, beispielsweise ein App, das (analog zur gedruckten Zeitung) als Produkt gekauft oder abonniert wird.

- die crossmedial aufgestellten Special-Interest-Dienstleistungen (Beispiel: Vereinswesen und Amateursport) zur Entlastung der Berichterstattung im Lokalteil der Zeitung und Generierung von Mehrwert (auch, um personalisierte Daten über die Nutzer zu gewinnen);
- Werbefinanzierte einmalige und periodische Zielgruppenprodukte als Line-Extension (Erweiterung der Produktpalette) des klassischen Printangebots (um dieses nicht zu korrumpieren);
- Ausweitung der Geschäftsfelder auf diversifizierte Offline-Dienstleistungen im Verbreitungsgebiet unter Nutzung der Vertriebsorganisation.

Alle diese Aktivitäten sollten unterfüttert sein mit der festen Überzeugung, dass die Qualität auch des klassischen Offline-Mediums Zeitung nach Abklingen des Internetbooms wieder nachgefragt und als Qualitätsmarke weiter kultiviert werden kann, ja werden muss.

Ein kleines Beispiel stellvertretend für andere: Das Dresdner Druck- und Verlagshaus, Eigentümerin der *Sächsischen Zeitung* und der *Morgenpost Dresden*, wird schon seit Ende der 1990er-Jahre in Richtung kommerzieller Kommunikations- und Vertriebsdienstleiter ausgebaut. Verlagsgeschäftsführer Carsten Dietmann: »Um die komplette Mediengruppe zukunftsträchtig zu halten, macht es aus unserer Sicht Sinn, sich noch auf andere Stärken zu besinnen. Da kommen zwei Kompetenzzentren neben der unabhängigen Redaktion zu Tage: das eine ist die Vermarktung. Wir müssen der stärkste Vermarkter in der Region werden, um unseren Kunden umfassende Lösungen bieten zu können. Das andere Feld ist die Logistik: Wir sind heute schon in der Lage, täglich jeden Haushalt zu begehen. Wir haben derzeit eine Haushaltsabdeckung von ca. 40 Prozent – und an den anderen 60 Prozent läuft unser Bote ja mindestens vorbei. Das ist auch Kompetenz, aus der man sehr viel machen kann, denken Sie nur an Post, Pakete, Prospekte usw. [...] Wir haben auf der einen Seite eine unabhängige kritische Redaktion. Auf der anderen Seite bewerben wir uns auch um gewisse städtische oder Landes-Dienstleistungen. Dabei muss man verstehen: Das sind zwei unterschiedliche Dinge. Wir sind einerseits ein Unternehmen mit hohem Qualitätsanspruch und lokaler Verbundenheit. [...] Aber: Unsere Redaktionen sind nicht käuflich. Wir werden sicher nicht auf kritische Berichterstattung verzichten, nur weil wir den Dienstauftrag haben« (aus: http://www.flurfunk-dresden.de vom 30.08.2013).

Notwendig sind also nicht nur wirtschaftliche Rücklagen (nach den sieben fetten Jahren für die sieben mageren). Ebenso wichtig ist innova-

Refinanzierung: Das Projekt 33:33:33

Es wird nie mehr so kommen, wie es mal war: Ende der 1990er-Jahre blühte das Anzeigengeschäft der Presse wie noch nie; während der Übernahmeschlacht um Mannesmann durch Vodafone bis Frühjahr 2001 beispielsweise wurden die Zeitungen mit Werbeseiten regelrecht zugepflastert. Die von den Zeitungsverlagen generierten Erlöse stammten zu zwei Dritteln aus dem Anzeigengeschäft; so verschob sich die Relation Anzeigen:Vertrieb bis zu 65:35, in strukturstarken Regionen sogar in Richtung 70:30. Entsprechend heftig wurde über die bedenklich große Anzeigenabhängigkeit gestritten.

Dann platzte im März 2000 die Dotcom-Blase. Der in der Folge einsetzende Schwund betraf vor allem das Anzeigengeschäft, derweil ja die Reichweiten schon seit Jahren leicht rückläufig waren. In den vergangenen 12 Jahren schrumpften die Gesamterlöse um mehr als 20 Prozent. Dabei hat sich die Relation Anzeigen:Vertrieb zu 50:50 verschoben, in strukturschwachen Regionen mit noch geringerem Anzeigenaufkommen sogar in Richtung 40:60. Und der Anzeigenschwund hält bei den gedruckten Zeitungen weiter an, während das Werbevolumen im Internet zunehmend schnell wächst.

Dennoch konnten die im Internet generierten Werbe-Erlöse die Online-Betriebskosten bislang nicht gegenfinanzieren (von ein paar Ausnahmen abgesehen). Doch wenn man nach Skandinavien blickt, wo die großen Tageszeitungen als Werbeträger im Internet bereits mehr erlösen als ihre Printausgaben, kann man hoffen, dass dieser Trend sich auch in Deutschland so erfüllen wird.

Vielleicht ist dies Wunschdenken. Jedenfalls äußert keiner der von uns befragten kaufmännischen Leiter die Überzeugung, die Online- und Printwerbe-Einnahmen würden, zusammengenommen, die Erlöse vergangener Zeiten einspielen können. Andererseits wissen doch viele Verlagschefs, dass sie in ihre Redaktionen investieren müssten, wenn sie im lokalen oder regionalen Online-Markt die Reichweiten halten oder gar ausbauen wollen.

Was tun? Auf der Suche nach neuen Erlösquellen haben einige Verlagshäuser in den vergangenen zehn, zwölf Jahren ihr Portfolio sukzessive erweitert – um neue, regional verbreitete Produkte, um Line-Extension, Dienstleistungen und kommerziellen Service – und sich als Vertriebs-, Medien- und Corporate-Publishing-Experte im lokalen Markt gut etabliert. Einige mittelständische Verlage erzielen aus diesen Aktivitäten inzwischen höhere Netto-Erlöse als aus dem Vertrieb der Zeitung.

Wenn man den Angaben dieser Verlage glaubt, dann tendieren die Erträge einiger dieser Häuser in der Art einer Drei-Felder-Bewirtschaftung in Richtung 33:33:33: ein Drittel aus verkauften Werbeflächen, ein Drittel aus dem Vertrieb (Offline- und Online-Abo bzw. andere Paid-Content-Formen) sowie ein Drittel aus ›Sonstigem‹, das sind kommerzielle Online-Services, Dienstleistungen und Auftragsproduktionen. »Und da ist noch viel Luft nach oben«, meint ein Verlagsleiter, denn dank der Paid-Content-Konzepte seien personalisierte Daten für weitere Dienstangebote und Werbeformen verfügbar.

Mit diesem Ansatz können die journalistischen Produkte wieder voll gegenfinanziert und vielleicht auch gestärkt werden, zumal das dritte Geschäftsfeld für wachstumsstark gehalten wird. Bei den Verlagshäusern indessen, die mit dem überkommenen Erlösmuster Anzeigen:Vertrieb denken, wird sich die Problemlage weiter verschärfen.

tives Denken an der Redaktionsspitze und in der Verlagsleitung; beide müssen *gemeinsam* die notwendigen Anpassungen ›mit langem Atem‹ steuern und die Medienproduktion strategisch auf thematische Exklusivität (nicht nur im Lokalen!), auf hohe Angebotsqualität sowie auf Konvergenz (»Wir bespielen alle Medien nutzungsorientiert.«) ausrichten.

Der Journalismusforscher Marc-Christian Ollrog untersuchte im Rahmen seiner Doktorarbeit die Potenziale, die noch immer im Geschäftsmodell Zeitungsverlag stecken. Um diese Potenziale mit den real zu erwartenden Veränderungen in den Zeitungshäusern abzugleichen, legte er 2012 den Geschäftsführern von zehn mittelständischen Zeitungsunternehmen drei Szenarien zur Beurteilung vor. Die Szenarien beschrieben drei Trends für den überschaubaren Zeithorizont bis Ende 2015. Die Schlüsselfrage lautete: »Können Sie von einem der geschilderten Szenarien sagen: ›Es ist wahrscheinlich, dass sich mein Verlag so oder ähnlich entwickelt?‹« Das erste Szenario nannte Ollrog »die digitalen Zeitungsfamilien« (Untergang der Printzeitung zugunsten digitaler Dienste); das zweite Szenario hieß »Die konvergente Mehrwertzeitung« (ein sich hybrid erweiterndes Portfolio an Offline- und Online-Diensten). Das dritte Szenario »Die analoge Zeitung« sieht das Jahr 2015 als Fortschreibung der alten Tendenzen ohne strategische Neuausrichtung. Das Ergebnis war eindeutig: Sieben von zehn hielten Szenario 2 nicht nur für realistisch, sondern auch für die Stoßrichtung, in die sie ihr Unternehmen selbst steuern wollten.

Dieses zweite Szenario wurde folgendermaßen beschrieben (verdichtete Fassung von M.H.): Während sich die junge Generation an die neuen digitalen Angebote des Verlags gewöhnte, hielt der Großteil der älteren Zeitungsleser der gedruckten Zeitung die Treue. Entsprechend blieb der Umsatz im Printbereich erheblich stabiler als von den Auguren prognostiziert; das digitale Geschäft dagegen entwickelte sich weniger fulminant. Bald sah sich der Verlag vor das Problem gestellt, auf die sich spreizenden Nutzungswünsche seiner Lesergruppen einzugehen. Leserbefragungen machten zudem deutlich, dass der Verlag einen schwierigen Spagat zu bewältigen habe: Während sich ein Teil der Klientel noch mehr Lokales wünschte, wollte ein anderer Teil eine qualitativ bessere Vermittlung überregionaler Ereignisthemen. Der Verlag investierte daraufhin in die sublokale Berichterstattung und zusätzliche Mehrwertangebote – und verzichtete auf den angedachten Rückbau des überregionalen Teils. Zudem wurde die gedruckte Zeitung stärker auf beratende und orientierende Funktionen ausgerichtet.

Für die Bevölkerung in der lokalen Alltagswelt mit ihren unterschiedlichen Rollen (etwa: Eltern, Tierbesitzer, Patienten, Berufstätige, Familien) entwickelte der Verlag verschiedene crossmedial aufbereitete, zum Teil auch spitz konzipierte neue Angebote zur Stärkung der Kundenbeziehung. Er schuf damit auch zielgruppenaffine Marktplätze und verbesserte mit Zusatzleistungen für Abonnenten die Beziehung zu den Bestandslesern.

Nach und nach gelang es dem Verlag, mit verschiedenen, auch crossmedial vertriebenen Produkten und Diensten, das Stammgeschäft bei den Bestandskunden abzusichern und gleichzeitig neue Erlösquellen zu erschließen. Dabei wandelte sich die alte Anzeigenabteilung zu einer Kreativabteilung; eine interne Media-Agentur für Crossmedia-Vermarktung kam hinzu. In den interaktiven Geschäftsfeldern funktionierten lokale Nischenangebote für die Bereiche ›Ausgehen‹ (Gasthofführer), ›Einkaufen‹ (Couponing) und ›Sport‹, aber auch transaktionsbezogene Dienstleistungen (etwa: Reiseportale) und Online-Branchenbücher. Nicht überbrücken konnte das Haus die Kluft des ›digital gap‹ zwischen jungen Nicht-Lesern und der älteren stabilen Leserschaft. Manche Nicht-Leser nutzten immerhin neue Produkte aus dem Verlagsportfolio und griffen verstärkt auch zu Printangeboten. Insgesamt stieg die Bedeutung der Restmarktabdeckung. Und um seine Bedeutung als regionaler Marktplatz zu stärken, investierte der Verlag auch in den Werbeträger Hörfunk und ins digitale Bewegtbild.

Im Unternehmen setzte sich der Stellenabbau in den printbezogenen Bereichen fort. Parallel zu den vorhandenen Abteilungen wurden flexible Vermarktungs- und Produktionsabteilungen für die neuen Produkte aufgebaut. Die Rekrutierung des Personals für die Weiterentwicklung der Produkte und Dienstleistungen sowie die Weiterqualifikation der Mitarbeiterschaft wurden zur wichtigsten strategischen Aufgabe erklärt. Ollrog berichtet:

»Aufschlussreich waren einige der zusätzlich abgegebenen Einschätzungen der Befragten. Ein Teilnehmer, der für eine Mischung aus Szenario 1 und 2 votierte, sagte: ›Eine Entwicklung ist notwendig; Szenario 3 bedeutet Stagnation und Degression. Das ist inakzeptabel. Ich erwarte eine Mischung aus der Sicherung des Kerngeschäfts so lange wie möglich und dem Markttest bzw. Marktlaunches diverser neuer Produkte (crossmedial, konvergent, sowohl Print als auch Digital). Dies gepaart mit dem Einstieg in das Handelsgeschäft mit Mobile Devices ist die wahrscheinlich sinnvollste Vorgehensweise.‹ Ein anderer Teilnehmer sieht die ›Wahrheit zwischen den Szenarien 1 und 2 liegen‹ und formulierte: ›Teile von Szenario 2 werden in Szenario 1 einfließen, etwa die Lokalen Lebenswelten.‹ Ein weiterer Teilnehmer zeigte sich skeptisch gegenüber der angenommenen digitalen Entwicklungsgeschwindigkeit. Er sagte: ›Die digitale Erschließung der Bevölkerung und die damit verbundenen Veränderungen im Informationsverhalten gehen wegen der soziodemographischen Voraussetzungen in Deutschland nicht so schnell voran‹« (OLLROG 2013: 178-181).

Auch wenn es in der Medienwelt ›die‹ Bevölkerung nicht gibt: Die Prozesse laufen in der Tat langsam, der ›Point of no return‹ ist für Print noch lange nicht erreicht.

Die Botschaft lautet: gemeinsam die Kurve nehmen. Dies aber setzt auf beiden Seiten des Schreibtischs die Überzeugung voraus, dass auch in den digital vernetzten nachmodernen Gesellschaften *kompetenter Informationsjournalismus* unentbehrlich bleibt, vermutlich noch unentbehrlicher wird.

Diese Überzeugung fehlt übrigens der (durch die Kartellschranken beengten) Geschäftsführung des Axel-Springer-Konzerns, auch wenn sich diese anders äußert. Und genau diese Überzeugung verkünden just einige US-amerikanische Investoren und Web-Unternehmer, die Regionalzeitungen aufkaufen (Warren Buffett hat inzwischen 32 Lokalzeitungen in den USA gekauft – Stand: November 2013). Die Investoren würden dies nicht tun, wenn sich das Zeitungsgeschäft totgelaufen hätte.

Glücklicherweise gibt es auch unter deutschen Zeitungsverlegern überzeugte Optimisten. Im Unterschied zum Axel-Springer-Verlag sind sie trotz der kartellrechtlichen Behinderungen willens, die anhaltende Durststrecke durchzustehen. Und sie werden erfolgreich sein, vorausgesetzt, dass alle drei beteiligten Gruppen – Gewerkschafter, Redaktionschefs, Verlagsleiter – in diesem anstrengenden Transformationsprozess konstruktiv zusammenarbeiten. Dies ist die Chance, die – nach meiner Beobachtung – manche Unternehmen zu nutzen wissen.

Literatur

BDZV (Hrsg.): *Paid-Content Angebote deutscher Zeitungen*. Übersicht unter URL: http://www.bdzv.de/zeitungen-online/paidcontent/ [17.12.2013] 2013

BDZV (Hrsg.): *Zeitungen 2011/12*. Berlin [ZV Zeitungs-Verlag Service] 2011

KANSKY, HOLGER: Mut zum Experiment – Zeitungen und ihr Digitalgeschäft. In: BDZV (Hrsg.): *Zeitungen 2011/12*. Berlin [ZV Verlag] 2011, S. 119-140

KELLER, DIETER: Märkte im Wandel – Zur wirtschaftlichen Lage der deutschen Zeitungen. In: BDZV (Hrsg.): *Zeitungen 2011/12*. Berlin [ZV Zeitungs-Verlag Service] 2011, S. 21-100

KELLER, DIETER; CHRISTIAN EGGERT: Ein starkes Medium – Zur wirtschaftlichen Lage der deutschen Zeitungen. In: BDZV (Hrsg.): *Zeitungen 2013/14*. Berlin [ZV Zeitungs-Verlag Service] 2013, S. 21-98

MEIER, CHRISTIAN: Wider die schwarz-weißen Grabenkämpfer. In: *Meedia*, 08. Juli 2013. URL: http://meedia.de/background/meedia-blogs/christian-meier/christian-meier-post/article/wider-die-schwarz-weien-grabenkmpfer_100046538.html

MÖBIUS, MANUELA; MICHAEL HEFFLER: Werbeeinnahmen: Printmedien in der Krise – der Werbemarkt 2012. In: *Media Perspektiven,* 6/2013, S. 310-321

OLLROG, MARC-CHRISTIAN: *Regionalzeitungen in Deutschland – Geschäftsmodelle für die Medienkonvergenz*. Diss. an der Fakultät für Sozialwissenschaften und Philosophie der Universität Leipzig 2013 (im Druck).

STURM, ANJA: »Exklusivstudie: Bezahlschranke bei Regionalzeitungen wird kommen«. In: *Horizont* vom 28.06.2012. URL: http://www.horizont.net/aktuell/medien/pages/protected/Exklusivstudie-Bezahlschranke-bei-Regionalzeitungen-wird-kommen_108476.html

WEISCHENBERG, SIEGFRIED; MAJA MALIK; ARMIN SCHOLL: *Die Souffleure der Mediengesellschaft – Report über die Journalisten in Deutschland*. Konstanz [UVK Verlagsgesellschaft] 2006

Gut genug für Paid-Content?

Websites von Regionalzeitungen: relevante Nachrichten? Attraktive Themen? Übersichtliche Gestaltung? Also auch gut genug, um Nutzungsgebühren zu verlangen? Am 31. August 2013 haben 35 junge berufstätige Erwachsene (zwischen 28 und 35 Jahren) Startseiten einer Zufallsauswahl an Regionalzeitungen im Rahmen einer Blickverlaufsmessung betrachtet.

In Bezug auf die Seitenerschließung und den Leseanreiz (Usability) ergaben sich zwei markante Unterschiede: solche Websites, die eher Irritation und in der Folge ein Wegklick-Verhalten erzeugen – und solche, auf denen flaniert und das Angebot weitgehend erschlossen wird. Startseiten, die sowohl positive als auch negative Nutzungen zeigen, bilden die dritte Gruppe. Hier einige Stichworte zu den Befunden:

Schlecht funktionierende Usability: Keine Nutzungslogik zwischen Register (oben), der Navigationsspalte (sofern vorhanden, meist links), der Anrissspalte (meist rechts) und dem Haupttext. Zu große (oft auch zu viele) Bilder, zu viele Farben (keine User-Führung), zu viele verschiedene Schriften, zu viele redundante Klickaufforderungen, zu große Newsslides (Wechselbilder). Beispiele (Stand 31.08.2013): die Startseite der *Leipziger Volkszeitung*, der *Frankfurter Neuen Presse*, des *Weser-Kurier*, *Westdeutsche Allgemeine*.

Gut funktionierende Usability: Nach nur einem Kategoriensystem strukturierte Register (wie: geografisch oder thematisch; davon getrennt die verschiedenen Ausgaben); funktionale Eindeutigkeit der Spalten; nur wenige, dafür aussagestarke Bilder mit längeren Teaser-Texten; keine Redundanz zwischen Anriss und Haupttext; pro 24 Std. nur zwei (handwerklich gut gebaute) Videos und Slideshows; kurze Klickwege mit klarem Farbleitsystem; einfache, klare Schrifthierarchie (drei Größen). Beispiele (Stand 31.08.2013): *Badische Zeitung, Südwest Presse, Südkurier, Hannoversche Allgemeine*.

7. WARUM SIND VIELE
REGIONALZEITUNGSKONZEPTE FALSCH?

Schmerzt es Sie auch, wenn Sie sehen, wie ein Zeitungsleser, kaum hat er sein Blatt aufgeschlagen, schon mit Daumen und Zeigefinger in der rechten unteren Ecke das Papier ergreift und ein paar Sekunden später die Seite nach links rüber zieht und den Inhalt überblättert? Wenn solche Leser nur noch auf vier oder fünf der 28 redaktionellen Zeitungsseiten länger als eine Minute verweilen und die ganze Ausgabe in zehn bis zwölf Minuten hinter sich gebracht haben, dann ist die Leser-Blatt-Bindung marode, nicht, weil die Leser faul oder dumm oder internetfixiert wären, sondern weil die Blattmacher aus Sicht ihrer Leser etwas Grundsätzliches falsch machen. Es geht dabei nicht primär um die Qualität einzelner Beiträge, weniger um Bildaussagen oder um die Frage nach der Nähe zu PR-Inhalten. Es geht um das Blattkonzept.

Symptome und Indikatoren

Beobachten wir zunächst, wie bei den für die Regionalzeitung wichtigsten LeserInnen die Zeitungslektüre ausschaut – wir sprechen von der in den vorigen Kapiteln beschriebenen Zielgruppe der formal etwas besser ausgebildeten 30- bis 55-jährigen Berufstätigen, die in einem Mehrpersonenhaushalt leben (Daten: rund 1.200 LeserInnen in der Statusbefragung des IPJ-Leser-Panels; rund 200 Testleser der vom IPJ durchgeführten Blickverlaufsmessungen sowie Datenabgleich mit Messungen aus ReaderScan-Erhebungen).

Ein für die Wertschätzung der Zeitung (= Blattbindung) aussagestarker Indikator ist zweifelsfrei die Verweildauer. Unseren Datenanalysen zufolge gilt grob die Relation: Je kürzer die durchschnittliche Verweildauer pro Ausgabe, desto stärker ist der Reichweitenschwund der Zeitung. Im Zeitverlauf zeigen diese Daten einen für die Gattung Regionalzeitung bezeichnenden Makrotrend, der den titelbezogenen Mikrotrend überlagert.

Die *Makroebene*: Egal, welche Zeitungsleserschaft man heranzieht, überall sinkt seit zwei Jahrzehnten die durchschnittliche Verweildauer der Leserinnen und Leser (obwohl unschön, nenne ich sie hier nachfolgend Nutzer). Aus den Befragungen des IfD Allensbach 1990 und 1992 wie auch aus Copytests mit Lesergruppen lässt sich für jene Zeit eine durchschnittliche Verweildauer des regelmäßigen Lesers mit/in seiner Regionalzeitung von rund 37 Minuten errechnen (städtische Bevölkerung etwas kürzer, ländliche Leserschaften etwas länger). Der redaktionelle Teil der von uns per Stichproben periodisch durchgemessenen Regionalzeitungen umfasste damals im Mittel der Woche (Mo bis Fr) 31 Seiten; bis zur Jahrtausendwende stieg dieser Umfang auf 34 Seiten (Mittelwerte). Im selben Zeitraum sank jedoch die durchschnittliche Verweildauer um rund 15 Prozent auf 32 Minuten. Damit reduzierte sich die mittlere Nutzungszeit jeder redaktionellen Zeitungsseite von 74 auf 56 Sekunden. Den jüngsten empirischen Lesezeit-Messungen (Leser-Panel und Eyetracking) zufolge ist die durchschnittliche Verweildauer auf knapp 24 Minuten zurückgegangen; zeitgleich schrumpfte der Umfang des redaktionellen Teils auf 27 Seiten (Mittelwert). Daraus errechnet sich eine durchschnittliche Verweildauer auf jeder redaktionellen Zeitungsseite von 53 Sekunden.

Den Zusammenhang zwischen Reichweitenrückgang und abnehmender Nutzungsdauer kann man auch aus der ARD/ZDF-Langzeitstudie Massenkommunikation von 2010 erschließen: Aus der Basis der Angaben aller Befragten ab 14 Jahren, einer repräsentativ gezogenen Stichprobe, wurde eine durchschnittliche Nutzungsdauer von 23 Minuten täglich ermittelt (RIDDER/ENGEL 2010: 532). Bei der vorausgegangenen Befragungswelle fünf Jahre früher waren es noch 28 Minuten gewesen (VAN EIMEREN/RIDDER 2005: 497/498).

Wir haben in den vergangenen Jahren für drei Verlage Abbesteller-Analysen durchgeführt. Unter anderem kam dabei heraus, dass die Abbesteller (ihren Angaben zufolge) während ihrer letzten Zeitungslesezeit die relativ kürzeste Verweildauer von weniger als 20 Minuten pro Ausgabe aufwiesen. Aufgrund dieser und weiterer Befunde halte ich die tägliche Verweildauer in der Zeitung für einen ›harten‹ Indikator für die Leser-Blatt-Bindung, die im Unterschied zu den Antworten bei Meinungsbefragungen auf eindrückliche Weise mit der Abbestellquote korreliert.

Dass die Verweildauer schon in den 1990er-Jahren – deutlich vor der Veralltäglichung der Internetnutzung – markant zurückging, fügt sich schlüssig in die Beschreibung des Reichweitenschwunds der Tageszeitungen seit Ende der 1980er-Jahre (das war das Thema des 3. Kapitels). Dieser doppelte Schwund resultiert vermutlich aus dem Zusammenspiel mehrerer Einflussgrößen. Zu den exogenen gehören vermutlich: Vervielfachung des unentgeltlich verfügbaren Medienangebots; Dominanz der audiovisuellen Medien; generell eine zunehmend oberflächlich-flüchtige Medienkonsumption; Beschleunigung und Verdichtung der alltäglichen Handlungsabläufe. Doch ebenso bedeutsam sind die gern übersehenen endogenen Faktoren, die mit dem Blattkonzept und der Blattqualität, mit abrupten Konzeptwechseln und dem Qualitätsabbau zu tun haben. Inwiefern dies nachweislich – und insofern auch korrigierbar – ist, soll in diesem Kapitel diskutiert werden.

Wir schalten nun also um auf die *Mikroebene* der einzelnen Zeitungsausgaben. Derzeit (2013) verbringen die meisten regelmäßigen Zeitungsleser allmorgendlich während des Frühstücks (das sind 75% aller Abonnenten) rund 24 Minuten (Mittelwert) mit der Lektüre. Dies gilt überraschenderweise sowohl für Zeitungen mit nur 24 redaktionellen Seiten als auch für solche mit 32. Daraus folgt, dass die meisten Abonnenten dieser Zielgruppe ein Zeitbudget von knapp einer halben Stunde zur Verfügung stellen. Und es bedeutet zweitens, dass die Angebotsqualität (und nicht der Umfang) darüber entscheidet, ob von diesem Zeitbudget im Alltag dann nur 20 Minuten oder noch weniger übrig bleiben (Auch die Streubreite zwischen Minimal- und Maximal-Lesezeiten ist bei Titeln mit 32 Seiten kaum größer als bei Titeln mit 24 redaktionellen Seiten).

Ermittelt man die Nutzungszeiten für die einzelnen Zeitungsbücher, dann ergeben sich für die (meist verbreitete) Vier-Bücher-Ausgabe etwa diese Nutzungszeiten: das Politik-Buch inklusive Aufschlagseite: rund 9 Minuten, gefolgt vom Lokalbuch mit 6 bis 7 Minuten; die beiden übrigen Spartenbücher (meist: Kultur/Veranstaltungen/Freizeit sowie Wirtschaft/Sport) erzielen meist nur je 3 bis 4 Minuten. Hinzu kommen noch ein paar Sekunden für den Unterhaltungsstoff und die Erholungsseiten (Rätselseiten, Vermischtes). Und dann noch eine Sekunde für die Willensbildung, ob man Teile der Zeitung etwa für den Feierabend aufheben oder sie gleich komplett entsorgen soll.

Allein diese hier nur grob skizzierten Nutzungsmuster lassen Rückschlüsse auf die Angebotsqualität zu: Wenn zum Beispiel die gemittelte Nutzungszeit für das vierte Buch (Wirtschaft/Sport) unter zwei Minuten absinkt, ist dies ein ›harter‹ Indikator dafür, dass in diesem Buch zu wenig ›General Interest‹ und zu viel (meist auch langweilig oder insiderisch abgefasstes) ›Special Interest‹ angeboten wird. Das bedeutet: Zu viele LeserInnen blättern diesen Teil gelangweilt durch und finden nichts, was sie zum Lesen animiert. Gut gemachte Zeitungen erreichen indessen, dass ein erheblicher Teil der LeserInnen auch in diesem vierten Buch Themen und Geschichten entdeckt, die von allgemeinem Interesse sind. Und Leser lernen rasch, sofern sie etwas davon haben. Wenn sie zum Beispiel die Erfahrung machen, dass im vierten Buch mindestens eine allgemein interessante Geschichte geboten wird, beginnen viele, in diesem vierten Buch zu flanieren und nun noch mehr zu lesen als nur die eine allgemein interessante Geschichte. Sinngemäß gilt dasselbe für die Kulturseiten und für die anderen Sparten, die meist nur ein oder zwei Mal pro Woche erscheinen (Auto/Verkehr, Reise, Gesundheit, Haus & Technik usw.): Auch hier lassen sich Themen so aufbereiten, dass sie ein breiteres Informationsinteresse wecken.

Für die generelle Qualitätskontrolle des Zeitungsangebots bietet sich noch eine weitere Kennziffer als Indikator an: das *mittlere Nutzungsvolumen*. Damit meinen wir den Anteil (Umfang) des redaktionellen Angebots, den ein Leser bzw. eine Leserin in der Regel wahrnimmt und

Lädt das Layout zum Lesen ein?

Die ›Regionalzeitung‹ ist eine großartige Kulturleistung aus dem letzten Drittel des 19. Jahrhunderts. Sie entstand in der Folge technologischer Innovationen, die damals die Medienwelt ähnlich revolutionierten wie derzeit die mit dem Internet verbundene Digitalisierung. Damals waren es diese fünf Erfindungen: Rotationsdruck, Endlos-Rollenpapier, Materntechnik, Linotype-Bleisatz und Telegrafie. Diese machten aus den betulich hergestellten, kleinformatigen Leseblättern für das gehobene Bürgertum die topaktuelle Massenpresse, die sich jeder leisten konnte.

Lange, bevor es den Ganzseitenumbruch gab, entwickelten die Blattmacher das bis heute die Tageszeitung prägende Layout: Der (mindestens) 5-spaltige Seitenumbruch der professionell gemachten Zeitung soll die Welt(nachrichten)-Ordnung spiegeln: Der Nutzer sieht auf den ersten Blick, was sehr wichtig, was immerhin bedeutsam, was eher unwichtig, was unterhaltsam, was nur Erzählung und was eine Kommentierung ist. Blickverlaufsmessungen mit dem Eyetracker zeigen, dass der geübte Zeitungsleser diese hierarchische Ordnung innerhalb von zwei bis drei Sekunden erfasst und auch erschließt (Zeitung-Lesen ist eine Kulturtechnik, die gelernt werden muss).

Wenn nun die angebotene Themen-Hierarchie mit dem Relevanzgefühl der Leser nicht übereinstimmt; wenn die Zeitung ihre Texte so platziert, dass keine sinnfällige Ordnung entsteht; wenn die Aufschlagseiten keine relevanten Nachrichten, sondern ein übergroßes Bild und zwei überlange Lesetexte bietet; wenn die Frontseite große Zusammenfassungen bringt, die vorwegnehmen, was im Innenteil (nochmals) zu lesen steht – dann werden sehr viele Leser unruhig oder missmutig; sie lesen oberflächlicher, schneller und deutlich weniger (oft genügt ihnen der Raffer, die Berichte im Innenteil werden überblättert).

Man kann daraus folgern: Viele Regionalzeitungen mindern mit ihren layouterischen Umbauten die Funktionsleistung der Gattung Tageszeitung. Und dies mindert aus Sicht der LeserInnen ihre Nutzungsqualität.

insofern nutzt, als zumindest die Überschriften und Bilder betrachtet werden (und erst dann die Entscheidung fällt, ob man mit der Lektüre beginnen will oder nicht). Diese Daten lassen sich über Lesebeobachtung, doch zuverlässig nur über Blickverlaufsmessungen ermitteln. Diesen Studien zufolge wissen wir, dass derzeit der weit überwiegende Teil der regelmäßigen Leser bei einem redaktionellen Umfang von 24 Seiten im Mittel 65 Prozent, bei 32 Seiten im Mittel knapp 60 Prozent wahrnimmt. Wir haben aber auch die Lektüre von solchen Zeitungen untersucht, deren Leser sich bis zu 80 Prozent aller redaktionellen Seiten erschließen, und solche, deren Leser weniger als die Hälfte wahrgenommen haben. Und wenn man nun diese Zeitungen inhaltsanalytisch auseinandernimmt, zeigt sich, warum das so ist: Die Blätter mit einem geringen Nutzungsvolumen bedienen auf ihren Ressort-, Sparten- und Themenseiten ein enges Partikularinteresse mit Geschichten, die zudem oft inaktuell sind (als sei die Zeitung ein Special-Interest-Heft) – im Unterschied zu den Zeitungen mit einem hohen Nutzungsvolumen: Deren Redaktionen verstehen es, die Themen und aktuellen Geschichten so zu drehen und aufzubereiten, dass sie dem Publikum als allgemein relevant und interessant erscheinen. Es versteht sich, dass diese Zeitungen auch eine deutlich höhere Gesamtverweildauer und zudem einen geringeren Reichweitenschwund in ihrem Verbreitungsgebiet aufweisen.

Macht man sich diese Zusammenhänge über die Nutzungsindikatoren bewusst, dann müssten die Blattmacher *in konzeptioneller Hinsicht* daran interessiert sein, dass ihre Leser möglichst lange in ihrer Zeitungsausgabe verweilen, weil sie diese als aktuell, informativ, hintergründig und orientierungsstark erleben. Nicht das Autorenfoto, nicht die großflächige Revolvergeschichte und auch nicht die überzogene Personalisierung führen zur Lösung, erst recht nicht die groß aufgehängte Monothemenseite. Vielmehr sind es die aktuellen, relevanten und aus der Perspektive der Leser (als Beteiligte, als Kunden, als Betroffene usw.) aufbereiteten *Ereignisthemen*, die zu einer stärkeren Nutzung der ganzen Zeitung führen (mehr dazu im nächsten Kapitel). Eigentlich müssten jene Chefredakteure glücklich sein, deren Abonnenten morgens beim Verlassen ihrer

Wohnung den Vorsatz fassen, zum Feierabend nochmals die Zeitung in die Hand nehmen und den begonnenen Artikel zu Ende lesen zu wollen (auch wenn es meist nicht dazu kommt).

Die vier großen Konzept-Irrtümer

Verschiedene Chefredaktionen folgen dieser Analyse, doch manche von ihnen ziehen daraus die falschen Schlüsse: Sie bauen nicht die Informations- und Orientierungsfunktion ihrer Zeitung aus, sondern wählen eine Konzeption, die die Verweildauer der Leser weiter verkürzt. Unseren diversen Blattanalysen zufolge sind es vor allem folgende vier strategische Fehler:

Erstens zu viel Special Interest und zu wenig General Interest. Zur *unique selling proposition* (USP) der Tageszeitung gehört auch 2013 ihre Universalität: Aus allen Bereichen präsentiert sie das, was für die erwachsene Bevölkerung *ihres Verbreitungsgebiets (Region)* wichtig und relevant und folgenreich und/ oder bemerkenswert ist. Die Kunst der Zeitungsmache besteht unter anderem darin, in den zahllosen Special-Interest-Anlässen jeweils den General Interest zu entdecken und das Thema dementsprechend zu ›drehen‹. Dies gilt für die Zeitung insgesamt, für die Zeitungsbücher (Ressorts) und für die Berichte auf jeder Zeitungsseite (und sogar für die Vereinsberichterstattung auf der Stadtteilseite!). Die monothematische Seite beispielsweise bietet dem gegenüber meistens ein (Spezial-)Thema und grenzt damit die Mehrheit der Leser aus. Nur ausnahmsweise bindet sie ein allgemeines Interesse – nämlich dann, wenn sie sich auf ein Großereignis bezieht, das mehrheitsfähig ist, verschiedene Perspektiven bietet und naheliegende Nutzungsfragen aufgreift.

Ein gelungenes Beispiel: Nach der schweren Havarie zweier ICE-Züge – wie sicher kommen Bahnfahrer an ihr Ziel? Drei Texte: typische Bahnfahrer-Erfahrungen; sachkritische Befragung der für die Bahnstrecke Verantwortlichen; eine Best-Practice-Geschichte: wo die Bahn noch zuverlässig ist – plus Info-Kasten (Chronologie der Bahn-Unfälle) und Interviewkasten mit Experten zum Problem Sicherheit (Dieses Konzept setzte die Regionalzeitung *Südostschweiz* nach dem schweren Zugunglück im Kanton Waadt mustergültig um und erzielte eine hohe Verweildauer ihrer Leser – vgl. Ausgabe vom 30.07.2013). Wichtig: Solche Themen besitzen General

Interest, bei diesem Beispiel, weil praktisch jeder Leser direkt oder indirekt Erfahrungen mit der Bahn hat und oftmals auf die Bahn angewiesen ist.

Und nun ein Gegenbeispiel aus dem *Hamburger Abendblatt* (Themenseite 6 bzw. 8): Im Dezember 2013 erzählten unbekannte Autoren auf sieben monothematischen Seiten aus ihrer Schulzeit seit den 1950er-Jahren, jeder für ein Jahrzehnt. Jeder Serienteil mit großformatigem Symbolfoto aus einem Spielfilm, etwa *Das fliegende Klassenzimmer*. Die große Mehrheit in der von uns befragten Lesergruppe kreuzte an: »Ich verstehe nicht, warum ich das lesen soll.« Dasselbe mit einer Serie von Anfang November 2013: »Heute startet das Abendblatt ein neues Essensprojekt. Das Ziel: Unser Reporter will vier Wochen lang mit einem möglichst großen Anteil an regionalen Lebensmitteln auskommen« (Start 2.11.2013). Nach zwei Beiträgen sank das Interesse in der Lesergruppe deutlich unter 10 Prozent – wie bei jeder Art von bezugslosen Serien.

Zweitens zu viel Berichterstattung (nur) aus Sicht der Entscheider und Funktionsträger. Zur Erinnerung: Die parteipolitisch ungebundene Gattung Regionalzeitung ist vor 130 Jahren (als ›Generalanzeiger‹) vor allem dank ihrer Chronistenpflicht groß geworden. Dabei wurde von oben, den Magistraten und Autoritäten, nach unten, ›hinab‹ zum Publikum kommuniziert (›Einbahnstraßenjournalismus‹). Die meisten Regionalzeitungen sind in dieser Routine stecken geblieben; heute indessen, im Zeitalter zivilgesellschaftlicher Trends, erwarten die Leute (insbesondere die jüngeren Erwachsenen),

- dass die Tageszeitung, soweit sinnvoll, die Ereignisthemen auf die Lebens- und Alltagswelt ihrer Leser direkt bezieht (›herunterbricht‹);
- dass die Akteure und Funktionsträger aus der Perspektive der (betroffenen) Bürger kritisch befragt oder interviewt werden;
- dass Beteiligte und/oder Betroffene anteilnehmend zur Sprache kommen;
- dass Maßnahmen und Beschlüsse, auch Dienstleistungen aus unabhängiger Sicht durchleuchtet und nutzwertig beurteilt werden.

Beispiel 1: Als im Laufe des Jahres 2011 in Spanien die Jugendarbeitslosigkeit rasant zunahm und junge Spanier nach Jobs in der EU Ausschau hielten, haben (leider) nur wenige Regionalzeitungen in ihren Lokalteilen dieses Thema heruntergebrochen. Fall 1: ein schön bebildertes Interview mit dem Chef eines spanischen Restaurants, der schon 25 Jahre in Deutschland lebt, aber dessen Nichten, die in Spanien studiert haben, nun ohne Job dastehen. Fall 2: Befragung der Personalchefs von drei ansässigen Firmen, ob sie Mitarbeiter aus Spanien beschäftigen und wenn nicht, warum nicht etc. Fall 3: Straßenbefragung unter Passanten, wie man den Spaniern konkret helfen könne (es wurden z. T. witzige Vorschläge gemacht). Alle drei Fälle dienten dem Zweck, anteilnehmendes Verständnis zu wecken. Mehrere Zeitungen (darunter auch die *Frankfurter Allgemeine Sonntagszeitung*) brauchten indessen zwei Jahre, bis sie auf die Idee kamen, dieses Thema ›herunterzubrechen‹ (das war im zweiten Halbjahr 2013, und da war die Leserneugier längst erloschen).

Beispiel 2: Im Juni 2013 löste der US-Amerikaner Edward Snowden eine Lawine an Enthüllungen über die Internet-Überwachung der US-amerikanischen und britischen Geheimdienste aus. Von den von uns beobachteten 12 Regionalzeitungen schafften es gerade zwei, in den folgenden zehn Tagen das Thema in die Alltagswelt ihrer Leser zu bringen und attraktiv aufzumachen. Fall 1: Fünf junge Erwachsene lieferten gut zu lesende Statements zur Frage: Sollen wir unseren Umgang mit Internetdiensten, insbesondere mit Social-Media-Diensten ändern? (plus Interview mit Experten über E-Mail-Verschlüsselungsprobleme). Vier Monate später, im 2. Halbjahr 2013, kamen drei weitere Zeitungen mit dem Thema – zu spät, denn inzwischen hatten sich viele andere Medien dieses Themas angenommen und die Leser verloren das Interesse. Fall 2: Drei ganz unterschiedliche lokale Prominente wurden gefragt: »Was zählt für Sie mehr: Sicherheit vor Terroristen oder Ihre Persönlichkeitsrechte?« Aus den Antworten (mit einer Textbox über die Hintergründe und Definition der Menschenwürde) entspann sich eine muntere Diskussion mit Lesern und Usern.

Diese Umsetzungen erreichten vermutlich, dass sich viele Leser erstmals konkret mit dem Überwachungsproblem befassten und sich fragten, ob und wie sie darauf reagieren und sich eine Meinung bilden soll(t)en.

Den Perspektivenwechsel – die Ereignisse, Vorgänge und Themen statt aus der Sicht der Veranstalter und Akteure aus der Perspektive der Bürger/Leser zu vermitteln – haben einige Zeitungen inzwischen vollzogen; und sie werden dafür mit zunehmender Verweildauer belohnt. Doch viele Zeitungsredaktionen gehen dieser Neuorientierung aus dem Weg, vielleicht, weil sie den erforderlichen Wandel ihres journalistischen Rollenverständnisses nicht vollziehen wollen oder weil sie handwerklich nicht über ihren (langen) Schatten springen können (mehr dazu im nächsten Kapitel).

Drittens die Themenstruktur des täglichen Angebots. Die Tageszeitung muss nicht trotz, sondern wegen der übersprudelnden digitalen News eine nach Relevanz untergliederte *Weltsicht* bieten. Der kompetente Gate-Keeper wird nicht von den digitalen Angeboten abgelöst, er wird von den Zeitungslesern und Website-Usern (!) mehr denn je *eingefordert*. Dies gilt in besonderem Maße für die Regionalzeitung. Deren Leser nutzen auch andere News-Medien; die meisten haben sich schon flüchtig via Fernseh- und Radionachrichten vorinformiert: Vier von fünf Zeitungslesern haben am Morgen vor ihrer Zeitungslektüre bereits Radionachrichten gehört – flüchtig und oberflächlich, als seien es Teaser; nun wollen sie es genauer wissen. Sie sind nicht blöd, sie haben ein Gespür für Relevanz und für die Folgenhaftigkeit aktueller Vorgänge. Aber sie benötigen das *gewichtende Nachrichtenbild* ›ihrer‹ Zeitung, weil diese den Fokus ihrer Alltagswelt, also ihrer Region repräsentiert.

Informationsleistung: Mit seinem Benchmark-Programm untersucht das IPJ periodisch Umfang und Tiefe des überregionalen Informationsangebots ausgewählter Regionalzeitungen. Eine Benchmark liefern die Ereignisthemen, über die sowohl die Fernsehnachrichten von ARD und ZDF als auch die überregionalen Tageszeitungen (Bundesausgaben der *Süddeutschen*, FAZ und *Welt*) am anderen Morgen berichtet (alle fünf Medien haben etwa zur selben Zeit – zwischen 17:30 und 19 Uhr Redaktionsschluss). Es handelt sich dabei um nur etwa 6 bis 10 solcher Top-Themen pro Tag. Wenn nun die Regionalzeitung der Erwartungen ihrer Leser genügen will, müsste sie ebenfalls über diese – aus journalistischer Sicht unstrittig relevanten – Ereignisthemen berichten. Und zwar präziser, ausführlicher und ›hintergründiger‹ als die Fernsehnachrichten (auch wenn nicht so umfassend wie die überregionalen Zeitungen). Dieser Benchmark zufolge gibt es mehrere Regionalzeitungen, die diese Leser-Erwartung tatsächlich erfüllen und die Top-Themen praktisch zu 100 Prozent ebenfalls bringen (z. B. der *Weser-Kurier*). Es gibt aber auch Regionalzeitungen, die nur rund 75 Prozent der Top-Themen bringen und die restlichen für abgehoben oder zu kompliziert oder als ›abgefrühstückt‹ erklären. Sie verstehen nicht, dass die gut etablierten, berufstätigen Leser zwischen 30 und 55 Jahren ihre Zeitung als kompetente Selektionsinstanz wünschen, die *alles*, was Relevanz besitzt, vermittelt.

Eine zweite Benchmark bezieht sich auf die zusätzliche Informationsleistung der genannten drei überregionalen Zeitungen. Hier gilt die Formel: Die Ereignisse, über die alle drei (politisch unterschiedlich profilierten) Zeitungen unabhängig voneinander berichten, sind unstrittig relevant. Von dieser Berichtspalette (oft mehr als 80 Nachrichten pro Tag), sollte eine gut gemachte Regionalzeitung – so das Urteil der am Benchmark-Programm des IPJ beteiligten Leser – doch mindestens 40 Prozent ebenfalls bringen.

Man ahnt es: Regionalzeitungen, die notorisch weniger Top-Themen als die Leitmedien und deutlich weniger als 40 Prozent der von den überregionalen Zeitungen zusätzlich publizierten Ereignisthemen bringen, haben beim gebildeteren Teil ihrer

Leser ein schleichendes Relevanz-Problem: Wenn sie in einer metropolen Großstadt erscheinen, wirken sie ›provinziell‹ und haben mit höheren Auflagenverlusten zu kämpfen als solche Blätter, die eine deutlich höhere Informationsleistung im Überregionalen erbringen. Auch diesen Effekt kann man nachvollziehen, wenn man das *Hamburger Abendblatt* beispielsweise mit der *Frankfurter Neuen Presse* vergleicht: Es sind zwei aufs Lokale fokussierte Regionalzeitungen, die in strukturstarken Stadträumen erscheinen. Die FNP bietet nach Maßgabe der IPJ-Benchmarks eine deutlich höhere Informationsleistung; ihr Abo-Schwund war im Stadtgebiet ›nur‹ ein Drittel so groß wie der des *Hamburger Abendblatts* (Zeitraum: 2009-2012).

Das Lokale, auch das Sublokale (wie: Stadtteile) ist für die Leser zweifellos bedeutsam und ihnen wirklich nahe. Gleichwohl wissen sie, dass Vorgänge in der überregionalen Wirtschaft und in der Bundespolitik mitunter für ihren Alltag bedeutsamer und folgenreicher sind als die Sonntagsrede des IHK-Vorsitzenden am Ort. Damit das Relevante vom Folgenlosen getrennt wird: auch deshalb haben viele Leute die Tageszeitung abonniert. Einige Blattmacher haben die an sich richtige Formel »Im Lokalen liegt unsere Kernkompetenz, hier sind wir (noch) unschlagbar.« zum alleinigen USP überhöht und verfälscht: *local first!* Es gibt Zeitungen, in denen sogar im Wirtschaftsteil eine PR-lastige, mit Reklamefotos aufgepeppte Geschichte über die Neubaueröffnung des Autohändlers am Ort dominiert (und nebenbei auch noch die Glaubwürdigkeit des Blattes beschädigt), während die Nachrichten über unerlaubte Parteispenden, über den Streit um die Zulassung eines neuen Cholesterin-Absenk-Medikaments oder den unerwarteten Anstieg der Arbeitslosenzahlen im Nachbarland Frankreich zu belanglosen Zehnzeilenmeldungen schrumpfen.

Unsere Nutzungsstudien zeigen, dass die *Abfolge der Zeitungsbücher* aus Sicht der Leser keine große Bedeutung hat; in dieser Hinsicht geben sich die Leser anpassungsfähig. Zeitungen, die ihre Buchfolge umgestellt und das Lokale ins erste Buch gepackt haben (vgl. *Hessische/Niedersächsische Allgemeine* [HNA] in Kassel), erzielten keine höheren, aber auch keine niedrigeren Nutzungswerte. Und auch deren Abo-Auflage folgte keinem anderen Trend als bei Blättern, die das Lokale weiterhin erst als zweites oder drittes Buch platzieren. Für die Nutzungsstärke entscheidend ist vielmehr, ob das Zeitungsangebot seine Informations- und Orientierungsleistung *in allen*

Warum Großstädter ihre Lokalzeitung
nicht mehr lesen

Hauptgründe für die Abbestellung des Zeitungsabonnements (Großstadt)

Aussage (Fragebogen mit 20 Items; hier die fünf, die am häufigsten angekreuzt wurden)	Das mit der Aussage bezeichnete Defizit	Häufigkeit der Nennung	Konsistenz*
1. »Es gab immer öfter Berichte in der Zeitung, die mich nicht interessieren.«	zu viel Irrelevantes oder Abseitiges	61%	77%
2. »Auf den Seiten konnte ich oft nicht erkennen, was wirklich wichtig und was unwichtig ist.«	Mangelnde Orientierung	56%	44%
3. »Oft stand in den Berichten nur das, was ich schon vom Radio oder Fernsehen wusste.«	Überregionales: Kaum Eigenleistung	49%	55%
4. »Wichtige Vorgänge und Themen in meiner Stadt hat die Zeitung nicht gebracht.«	Lokales: Zu geringe Informationsleistung	41%	60%
5. »Oft spiegelten die Berichte nur eine Sicht. Andere Stimmen oder Gegeninformationen fehlten mir.«	Oberflächlichkeit; zu wenig Recherche	39%	48%

*Konsistenz: Der Fragebogen wurde zu Beginn der Fokusgruppensitzung und erneut am Ende ausgefüllt. Je geringer die Abweichungen zwischen beiden Durchläufen, desto größer die Konsistenz (= Indikator für die Festigkeit der Meinung bzw. des Urteils). Der Fragebogen enthielt 20 Antwortmöglichkeiten, also 240 Aussagen (= n).

In Hamburg, Berlin und Leipzig wurden im 2. Halbjahr 2012 formal gut ausgebildete, am Ort ansässige Berufstätige befragt, die ihr Abonnement der Lokal- bzw. Regionalzeitung (*Hamburger Abendblatt, Hamburger Morgenpost, Berliner Morgenpost, Berliner Zeitung, Leipziger Volkszeitung*) im Laufe der letzten 12 Monate gekündigt hatten. Stichprobe: 120 Personen. Methode: Objektgestützte Fokusgruppen, sowie standardisierter Fragebogen. Hinweis: Kritiken an der unzuverlässigen Zustellung, an der Reklame (insb. Verlagsbeilagen), dem Abonnementspreis, der Fehlerhaftigkeit der Inhalte und an der Druckqualität rangieren auf den folgenden Rangplätzen 6 bis 10.

Sparten erfüllt, also auch in Bezug auf das internationale Geschehen, auf die Wirtschaft, auf Bildung und Kultur. Eine Zeitung, deren Stoffangebot im Lokalpatriotischen ertrinkt, gilt bei vielen Lesern bald mal als irrelevant. (Zu) viele Leser brauchen so etwas nicht. Übrig bleiben am Ende nur solche Abonnenten, die ein Vertriebsleiter sarkastisch den ›Bodensatz‹ nannte. Er meinte damit die lokalpatriotischen Kleinbürger und die Pflichtleser: die kommunale Polit-Szene, der Einzelhandel und die Behördenvertreter (Bildung, Gesundheit, lokale Wirtschaft). Sie bleiben der Zeitung ›treu‹ und zwar nicht, weil sie das Angebot spannend finden, sondern weil sie Informationen aus dem Bereich der kommunalen Öffentlichkeit abspeichern wollen. Es wird darum Tageszeitungen geben, deren Abo-Schwund eines Tages deutlich abflacht – eben dann, wenn sie gerade noch zehn Prozent der lokalen erwachsenen Bevölkerung erreichen und damit im Hinblick auf die Herstellung von ›Öffentlichkeit‹ jede Repräsentativität verloren haben. Das von mir als Exempel oft genannte *Hamburger Abendblatt* nähert sich dieser Talsohle.

Viertens die missverstandene Aktualität. Auch 2014 soll aus Sicht der Leser ihre Tageszeitung eine Tages- und keine täglich gedruckte Wochenzeitung sein. Auch hier zeigen sich folgenschwere Missverständnisse, die zu Konzeptionsfehlern führten. Die Geschichte lief so: Viele Chefredakteure, über den Auflagenschwund ihrer Blätter verzweifelt, staunten über den derzeitigen Auflagen- und Reichweiten-Erfolg der Wochenzeitung *Die Zeit*. Zeitgleich lasen sie in den Branchendiensten, dass im Ausland verschiedene Tageszeitungen nur noch ein- oder zwei mal pro Woche erscheinen und ihr tagesaktuelles News-Angebot im Internet ausbauen. Sogleich glaubten manche dieser Chefredakteure, dieser Trend gelte generell für alle Lesemedien und übernahmen mehrere Konzeptelemente der Wochenzeitung. Zum Beispiel das Konzept, die Hauptgeschichte im Blatt wie eine Titelgeschichte mit einem großen Symbol-, Themen- oder Feature-Bild auf der Frontseite anzureißen: Viele Tageszeitungsleser langweilt so etwas. Blattmacher füllten zudem ihre Zeitung mit inaktuellen Allerweltsthemen, mit Human-Interest-Storys und aufwendigen Serien (siehe oben), wie man sie aus Illustrierten kennt, z. B. über die ›neue‹ Schulbildung, über Gesundheit, über Krankheiten, über Dichter und Denker, über die Herkunft unserer Lebensmittel, über Religion und Esoterik, mit Heldengeschichten und Friedhofsbesichtigungen (alles Beispiele aus dem dritten Quartal 2013).

Nicht nur, dass *Tages*zeitungsleser für solche Themen keine Zeit haben; nicht nur, dass sie ihrer Lokal- oder Regionalzeitung die erforderliche Fachkompetenz kaum zutrauen (und darum lieber, wenn schon, eine Fachzeitschrift lesen oder im Internet gehaltvolle Websites der Fachdienste googeln): Noch wichtiger ist, dass die meisten Erwachsenen trotz (oder sogar wegen) des Internets auch 2013 ihre Tageszeitung als ein *aktuell berichtendes Orientierungsmedium* nutzen möchten, um zu wissen, was wirklich los ist – und frustriert sind, wenn ihre Tageszeitung mehr und mehr an Relevanz und Aktualität einbüßt, zugunsten irgendwelcher Allerweltsgeschichten. Hierzu passt, dass seit mehr als zwei Jahrzehnten der Redaktionsschluss immer weiter nach vorn, vom späten in den frühen Abend und weiter Richtung später Nachmittag rutscht.

Aktualität trotz Internet

Im 2. und 6. Kapitel erwähnte ich die personelle Ausdünnung der Redaktionen als einen Grund für den Verfall der Gattungsqualität. Aber dies ist nur die halbe Wahrheit. Es gab selbst im Einsparjahr 2013 nicht wenige Redaktionen, die personell ganz gut ausgestattet sind und trotzdem Leistungsabbau betreiben. Man weiß warum: Sowohl der Verlag als auch die Redaktion hassen die Spätschicht, nicht nur, weil sie teuer und gewerkschaftlich unerwünscht ist. Es ist ja auch angenehmer, wenn man gegen 19 Uhr nach Hause darf. Wir haben 2005/2006 im Zuge des Internet-Runs eine Befragung bei zehn Verlags- und Redaktionschefs von Regionalzeitungen zum Redaktionsschluss durchgeführt. Ausgehend von der Prämisse, dass die Zeitungsausgabe in ihrem Verbreitungsgebiet um 6 Uhr morgens in den Briefkästen stecken müsse, ließen wir deren Workflow zurückrechnen. Dabei kam heraus, dass fast alle Medienhäuser mit zwei gestaffelten Redaktionsschlüssen – der erste um 20 Uhr (für den überlokalen Vertrieb) und der zweite um 23:30 Uhr (einige sogar erst um 0:30 Uhr) – gut klar kämen. Dies bedeutet: Die Regionalzeitung könnte sogar die neuesten Nachrichten aus den USA sowie Nachdreher, ggf. auch Kommentare im Nachgang zu *Tagesschau* und *Tagesthemen* im Blatt haben, ganz zu schweigen von den lokalen Abendveranstaltungen. Sie könnte ihren Abonnenten zum Frühstück erklären, was sie von den Fernsehnachrichten gestern Abend zu halten haben und wie die Abendveranstaltung zu Ende ging. Doch dieser Ehrgeiz scheint in Deutschland (im Unterschied zu Skandinavien) ausgestorben zu sein. Dies ist deshalb fatal, weil der Stoff der gedruckten Tageszeitung zugleich der Stoff ist, aus dem in einigen Jahren das Nachfolgeprodukt gemacht sein wird: die abonnierte App-Ausgabe für den (dann weiter entwickelten) Tablet-PC, die nur funktionieren wird, wenn sie topaktuell und zugleich tiefgründig gemacht ist.

Übrigens: Der großartige Verleger Louis Ullstein brachte vor 110 Jahren mit der *B. Z. am Mittag* die »schnellste Zeitung der Welt« (Eigenwerbung) auf die Straßen Berlins: Die Ausgaben, die um 13 Uhr auf dem Potsdamer Platz reißenden Absatz fanden, boten auch Auslandsdepeschen, die erst gegen 12 Uhr telegrafisch eingegangen waren. Das handwerklich solide gemachte Blatt wurde zur erfolgreichsten Zeitung jener Zeit. Und noch eine Episode: Als ich 1963 (noch als Schüler) bei der *Badischen Zeitung* in Freiburg im Breisgau ein Praktikum machen durfte, lag der Redaktionsschluss für den Regional- und den Lokalteil um 0:30 Uhr – trotz der damals sehr viel langsameren, komplizierteren Satz- und Drucktechnik. Und als ich 1968 als Lokalredakteur bei der *Basler Nationalzeitung* meine Journalistenlaufbahn begann, konnten wir für die Stadtausgabe bis morgens um 1 Uhr komplette Seiten ›nachschieben‹ – und taten dies auch extensiv. Tempi passati.

Fazit

Frei von Nostalgie fasse ich zusammen: Blattmacher, die ihre Zeitung im Markt stärken wollen, sind gut beraten, wenn sie ihre eigene Rolle kritisch überprüfen und ggf. neu definieren. Natürlich sollten sie leidenschaftliche Journalisten sein und bleiben. Aber sie müssen zudem die Rolle des *Kommunikators* lernen, der ein leistungsstarkes und besonders glaubwürdiges Kommunikationsangebot produziert. Dieses Angebot wird auch im nächsten Jahrzehnt funktionieren, sofern die Blattmacher den Medientrend durchschauen und ihren Kommunikationspartner – ihr Publikum – wirklich verstehen. Hierzu genügt das berühmte Bauchgefühl ebenso wenig wie das in mancher Chefredaktion anzutreffende Imponiergehabe. Diese Umorientierung beginnt bei den Journalisten selbst.

Etwas plakativ gesagt: Gute, erfolgreiche Zeitungsmacher verstehen Journalismus nicht als Selbstinszenierung (›Beste Lokalzeitung Deutschlands‹) und ihr Blatt nicht als weitschweifenden Geschichtenerzähler. Sie wollen vielmehr eine topaktuelle, informationsdichte und dabei stets um faktenharte Aufklärung und Einordnung bemühte Zeitung machen, die im Medienkonzert ihre herausragende Rolle weiterspielt und beim Umbau der Medienbühne Richtung Crossmedia nicht aus der Rolle fällt – vielmehr nutzerorientiert mit ihrem Medienrepertoire experimentiert.

Gute Zeitungsmacher haben im Übrigen (auch) den Wert der Medienforschung entdeckt und sich in die Mediennutzungstrends ihres zunehmend kompliziert strukturierten Publikums eingearbeitet. Sie haben auch begriffen, dass dieses Publikum ganz anders tickt als sie selbst.

Für den Erfolg dieser Um- und Neuorientierung dürfte indessen die publizistische Denkweise der Verlagsspitze entscheidend sein: Kompetente Chefredaktionen entwickeln, prüfen, untersuchen, testen und messen ihr Medienangebot mit Unterstützung ihrer Verlagsleitung. Diese muss der Chefredaktion den Rücken stärken, wenn sie ihre redaktionellen Produktionsroutinen wie auch ihre persönlichen Vorstellungen von der gut gemachten Zeitung an die sich verändernden Nutzungstrends, an die neuen technischen Gegebenheiten und, vor allem, an die Bedürfnisse ihres jüngeren Publikums kontinuierlich anpasst. Das ist anstrengend und auch unbequem, dafür aber sehr aussichtsreich.

Literatur

BUCHER, HANS.-JÜRGEN; P. SCHUMACHER; A. DUCKWITZ: *Mit den Augen der Leser: Broadsheet und Kompakt-Format im Vergleich. Eine Blickaufzeich-*

nungsstudie zur Leser-Blatt-Interaktion. Darmstadt [Ifra Special Report] 2007

EDMONDS, RICK: *EyeTrack07: The Myth of Short Attention Spans*. St. Petersburg, Florida [The Poynter Institute] 2011. URL: http://www.poynter.org/uncategorized/81456/ eyetrack07-the-myth-of-short-attention-spans/

EIMEREN, BIRGIT VAN; BEATE FREES: Der Internetnutzer 2009 – multimedial und total vernetzt. In: *Media Perspektiven*, 7/2009, S. 334-348

EIMEREN, BIRGIT VAN; CHRISTA-MARIA RIDDER: Trends in der Nutzung und Bewertung der Medien 1970 bis 2005. In: *Media Perspektiven*, 10/2005, S. 490-504

FEUSS, S.: Auf den ersten Blick. In: *Message – Internationale Zeitschrift für Journalismus*, 1/2009, S. 63-65

FEUSS, SEBASTIAN: *Auf den ersten Blick. Ergebnisse einer Eyetracking-Studie zur Rezeption journalistischer Print- und Onlinemedien*. Wiesbaden [vs Verlag] 2013

GOLDBERG, J. H.; A. M. WICHANSKY: Eye Tracking in Usability Evaluation: A Practitioner's Guide. In: HYÖNÄ, J.; R. RADACH; H. DEUBEL (Hrsg.): *The mind's eye. Cognitive and applied aspects of eye movement research*. Amsterdam [Elsevier] 2003, S. 493-516

HALLER, MICHAEL: Qualität und Benchmarking im Printjournalismus. In: BUCHER, HANS-JÜRGEN; KLAUS-DIETER ALTMEPPEN (Hrsg.): *Qualität im Journalismus. Grundlagen – Dimensionen – Praxismodelle*. Wiesbaden [Westdeutscher Verlag] 2003, S. 181-201

HALLER, MICHAEL: *Tageszeitungen. Anamnese – Diagnose – Therapie. Mit Benchmarking aus der Krise*. Deutsche Druck- und Verlagsgesellschaft mbH. Hamburg 2004. URL: http://www.ddvg.de/ausgewaehltethemen/benchmarking.pdf

HALLER, MICHAEL (Hrsg.): *Visueller Journalismus. Beiträge zur Diskussion einer vernachlässigten Dimension*. Berlin [Lit] 2008

HALLER, MICHAEL: *Leserforschung und Leserquote. Folgerungen aus Blickverlaufsmessungen und Readerscan-Daten für das redaktionelle Redesign*. Vortrag beim European Newspaper Congress Wien. 20.-22. April 2008

HALLER, MICHAEL: Design entscheidet. In: *Message – Internationale Zeitschrift für Journalismus*, 1/2009, S. 54-55

HALLER, MICHAEL; SEBASTIAN FEUSS: Durch die Augen des Lesers sehen. In: *Message – Internationale Zeitschrift für Journalismus*, 2/2010, S. 72-75

HARMS, ILSE; WERNER SCHWEIBENZ; JOHANNES STROBEL, J.: *Usability Evaluation von Web-Angeboten mit dem Web Usability Index*. Proceedings der 24. DGI-Online-Tagung 2002 – Content in Context. Frankfurt/M. 4.-6. Juni 2002. Frankfurt/M. [DGI] 2002, S. 283-292

HOLMBERG, NILS: *Eye movement patterns and newspaper design factors. An experimental approach*. Master's Thesis. Lund University Cognitive Science 2004

HOLMQVIST, KARL; C. WARTENBERG: T*he role of local design factors for newspaper reading behaviour – an eye-tracking perspective*. Lund University Cognitive Studies. Unpublished Research Report. 2005

HOLSÁNOVÁ, JARDOTZKA; NILS HOLMBERG; KENNETH HOLMQVIST: Reading Information Graphics: The Role of Spatial Contiguity and Dual Attentional Guidance. In: *Applied Cognitive Psychology*. Volume 22, 2008, S. 1-12. PDF abgerufen von: Lund University Cognitive Science. URL: http://www.humlab.lu.se/en/research/publications

HOLSÁNOVÁ, JARDOTZKA; HENRIK RAHM; KENNETH HOLMQVIST: Entry Points and Reading Paths on the Newspaper Spread: Comparing semiotic Analysis with Eye-Tracking Measurements: In: *Visual Communication*, Vol. 5, No. 1., 2006, S. 65-93

KRESS, GUNTHER R.; THEO VAN LEEUWEN: *Reading Images. The Grammar of Visual Design*. London, New York [Routledge] 2007

RIDDER, CRISTA-MARIE; BERNHARD ENGEL: Massenkommunikation 2010: Mediennutzung im Intermediavergleich. In: *Media Perspektiven*, 11/2010, S. 523-536

RUEL, LAURA; NORA PAUL: *Eyetracking points the way to effective news article design*. URL: http://www.ojr.org/ojr/stories/070312ruel/ (2007)

RUSCHKE, MATTHIAS; STEFFEN STÜRZNICKEL (Hrsg.): »*Politikferne*« *Jugendliche besser erreichen. Ergebnisse eines Fachworkshops der Friedrich-Ebert-Stiftung zur Beteiligung Jugendlicher und junger Erwachsener*. Bonn [Policy – Politische Akademie Nr. 44] 2013

8. WANN VOLLZIEHT DER LOKALTEIL DEN PERSPEKTIVENWECHSEL?

Vor uns auf dem großen runden Tisch liegen die Lokalteile von mehreren Ausgaben der Regionalzeitung am Ort; zur linken sitzen sieben Leute, alle zwischen 30 und 40, alle berufstätig, alle leben in Mehrpersonenhaushalten, alle sind Abonnenten der Zeitung. Ihnen gegenüber, auf der rechten Seite, haben vier Lokalredakteure Platz genommen. Mein Kollege und ich werden die Gesprächsrunde moderieren. Unser heutiges Thema: die lokale Politikberichterstattung. »Die Überschrift finde ich okay, sie macht mich neugierig«, sagt einer. Vor ihm liegt die Aufschlagseite mit dem Aufmacher: »Kein Geld mehr für neue Radwege«. Doch dann hagelt es Kritik: Warum stehe hier »das Rathaus«? Was bedeutet: »Die Politik hat keine Lösung«? Wer ist gemeint, wenn da steht: »Der Vorsitzende gibt sich überzeugt«? Wer genau drückt sich, wenn da steht: »Die Behörden machten keine Angaben«? Die Redakteure am Tisch winden sich und holen weit aus, um diese Formulierungen zu rechtfertigen. In den Augen der Leser hätten sie eine bessere Figur gemacht, wenn sie geantwortet hätten: »Okay, das ist Ihnen zu abstrakt und anonym, wir werden uns bemühen, die Akteure in Zukunft genauer zu benennen.« Sie taten es nicht, weil sie das Problem nicht erkannten. Und sie erkannten das Problem nicht, weil sie »immer so« berichtet haben und es normal finden.

Natürlich ging jene Gesprächsrunde entspannt zu Ende, natürlich verstanden die Blattmacher im Laufe des Disputs, wo der Hase im Pfeffer liegt: Dass es diese Berichterstattungsroutinen sind, diese Worthülsen und Phrasen (»Dem Rathaus droht…«), die den Lesern das konkret-handfeste Politikgeschäft als steifen, blutleeren Institutionalismus präsentieren. Natürlich lernten auch die Leser in dieser Gesprächsgruppe, wie schlecht der Informationsrohstoff oftmals beschaffen ist, aus dem die Lokalredaktion ihre Berichte baut. Wie abstrakt und hölzern die Texte der Pressestelle des Rathauses ausfallen – und wie heikel es sein kann, wenn die Redaktion Behördenbeschlüsse so mir nichts, dir nichts, personalisiert. Und doch ging den Lokalredakteuren ein helleres Licht auf: Dass gerade jüngere Erwachsene mit dem Behördensprech in der lokalen Berichterstattung besonders große Mühe haben: »Das hat mit mir nichts zu tun«, »das langweilt mich« und ähnliche Sätze waren immer wieder zu hören. Und auch: So langweilig kann, darf Kommunalpolitik nicht sein!

Alle mir bekannten Erhebungen bei Tageszeitungslesern, die nach präferierten Themenfeldern fragen, erbringen *grosso modo* dasselbe Ergebnis: Der überwiegende Teil der Befragten (je nach Frageformulierung, Region und Erhebungsmodus sind es zwischen 53 und 75 %) setzt das Lokale auf den ersten Rang – was aber nicht heißt, dass die Leser zugunsten von »noch mehr Lokalem« etwa auf Überregionales verzichten wollten oder würden (der Kurztext vor Beginn dieses Kapitels machte dies deutlich). Übrigens ergaben statistische Errechnungen, dass zwischen Leserzufriedenheit und Umfang des Lokalen kein (!) Zusammenhang besteht. »Mit einer rein quantitativen Angebotserweiterung wird es nicht gelingen, die Zeitungsleser zu begeistern« (CHRISTIANUS 2011: 119f.). Mit einer *qualitativen* Verbesserung indessen schon, wie wir aus Leser-Fokusgruppen (siehe oben) wissen.

Lassen wir die Frage außen vor, ob der ›lokale Raum‹ (die Alltagswelt der Stadtbewohner: Wohnen, Arbeiten, Freizeit) vom Lokalteil der Zeitung richtig abgebildet wird. Als wichtiger erscheint mir hier dies: Wenn es zutrifft, dass es der Lokalteil ist, der das exklusive und insofern besonders kostbare Angebot der Regionalzeitung ausmacht; dass die Zeitung hier ihre publizistische Kompetenz entfalten und die facettenreiche lokale Lebenswelt den Lesern ins Haus bringen soll: Dann müssen die meisten Zeitungsredaktionen noch sehr viel tun, um diese Erwartungen zu erfüllen. Vieles muss verändert, quasi modernisiert werden. Unseren Erhebungen zufolge betrifft diese Veränderung erstens die eigene Berufsrolle, zweitens das Themenverständnis und die Themenperspektive, drittens die Themenaufbereitung und inhaltliche Präsentation.

Aus der Sackgasse herausfinden

Zuerst die Berufsrolle: Das in vielen Redaktionen noch immer gepflegte Verständnis der eigenen Rolle habe ich im 5. Kapitel als ›Einbahnstraßenjournalismus‹ bezeichnet: Wir Journalisten beobachten die Funktions- und Machtträger. Wir schreiben, was wir im Dunstkreis dieser Akteure mit- oder auch herausbekommen, und teilen dies dem staunenden Publikum mit. Das ist unser Job.

Nur: Aus Sicht des jüngeren Publikums ist dies keine Exklusivleistung mehr. Auch haben für sie die Journalisten schon lange keine Verkünderrolle mehr; ihnen erscheint diese Rolle als eine wichtigtuerische Belehrungspose, mit der sie, die jungen Leute, nichts zu tun haben wollen. Da suchen sie sich lieber gleich ihre Informationen auf einem der Service-Portale wie *meinestadt.de*, wo man alles, was man braucht, suchen (und meist auch finden) kann: lokale News, Veranstaltungen, Partner, Wohnungen, Autos, Wanderwege, Öffnungszeiten, Kino und Theater – nur eben keine recherchierten Geschichten, die kompetent erzählen, was von den Beschlüssen und Maßnahmen, den Angeboten und Diensten zu halten ist. Und weil die jungen Leute solche Geschichten eher selten in der Zeitung finden, ist aus der sowieso schon engen Einbahnstraße eine Sackgasse geworden.

Um aus dieser Sackgasse herauszufinden und zum Interaktionspartner des jüngeren Lesepublikums zu werden, müssen viele Lokaljournalisten ihre Rolle anders verstehen und neu einüben: Statt absenderfixierter Berichter zu sein, sollten sie sich als publikumsbezogene Thematisierer begreifen, doppelt, wenn sie Themen aufgreifen und Ereignisse durchleuchten. Dies gilt selbst dann, wenn sie ›nur‹ berichten: Auch dann sollten sie die Sichtweise und die Fragen derjenigen aufnehmen, *für die sie berichten*. Dann finden die jungen Leute plötzlich Informationen und

Kontexte, die es auf den Web-Portalen nicht gibt. Inzwischen gibt es durchaus pfiffige, gelungene Beispiele, die für diese Neuorientierung stehen; doch sie besitzen bislang eher Ausnahmestatus. Für die Mehrheit der Lokalredaktionen verbindet sich mit dem Perspektivenwechsel ein Bruch mit lieb gewonnenen Denkmustern, Attitüden und Workflow-Routinen.

Die hier summarisch wiedergegebenen Befunde, die wir aus Gruppengesprächen und Panel-Erhebungen gewonnen haben, decken sich mit anderen empirischen Verfahren zur Ermittlung des Nutzerverhaltens. Über Aha-Erlebnisse sprachen zum Beispiel solche Redaktionschefs, die das Leseverhalten mit ReaderScan gemessen bzw. beobachtet hatten. Sophie Bonk berichtet über ihre Interviews in diesen Redaktionen:

»Einige Befragte [Redaktionsleiter, M.H.] weisen darauf hin, dass die verstärkte Publikumsorientierung im Zuge von ReaderScan in ihren Augen insofern als positiv zu bewerten ist, als sich die journalistischen Akteure in den Redaktionen wieder stärker in ihrer Rolle als Anwalt der Leser wahrnehmen, was einem Verlautbarungsjournalismus im Sinne von Lobbyisten und Interessengruppen entgegenwirken würde. Diese Entwicklung [...] wird als erfreulich bewertet, als die Journalisten – nach Meinung einiger Befragter – im Lokaljournalismus teilweise ›vielleicht zu sehr [...] auf die Multiplikatoren hören und die Menschen, mit denen wir täglich zu tun haben, das sind dann politische Funktionäre, Pressesprecher, Lobbyisten [...]‹. Ein stellvertretender Chefredakteur aus einer anderen Redaktion [...] ist der Ansicht, dass viele Journalisten ihren beruflichen Selbstwert und ihr berufliches Prestige eher daraus ziehen würden, welche Meinung Politiker oder andere hochrangige bzw. einflussreiche gesellschaftliche Funktionsträger von ihrer Berichterstattung hätten, denn es als Erfolg zu sehen, den Leser zufrieden zu stellen« (2010: 430).

Bonk zitiert erneut den stellvertretenden Chefredakteur, der freimütig bekennt: »Wir sitzen ja oft da und denken, wir haben den tollsten Artikel der Welt geschrieben, weil irgendjemand – und sei's der Minister, den wir da zitiert haben – das toll findet, dass wir ihn zitiert haben und deswegen unsere Arbeit insgesamt lobt. Deswegen haben wir vielleicht trotzdem keine gute Arbeit abgeliefert. Und wenn ich dann sagen kann: Ok, der Minister ist einer, damit hast Du eine Lesequote von 0,01 Prozent. Aber guck' mal, was der Rest der Leserschaft [...] mit diesem Artikel angefangen hat – nämlich nichts. Dann frag' Dich mal, ob Du wirklich so toll bist, wie der Herr Minister Dich findet« (2010: 431).

Zu viel lokale Selbstbesichtigungen

Der zweite Befund gilt der Themenqualität. Es stimmt schon, dass viele Lokalredaktionen begriffen haben, dass sie heute anders thematisieren müssen als früher – eine im Übrigen kostenneutrale Einsicht. In manchen Redaktionen spricht man in diesem Zusammenhang von ›lesernah‹ – und ersetzt die alten Fehlhaltungen durch eine neue. Denn Lesernähe darf nicht heißen, dass man dem Publikum hinterherläuft und ›more of the same‹ produziert, nur, weil laut ReaderScan ein Thema funktioniert hat: Die Tageszeitung ist ein Informationsmedium und kein TV-Unterhaltungsprogramm. Lesernähe bedeutet auch nicht, dass Journalismus zum publizistischen Lächelberuf werden soll, der das lokale oder gar sublokale Alltagsleben wie in einer PR-Broschüre schönschreibt, Motto: Hier bei uns ist es super! Solche Berichte sind eher grässlich.

Eine empirische Studie unter rund 3.000 Lesern und Nutzern der *Ruhr Nachrichten* (drei Lokalausgaben in Städten sehr unterschiedlicher Größe) fand heraus, dass die »Ortsbindung des lokalen Publikums« (CHMIELEWSKI 2011: 136) maßgeblich für das Nutzungsinteresse an den lokalen Medien sei; diese Bindung sei relevanter als etwa die Wohndauer am Ort. »Ohne Ortsbindung fehlt ein wichtiger Nährboden für lokales Interesse. Und ohne lokales Interesse dürfte in den allermeisten Fällen auch die Nachfrage nach den Angeboten von lokalen Verlagen vergleichsweise gering sein«, lautet eine These, von der nicht gesagt werden kann, ob sie über die untersuchte Region hinaus gültig ist. Der Studie zufolge scheinen die »Bindungslogiken« in Bezug auf die Zeitung wie in Bezug auf online etwa dieselben zu sein, unbesehen des Umstands, dass es sich um zwei demografisch sehr unterschiedliche Publika handelt: Beide würden sich für die gleichen journalistischen Stoffe interessieren (CHMIELEWSKI 2011: 174ff.) – ein Befund, den die IPJ-Daten über das tatsächliche Nutzungsverhalten nicht bestätigen.

Wenn wir die Lokalteile solcher Tageszeitungen auswerten, die von sich sagen, dass sie umgelernt und den Perspektivenwechsel vollzogen hätten, beobachten wir, dass manche dieser Zeitungen sogar ihre Aufschlagseiten freigeräumt haben für vermeintlich lesernahe Storys, nach dem Motto: je lokaler, desto geiler; je personalisierter, desto heißer; je größer die Bilder, desto beeindruckender. Relevanz war gestern, lokale Selbstbesichtigung ist heute.

Ist es nicht. Denn: Auf was eigentlich stützen diese Blattmacher ihr Konzept? Auf den nassen Finger im Winde? Auf Klickraten ihrer Website? Auf sogenannte ›Meinungsbefragungen‹? Die Daten, die wir mit dem IPJ-Leser-Panel seit 2009 Monat für Monat gewinnen (mit bis zu 900

Zeitungslesern bundesweit), vermitteln jedenfalls eine deutlich andere Sicht. Diese Daten besagen, dass die Mehrheit der Leser – auch die jüngeren zwischen 25 und 34 Jahren! – einen guten Instinkt für Relevanz und Irrelevanz, für Wissenswertes und für Belangloses haben. Sie schauen ja auch TV-Nachrichten und hören Radionachrichten. Belanglosigkeiten und Beliebigkeiten empfinden sie in ihrer Tageszeitung als ärgerlich; sie fühlen sich nicht ernst genommen oder haben das Gefühl, man wolle ihnen ihre Zeit stehlen – Lesen erzeugt eine andere Ernsthaftigkeit als Bilder zu konsumieren. Auch 2014 gilt also das alte Blattmacherprinzip: »Wenn deine Leser nicht sofort erkennen/verstehen, warum sie dies lesen sollen, hast Du verloren.« Viele Themen in den Lokalteilen sind in diesem Sinne verloren. Und mit ihnen sehr viele (potenzielle) Leser.

Zusammengefasst: Tageszeitungen und Web-Auftritte, die es mit ihrer Lokalisierung und der vermeintlichen Lesernähe übertreiben und mangels relevanter Informationen die Aufschlagseite mit lokalem Eventzauber pflastern: Solche Blattmacher verkürzen die Verweildauer ihrer Leser in der Zeitung selbst dann, wenn es gut geschriebene Erzählungen sind. Denn auch im Jahre 2014 rangieren in der Wahrnehmung der Leser/User die Informations- und die Orientierungsfunktion deutlich vor der Unterhaltungsfunktion – jedenfalls bei der Regionalzeitung und deren Web-Angebot.

Beispiel Thementransfer

Thematisierungen, die im Lokalteil auf ein besonders starkes Nutzungsinteresse stoßen, verbinden zwei Qualitäten: Sie behandeln eine relevante aktuelle Nachricht von ›übergeordneter‹ Geltung und sie haben Auswirkungen auf das Alltagsleben der Bürger. In diese Kategorie fallen vor allem solche Ereignisse, die sich im Überregionalen zugetragen haben und die von der Redaktion ›heruntergebrochen‹ werden auf die berühmte Augenhöhe der zeitunglesenden Bürgerinnen und Bürger. Zwar wissen dies insoweit viele Lokalressorts, doch umgesetzt wird es in vielen Redaktionen überraschend selten. In Workshops mit Lokalredaktionen sowohl in Sachsen, Niederbayern als auch in Niedersachsen sind wir während mehrerer Tage jeden Mittag die Nachrichten durchgegangen, die sich im Überregionalen ereignet haben und als berichtenswert ausgewählt wurden. Die Lokalchefs wollten es zunächst nicht glauben, aber es fanden sich jeden Tag bis zu drei relevante Ereignisthemen, die in die lokale Alltagswelt transferiert und dort aufbereitet werden konnten – und eigentlich auch sollten:

Erstens nach dem Transfer-Muster: So war es dort – wie ist es hier? (Beispiele: Wetterumschlag: Glatteisgefahr auch bei uns? Das überraschend gut ausgelastete Spielprogramm des Stadttheaters in der Stadt xx – und wie es bei unserem Theater? Im Nachbarbundesland sind inzwischen 30 Prozent der leitenden Positionen mit Frauen besetzt – warum sind es bei uns hier erst knapp 20 Prozent? – usw.).

Zweitens das Muster: Was denkt man hier? Wir zeigen das lokale Meinungsbild (aber keine Stimmungsmache!) zu einem soziokulturellen oder politischen Problemthema der überregionalen Ebene (bundesweites Parteiverbot NPD – was denken liberale Bürger bei uns darüber? Maut für ausländische Autofahrer: eine brauchbare Idee? Stimmen sozial und nach Herkunft gut durchmischter Verkehrsteilnehmer).

Drittens: vom Abstrakten ins Konkrete. Zu überregionalen Maßnahmen, zu Trend- und Strukturaussagen den lokalen Sachverhalt zeigen und Einschätzungen einholen (Der neue internationale PISA-Testbericht: Wie schneiden unsere Schulen ab, welche Schulklasse hat am besten, welche eher schlecht abgeschnitten? Die neue Arzneimittelhinweis-Warnverordnung: Kennen die Apotheker in unserer Stadt die neuen Bestimmungen? Wir machen eine verdeckte Recherche und spielen Apothekenkunde; Exodus gut ausgebildeter junger Spanier nach Deutschland: Wir zeigen drei junge SpanierInnen, die in unserer Stadt Fuß gefasst haben).

Es liegt auf der Hand, dass gerade mithilfe solcher Transfertechniken soziale Vorurteile abgebaut und Verständnis für befremdliche Situationen geweckt, mithin die Integrationsfunktion der Informationsmedien ausgelebt werden können.

Ein ungewöhnliches Beispiel: Ein paar Wochen, bevor in allen deutschsprachigen Medien mit großen Historienberichten der 200. Jahrestag der großen Völkerschlacht bei Leipzig gedacht wurde und im Fernsehen per Kostümfilm der Sieg der verbündeten Heere über die Truppen Napoleons in Szene gesetzt wurde, brachte just die im betulichen Schweizer Mittelland erscheinende *Aargauer Zeitung* im Regionalteil eine große Doppelseite über jene Völkerschlacht. Die Darstellung der Schlacht diente ihr als Aufhänger. Denn der Haupttext erzählte unter der Überschrift: »Das letzte Aufgebot: Betrüger, Trunkenbolde und Schläger«, was damals im Verbreitungsgebiet der *Aargauer Zeitung* los war. Der Untertitel kündigte an: »1813 wollte kaum noch jemand für Napoleon kämpfen. Selbst im Aargau, der ihm seine Existenz verdankt, musste man Rekruten per Los bestimmen.« Dazu eine spannend erzählte Geschichte, wie die von Napoleons Gnaden abhängige Kantonsregierung alle Mittel einsetzte, um die von den Franzosen eingeforderten 16.000 jungen Söldner aufzutreiben, mitsamt den Elendsgeschichten und Polit-Intrigen. Dank dieser ›Tangente ans Thema‹ gelang es, für das große Hintergrundthema – die politische Neuordnung Europas und der Schweiz – bei den ländlichen Lesern großes Interesse zu wecken. Der Vorspann lautete so: »Seit dem Frieden von Tilsit (1807) befindet sich Europa unter direkter oder indirekter Herrschaft des französischen Kaisers Napoleon. Doch in Deutschland und Österreich regt sich Widerstand. Die Völkerschlacht von Leipzig bringt die Entscheidung in einem 25-jährigen Ringen.« Selten hat ein politikhistorisches Aufklärungsthema im Lokalteil einer Zeitung eine derart große Beachtung gefunden (*Aargauer Zeitung* vom 12.10.2013).

Ein anderes, ebenso simples wie treffendes Beispiel: In der zweiten Dezemberwoche 2013 berichteten alle Medien mit großen Geschichten über die herausragende Persönlichkeit des soeben verstorbenen Nelson Mandela, seine Biografie, seine politische Weitsicht, sein Charisma. Im Lokalteil des *Weser-Kurier* findet sich am 11. Dezember eine kleine Geschichte über das Kondolenzbuch, das im Rathaus ausliegt, und über junge Bremer, die dort ihre Rührung und Anteilnahme in Worte fassen. Diese Kurzgeschichte dürfte mehr Leser erreicht und mit Mandela in Kontakt gebracht haben als die großen Berichte im Politikteil. Tatsächlich gehört der *Weser-Kurier* – wie auch der *Donau-Kurier* – zu den wenigen Regionalzeitungen, die eine gute Thementransferleistung erbringen.

Es fehlt die Vielfalt

Ich bin damit beim dritten Befund, der Qualität der Präsentation. Wenn wir den Inhalt der Lokalteile von Tageszeitungen untersuchen – wir haben gemeinsam mit Blattmachern und Lesergruppen sogenannte ›Benchmarks‹ als ›Best Practice‹ entwickelt – dann fällt zunächst die Inhaltsarmut der Bildsprache auf: Die Redaktionen suchen zu sehr nach der ästhetischen Bildwirkung (wenn nötig mit krassem Bildschnitt) und missachten das Erfordernis der inhaltsbezogenen, informativen Bildaussage. Dies wird bei solchen Zeitungen augenfällig, in deren Layout besonders große Bildflächen eingebaut wurden (auch hier will das *Hamburger Abendblatt* ganz weit vorne sein): Gerade die Großflächigkeit zwingt zu vermeintlich attraktiven Bildern, deren Aussagen – die Bäcker-Innung hat Jubiläum usw. – für dieses Format viel zu banal sind. Also müssen sie über Bildbearbeitung und Bildschnitt ästhetisch aufgemotzt und pseudointeressant gemacht werden. Andere, eher ländliche Zeitungen versuchen es mit Masse: nicht große, aber möglichst viele Bildchen. Und wenn dann in solchen Lokalteilen ein Großteil dieser Bilder nur stehende, irgendwie in die Kamera grinsende Männer zwischen 45 und 65 Jahren zeigt, darf man sich nicht wundern, dass viele junge Frauen das Gefühl haben, die von der Zeitung vermittelte Welt sei nicht die ihre. In einem Lesemedium hat sich die Bildgröße der Bildaussage anzupassen – und nicht umgekehrt. Zudem erwarten die Leser einer Tageszeitung auch von den Fotos, dass sie in erster Linie informativ sind. In der Leserbewertung fallen stets solche Bilder durch, die von der Redaktion sinnbildlich oder illustrierend gemeint sind. Nach Meinung sehr vieler Leser handelt es sich um »Platzfüller«, die von der Redaktion mangels Text platziert worden seien. »Warum sonst bringt die Zeitung solche Schmuckbilder?«, kommentierten sinngemäß viele Leser.

Das zweite Problem bei der Themenaufbereitung betrifft die Monotonie der Darstellungsformen. Man hat mitunter den Eindruck, als hätten sich die verschiedenen Pressestellensprecher und die Lokalredakteure darauf geeinigt, immer die genau gleiche Textform – die nach Schema F durchgemusterte längere Meldung – zu produzieren, vielleicht, weil beide Seiten denken, solche Texte könne man unverändert ins Blatt heben. Hier ein Datenbefund: Mehr als 70 Prozent aller redaktionell erstellten Texte in den Lokalteilen von 12 ganz unterschiedlichen Regionalzeitungen (zwischen Ulm, Dresden, Frankfurt, Flensburg, Halle, Essen und Bremen) waren 2011 und 2012 nach dem einleitend kritisierten Berichterstattungsmuster gedrechselt. Einzige Variation: mal Zitatenbericht, mal

Ereignisbericht, den einen oder anderen leicht angefietschert; alles Übrige waren Meldungen nach dem immer gleichen Baumuster. Wen wundert es, wenn viele jüngere Leser den Lokalteil als spröde, lebensfremd und behördlich empfinden?

Im Frühjahr 2012 befragten wir sämtliche Redaktionsmitglieder von 6 Lokalausgaben einer größeren Regionalzeitung: Wie oft nutzen Sie welche Darstellungsformen? Gefragt wurde auch, wie viele Interviews sie pro Woche so ungefähr publizierten. Der Mittelwert der Antworten ergab 6,2 Interviews pro Woche, also täglich etwa 1 Interview. Unsere repräsentativ gezogene Stichprobe der fraglichen Zeitungsausgaben ergab: Tatsächlich wurden im Mittel 1,8 Interviews pro Woche publiziert.

Befunde wie dieser verweisen auf das im 2. Kapitel erwähnte GAP-Phänomen. Man kann dieses Phänomen mit dem in der Psychologie (seit Leon Festinger) ›kognitive Dissonanz‹ genannten Effekt erklären: Die Redaktion denkt sich ihre eigene Realität anders, als sie tatsächlich ist; um die damit verbundene Spannung zu mindern, deutet sie die Realität um oder bekämpft jene, die über diese Realität sprechen wollen (zum Beispiel Medienforscher). Der Qualitätsdiskurs müsste mit der Frage beginnen (und dies gilt nicht allein fürs Lokale): Wie könnte die Redaktion dahin kommen, ihre blattmacherische Realität ungeschönt wahrzunehmen? Und wie schafft sie es, den schmerzlichen Lernprozess durchzuhalten, der den GAP schließt und vom Selbstverständnis überkommener Zeiten direkt in die Gegenwart führt? Wie kann sich die Redaktion (trotz personeller Engpässe und des knapper gewordenen Redaktionsbudgets) so motivieren, dass sie nicht mehr wie eine Text-/Bildfabrik, sondern als ein *lernendes soziales System* funktioniert?

> Wir haben 2008 für eine große Regionalzeitung mit vielen Lokalausgaben deren redaktionelles Angebot auf den Prüfstand gelegt und alle verwendeten Darstellungsformen ausgemessen. Der Status war etwa so, wie oben geschildert. Daraufhin hat die Chefredaktion im Hause eine ›Qualitätsoffensive‹ gestartet und einen Trainer in die Lokalredaktionen geschickt, Workshops veranstaltet und Vorträge halten lassen. 18 Monate später haben wir die fraglichen Lokalausgaben der Zeitung erneut durchgecheckt. Manches war besser geworden, die Variabilität der Berichte und die Bildsprache zum Beispiel und auch der Leserkontakt. Aber die struktu-

rellen Probleme – die Art und Weise des Themenzugangs und seine Umsetzung in Darstellungsformen; die Verständlichkeit und Stilsicherheit der Sprache, dann die Zahl und Funktion der in den Berichten zu Wort kommenden Personen (Sprecher, Akteure, Betroffene usw.) – hatten sich nicht verändert. Dabei haben wir die Rechercheleistung erst gar nicht nachgemessen, weil sie in der Tat abhängig ist von der Personalstärke. Und die hatte sich nicht verbessert. Die entscheidende, hier nur angerissene Frage lautet: Wie bringt man eine Redaktion dazu, sich selbst als ein fortgesetzt lernendes Team zu begreifen und den Workflow entsprechend neu zu organisieren?

Die missverstandene Entschleunigung

Alle mir bekannten Studien zur Mediennutzung kommen zu dem Befund, dass die Mehrheit der jüngeren Leute ihre Alltagswelt als Kontrast (oder Gegensatz) zur monotonen Welt der Institutionen erlebt. Sie hat aber auch begriffen, dass jene institutionelle Welt wichtig ist, da dort die Macht sitzt und die Entscheidungen getroffen werden. Gerade deshalb möchten die jungen Leute jene Welt nicht nach Schema F vermittelt, sondern als anregend, auch sinnvoll erleben und nach Relevanz sortiert und erklärt bekommen. Genau dieser Orientierungsfunktion hat sich auch das Layout unterzuordnen: Es ist im Sinne der Usability dann gut, wenn es den Orientierungswunsch stützt und stärkt und auf Anhieb verständlich ist. Die Eleganz des Designs ist dem gegenüber nachrangig.

Nicht von ungefähr war in den letzten zwei Jahrzehnten die Leserschwundquote bei solchen Tageszeitungen höher, die sich für viel Geld einen Rundum-Relaunch – sozusagen ein Tuning mit Rallye-Streifen und Heckspoiler – geleistet haben. Deutlich kleiner blieb die Quote bei jenen Zeitungen, die auf Themenrelevanz geachtet und die Verständlichkeit sowie den Leserdialog verbessert und ihr Layout nach funktionalen Gesichtspunkten ›in homöopathischen Dosen‹ angepasst haben.

Wiederum andere Regionalzeitungen verlieren auch darum viele Leser (bzw. finden keine neuen), weil sie eine täglich erscheinenden Wochenzeitung sein möchten und sich als ›entschleunigtes Medium‹ feiern: Statt der aktuellen Informationsleistung bringt man lieber zeitlose Abhandlungen, Historien und Erzählstücke. Den dem zugrunde liegenden

Irrtum habe ich im 2. und 5. Kapitel erwähnt: Man ahmt das Konzept der Titelgeschichte und der ›großen Themen‹ nach. Die Chefs solcher Regionalzeitungen wollen nicht wahr haben, dass sie aus Sicht ihrer Leser weiterhin ein aktuelles Informationsmedium liefern sollten. Und sie missachten die einfache Blattmacherregel: Mache nur Großes (= Wichtiges) groß, halte alles Kleine (= Unwichtiges) klein. Übrigens ist auch dies eine Handwerksregel, die ohne Personalausbau angewendet werden kann.

Was leistet ›partizipatorischer Journalismus‹?

Schließlich wäre noch ein anderes, folgenreiches Missverständnis aufzuklären, das ebenfalls die Reputation des Lokalteils der Zeitung eher schwächt als stärkt: das Spiel mit dem ›kollaborativen‹ oder ›partizipativen Journalismus‹, ein Euphemismus, der überdeckt, dass es de facto um die Zulieferarbeit von Lesern und Usern geht: Einwohner im Verbreitungsgebiet der Zeitung werden als ›Reporter‹ angesprochen und dazu ermuntert bzw. animiert, Auffälligkeiten und Kuriosa zu fotografieren und diese Bilder plus Kurztext der Zeitung zuzusenden. Dass diese Idee viel mit Marketing und der Verbilligung von Content, aber nichts mit Journalismus zu tun hat, habe ich im 1. Kapitel definitorisch abgehandelt.

In Deutschland war es bekanntlich die *Saarbrücker Zeitung*, die als Erste zu Beginn des Jahres 2006 mit einem Online-Aufruf startete: »In ihrem Ort passiert etwas Spannendes? Sie sind gerade Zeuge eines spektakulären Ereignisses geworden? Sie haben ein tolles Foto geschossen? Dann ist unsere Aktion Leser-Reporter genau das Richtige für Sie!« Drei Jahre später hatte sich der Aufruf zum Boulevardigen gewandelt: »Sie können Schönes, Kurioses oder Ärgerliches berichten? Oder Sie kennen Menschen in ihrer Umgebung, die unbedingt mal in die Zeitung müssen? [....] Als Leser-Reporter der *Saarbrücker Zeitung* haben Sie den direkten Draht zur Redaktion.« Zahlreiche andere Zeitungsredaktionen – auch hier war das *Hamburger Abendblatt* mit seinem groß angekündigten ›Stadtteil-Reporter‹-Programm mit dabei – zogen nach und etablierten auf ihren Websites ähnliche Kampagnen. Auch verschiedene Medienwissenschaftler aus der akademischen Forschung, die von der idealistischen Idee des Internets als basisdemokratisch funktionierendes partizipatives Netzwerk beseelt sind, entwickelten kühne Thesen, etwa, »dass eine Vielfalt von Laienkommunikatoren dazu beitragen könnte, Themen einzubringen und Perspektiven abzudecken, die professionelle Journalisten vernachlässigen« (SEHL 2013: 88).

Eine kleine Erhebung bei drei ausgewählten Regionalzeitungen ergab indessen, dass sich zwar zahlreiche Leser und User artikulieren (was ja nichts Neues ist, vielmehr zu den reaktiven Modi, wie Lesertelefon, Leserbrief und Kommentarfunktion zu rechnen ist), dass jedoch keine nennenswerte Thematisierungsleistung erbracht wurde bzw. wird (ebd.: 96). Die befragten Chefredakteure führten denn auch als Hauptgrund an, sie wollten mit diesem Animationsprogramm »die Leser-Blatt-Bindung stärken« (ohne zu wissen, ob dies mit diesem Instrument überhaupt gelingen kann). Als zweiter Zweck wurde die Möglichkeit der »Rückmeldung zur Berichterstattung« genannt, was indessen zum altbekannten Leser-Feedback zu zählen wäre (ebd.: 93).

Drei von uns beobachtete Zeitungsredaktionen mussten mit ihrer Leseranimation eine Reihe prekärer Erfahrungen sammeln. Eine betraf den hohen Anteil an irreführenden Angaben der Leserreporter, was zur Folge hatte, dass regelrechte Überprüfungsrecherchen durchgeführt und zu diesem Zweck Ressorts personell erweitert werden mussten. Die zweite betraf die Interessensabhängigkeit, indem Leser, als Leserreporter getarnt, Promotion für Freunde, Verwandte und Geschäftspartner vermittels inszenierter Anlässe machten – was wiederum viele andere Leser, die sich im Thema auskannten, misstrauisch machte. Schließlich, als dritte Erfahrung, erkannten die Chefredaktionen, dass Leserreporter-Programme beim intelligenteren Teil ihrer Leserschaft den Eindruck eines ›billigen Jakobs‹ für People-Geschichten erweckten und neben der Glaubwürdigkeit auch das Image der Zeitung beschädigten. Im Rahmen des IPJ-Leser-Panels wurden 2010 und erneut 2012 über 450 Zeitungsleser gefragt, ob sie im redaktionellen Teil Beiträge schätzten, die von anderen Lesern bzw. Usern stammten, und ob sie sich vorstellen könnten, selbst aktiv zu werden. Beide Fragen haben 9 von 10 Lesern mit einem klaren Nein beantwortet.

Inzwischen haben die meisten der damals als Avantgarde des ›partizipativen Journalismus‹ aufgebrochenen Redaktionen ihr Konzept abgebaut oder eingestellt. Die *Saarbrücker Zeitung* hat ihre Leser-Reporter vom redaktionellen Content ausgesperrt und pflegt die Rubrik auf der Website abseits unter ›Community‹. Die Stadtteil-Reporter, mit denen das *Hamburger Abendblatt* 2011 startete und dann als Blog weiterführte, wurden ein Jahr später abgeschaltet, mit der verklausulierten Begründung, man schreibe jetzt Geschichten aus ganz Hamburg auf der regulären Website.

Sollte heißen: Statt der Laien sind jetzt wieder unsere Profis am Werk. Der mit der Laienschar angerichtete Image-Schaden war beträchtlich. Zahlreiche Zeitungsverlage haben aus solchen Erfahrungen die Konsequenzen gezogen und initiieren bzw. pflegen partizipative Formen dort, wo sie hingehören: auf den Plattformen der Social Media, überwiegend bei Facebook (beispielsweise der Blog der *Badischen Zeitung*: https://www.facebook.com/fudder.de?fref=ts).

Hyper- und Sublokalität: Chancen

Es gab und gibt auch deutlich andere Konzepte, die an der öffentlichen Aufgabe des Journalismus festhalten und zugleich den partizipatorischen Journalismus als Chance sehen, die der lokalen Alltagswelt entrückten Lokaljournalisten wieder näher an das lokale und sublokale Leben heranzuführen und ihnen auf diesem Wege den Perspektivenwechsel zu erleichtern. Dieser Ansatz eignet sich in größeren Städten vor allem für die Stadtteilseiten und sublokalen Informationsangebote, weil die Stadtteilbewohner von den sublokalen Medien viel mehr Nähe erwarten und die Lokaljournalisten mit den Alltagsfragen und -problemen der Einwohner auf dem sublokalen Niveau der Stadtteile direkt in Berührung kommen sollten.

Mit diesem Ansatz haben wir in einem groß angelegten Versuch in mehreren sublokalen Räumen der Stadt Frankfurt sogenannte ›Multiplikatoren‹ – Persönlichkeiten aus der sublokalen Wirtschaft (Einzelhandel), der Kulturszene (Kleintheater, Multikulti-Veranstalter), der Alternativszene, der Parteipolitik, der Kinder- und Jugendgruppen, des Grundschulbereichs u.a.m. – zu themenzentrierten Roundtable-Gesprächen eingeladen und die zuständigen Lokal- und Stadtteilredakteure dazugesetzt. Im Fortgang der moderierten Gespräche wandelten sich die Multiplikatoren zu Themen-Scouts, die den Lokalredakteuren recht genau sagen konnten, wo der Schuh drückt, d.h. welche Vorgänge und Themen von der Zeitung übersehen und welche vielleicht überzogen wurden. Aus diesen periodisch abgehaltenen Gesprächsrunden entstanden in den betreffenden Stadtteilen Themen-Scout-Stammtische – bzw. hätten entstehen können, wenn die Lokalredaktion der Zeitung am Ort personell besser ausgestattet, wenn die Chefredaktion sich mit dem Programm identifiziert und wenn der Verlag die mit diesem Programm verknüpften Marketingmaßnahmen (mehr als nur Abonnentenwerbung) realisiert hätte.

Doch für beide Seiten – Chefredaktion und Marketingabteilung – war dieses Programm allzu ungewöhnlich, man einigte sich nicht, wer den angeschobenen Scout-Stammtisch und die daraus gewonnenen Themen wie fortführen und verstetigen solle. Nach ein paar weiteren Veranstaltungen und Zeitungsberichten schlief das Themen-Scouting ein und hinterließ bei den Multiplikatoren in den fraglichen Stadtteilen den (für sie nicht überraschenden) Eindruck, dass die Zeitung mal wieder viel versprochen und wenig gehalten habe. Nach ein paar weiteren Monaten war alles wieder wie früher, auch der unzureichende und unbefriedigende Einbahnstraßen-Berichterstattungsmodus war wieder da. Auch hier also: Wie bringt man eine Redaktion dazu, sich als ein lernendes System neu zu denken?

Fazit

Lokaljournalismus ist für jede Tageszeitung deren Königsdisziplin: Hier muss sie zeigen, dass sie die Kunst der ›distanzierten Nähe‹ beherrscht, dass sie trotz Augenkontakt zu den Magistratspersonen hartnäckig an den Problemthemen dran ist. Dass sie die Lebensverhältnisse, die Erfahrungen und Ärgernisse ihres Publikums ernst nimmt und versteht – und aus der Sichtweise der jeweiligen Zielgruppen die Vorgänge durchleuchtet, hinterfragt und klärt.

In vielen Lokalredaktionen trifft man auf engagierte und sachkompetente JournalistInnen, die diesen Perspektivenwechsel verstanden und ihre eigene Rolle dementsprechend neu gefasst haben. Doch solche Einzelkämpfer retten den Lokalteil nicht – und leider sind sehr viele Lokalteile weit davon entfernt, die in diesem Kapitel umrissenen Anforderungen und die damit verbundene Umorientierung zu vollziehen.

Diese Innovationsverweigerung hängt mit der großen Irritation der Zeitungsredakteure und der personellen Unterbesetzung zusammen, aber auch – dies war das Thema im 5. Kapitel – mit erstarrten Produktionsroutinen und einem zu Teilen ineffizienten Workflow; beides zusammen wirkt sich innovationsfeindlich aus. Aus meiner Sicht ist diese Situation mit kosmetischen Operationen nicht zu sanieren, zumal der Grad der Selbsttäuschungen (GAPs) und, was die Nutzungsforschung und das Medienfunktionswissen betrifft, auch das Ignorantentum recht ausgeprägt sind.

Man wird in diesem Zusammenhang hier und da gefragt, ob die Einrichtung eines lokalen Newsdesks die Lösung sei (mit je nach Modell unterschiedlichen Rollen- und Funktionskonzepten, die hier nicht zu diskutieren sind). Und wenn ich Redaktionen besuche, die einen crossmedial arbeitenden lokalen Newsdesk geschaffen haben, an dem die Lokalredakteure den ganzen Lokalteil inklusive Lokalsport zusammenbauen, fällt mir ein ›hintergründigerer‹ Effekt ins Auge. Meist hat der mit dem Newsdesk verbundene Umbau der Zuständigkeiten und Arbeitsabläufe den Workflow kaum verbessert, eher alte durch neue Reibungsverluste ersetzt. Aber er hat die Auflösung der erstarrten Rollenmuster und Organisationsroutinen bewirkt. Wegen des Newsdesks durften auch ein paar heilige Kühe geschlachtet und Unbequemlichkeiten durchgesetzt werden (zum Beispiel der spätere Redaktionsschluss, der zur aktuelleren Berichterstattung auch in der Zeitung führte). So gesehen bietet der mit dem lokalen Newsdesk verbundene Umbau die Chance, »den Laden neu durchzumischen«, wie es ein Lokalchef nannte – also ein heuristischer Effekt, der allerdings voraussetzt, dass die leitenden RedakteurInnen wissen, wie man so aufmischt, dass der Prozess gelingt.

In vielen Redaktionen braucht es bei manchem leitenden Redakteur den Mut, einzugestehen, dass man von Management (noch) nicht genug versteht. Dass man sich die für die Leitung einer Redaktion, eines Ressorts erforderliche Kompetenz erst erwerben muss: Wie Change-Prozesse zu lenken, wie Dysfunktionen abzubauen, Teamfähigkeiten zu entfalten und Konfliktfelder so zu befrieden sind, dass Motivation entsteht. Es gibt gute Coaches, die mit ihrer reichen Organisationserfahrung sowie dank Menschenkenntnis und Einfühlungsvermögen auch eine demotivierte Redaktion in ein inspiriertes Team verwandeln und den Redaktions- und Ressortleitern Management-Know-how beibringen können – sofern die Redaktion wirklich mitmacht und sich nicht wie ein ausgeleiertes Kurpark-Sonntagsorchester aufführt.

Bis ein Coaching-Programm eingefädelt ist, hilft vielleicht als Warming-up ein bisschen Lektüre. Anregend finde ich den Reader von Anja Förster und Peter Kreuz, der den provokanten Titel *Hört auf zu arbeiten!*

trägt und Hinweise gibt, wie man trotz frustrierender Routinen wieder vermehrt das tun kann, was inspiriert und für das man ›brennt‹. Oder auch den mit vielen Erlebnissen aus der IT-Branche unterhaltsam unterfütterten Reader *Das Neue und seine Feinde*, den der umtriebige Gunter Dueck, von Hause aus Mathematiker, verfasst hat. Er erzählt sehr anschaulich, wie es kommt, dass Unternehmen (hier: Redaktionen) ein Immunsystem gegen Neues entwickeln. Und wie es gelingt, diese Abwehr zu unterlaufen. Natürlich geht man als Journalist auch an solche Bücher mit funkelndem Widerspruchsgeist.

Literatur

BONK, SOPHIE: *Diktatur der Quote? Der Einsatz von ReaderScan in deutschen Tageszeitungsredaktionen: Umsetzung – Konsequenzen – Bewertungen.* Dissertation Universität Münster 2010

CHMIELEWSKI, DANIEL: *Lokale Leser. Lokale Nutzer. Informationsinteressen und Ortsbindung im Vergleich. Eine crossmediale Fallstudie.* Köln [Herbert von Halem] 2011

CHRISTIANUS, DIETER: *Dem Zeitungsleser auf der Spur. Qualitäts- und Zufriedenheitsmanagement in Zeitungsverlagen.* Marburg [Tectum Verlag] 2011

DUECK, GUNTER: *Das Neue und seine Feinde. Wie Ideen verhindert werden und wie sie sich trotzdem durchsetzen.* Frankfurt/M. [Campus Verlag] 2013

FÖRSTER, ANJA; PETER KREUZ: *Hört auf zu arbeiten! Eine Anstiftung, das zu tun, was wirklich zählt.* München [Pantheon Verlag] 2013

HALLER, MICHAEL: Leser suchen Orientierung – Blicke in die Zeitungszukunft. In: *200 Jahre M. DuMont Schauberg. Sonderausgabe des Kölner Stadtanzeigers* 2002

HALLER, MICHAEL: Lokale Kommunikation. In: BENTELE, GÜNTER; HANS-BERND BROSIUS; OTFRIED JARREN (Hrsg.): *Öffentliche Kommunikation. Studienbücher zur Kommunikations- und Medienwissenschaft.* Wiesbaden [Westdeutscher Verlag] 2003, S. 576-589

HALLER, MICHAEL: Die lokale Kompetenz zurückgewinnen. In: DEUT-
SCHE DRUCK- UND VERLAGSGESELLSCHAFT (Hrsg.): *Geschäftsbericht
2009.* Hamburg [DDVG] 2010, S. 28-36

SEHL, ANNIKA: Partizipativer Journalismus im Lokalteil von Tageszeitungen. In: PÖTTKER, HORST; ANKE VEHMEIER (Hrsg.): *Das verkannte Ressort. Problem und Perspektiven des Lokaljournalismus.* Wiesbaden [Springer VS] 2013, S. 88-99

SÜPER, DANIEL: Meine Heimat. Meine Zeitung. Zur Ortsbindung von
Lokalzeitungslesern und Nutzen lokaler Nachrichtenseiten. In:
PÖTTKER, HORST; ANKE VEHMEIER (Hrsg.): *Das verkannte Ressort.
Problem und Perspektiven des Lokaljournalismus.* Wiesbaden [Springer
VS] 2013, S. 103-114

9. ONLINE, OFFLINE UND CROSSMEDIA: WOHIN GEHT DIE REISE?

Sie kennen sicherlich diese Szene: Im Bus, in der Straßenbahn oder im Regionalzug sitzen links und rechts von Ihnen junge Leute, die hoch konzentriert mit ihren Fingern auf dem Display ihres Smartphones tippen, schieben und wischen. Haben Sie auch schon – ganz diskret natürlich – dem jungen Mann oder der Dame vor Ihnen mal über die Schulter aufs Display geschaut? Ich mache dies gelegentlich. Und sehe, dass die meisten auf Musiktitel-Listen herumdocken oder in einem Solo-Game lautlos ballern. Oder ein paar Zeilen in ihr WhatsApp tippen. Oder selbst gemachte Fotos von sich bestaunen oder einen Werbeclip oder eine Slideshow anschauen. Nur wenige überfliegen News-Schlagzeilen oder klicken auf ganze Artikel. Ich beobachte oft. Aber ich habe morgens in der Bahn noch keinen jungen Menschen gesehen, der auf seinem Phone oder iPad die App eines journalistischen Informationsmediums öffnet oder der längere Berichte liest. Digitales Zeitungslesen unterwegs? Das mag ein Zukunftstraum sein. Die Realität ist es nicht.

Das epochale Missverständnis

Es begann mit der per Flatrate beschleunigten Veralltäglichung des Internets, dem eine radikale Kommerzialisierung folgte. Für die Medienwelt wurde daraus ein Prozess der Missverständniss und Fehlprognosen. Eine der für die Tageszeitungsmacher gravierendsten Fehlprognosen ist rund zehn Jahre alt und lähmt noch immer die Entscheider in vielen Zeitungshäusern. Sie lautet: ›Online first‹ und wurde von Alan Rusbridger, dem Chefredakteur des *Guardian*, auf den Punkt gebracht: »Warum bis morgen warten, um zu erfahren, was heute geschehen ist?« (RUSBRIDGER 2006). Rusbridger ist ein leidenschaftlicher Journalist und ein glorioser Repräsentant der ›Forth Estate‹. Aber ein cooler Analytiker des Medientrends ist er nicht.

Es war wohl im Spätherbst 2005, als ich diese Formel im Hause des Axel-Springer-Verlags erstmals hörte, damals noch mit der am Satzende hochgezogenen Stimme, die wie ein Fragezeichen klang. Die jungen Männer dort hatten herausgefunden, dass sie im Internet auf den Newssites topaktuelle Nachrichten rund um die Uhr finden und ihrerseits auf den Websites der Springer-Blätter platzieren können. Ihre Überlegung: Weil der Medienwettbewerb so brutal ist und Springer an die Spitze des Trends stürmen soll, müssen wir immer als erste mit den neuesten News raus, anderenfalls hinken wir hinter den anderen, vor allem hinter *Spiegel.de* her. Munitioniert wurde diese Sicht durch die Umbauten des *Guardian*, dann der Londoner *Times*, die beide ab 2006 das ›Web-First‹-Prinzip umsetzten, freilich zugeschnitten auf die deutlich anderen Mediennutzungsmuster der Menschen in Großbritannien (vgl. HÖLLIG/HASEBRINCK 2013: 535f.).

Der darin eingebaute Kurzschluss lautet: Wenn wir Journalisten uns rund um die Uhr topaktuell informieren, machen das unsere Kunden – die Zeitungsleser – gewiss auch. Also sieht die Tageszeitung, wenn sie morgens aus dem Briefkasten gezogen wird, sehr alt aus. Folglich muss die Tageszeitung zum ›entschleunigten‹, zum erzählenden Hintergrundmedium umgebaut werden, welches sozusagen im Nachklapp den Lesern umfassend erklärt, was sie viele Stunden zuvor bereits online gelesen haben. Und so nahm das Verhängnis seinen Lauf.

Es nahm seinen Verlauf deshalb, weil die verunsicherte Branche den jungen kühnen Männern des Springer-Konzerns deren ›Alpha-Journalisten‹-Gehabe glaubte und ihnen die Rolle des Trendsetters zuschrieb, dem man folgen müsse.

Tatsächlich glaubten die Verantwortlichen der *Welt*-Gruppe im Springer-Konzern an eine tolle Chance, wie die stetig an Auflage und Reputation verlierende *Welt* vielleicht doch noch in ein Profitcenter verwandeln könnten: mit dem Aufbau eines riesigen Newsrooms als Engine für die verschiedenen Channels: für die Web-Auftritte (konsequent nach dem Motto: Web first), für die hinterher laufende Zeitung *Die Welt*, für das damals neu gegründete Fastfood-Blatt *Welt kompakt* und für die *Berliner Morgenpost* sowie weitere Abnehmer. Nach einem Jahr Umbauarbeiten verkündeten die Springer-Verantwortlichen mit stolzgeschwellter Brust unter der Headline: »Online First: Zeitungsgruppe Welt/Berliner Morgenpost eröffnet größten integrierten Newsroom Deutschlands« dies:

»Berlin (ots) - Am 17. November 2006 eröffnet die Zeitungsgruppe WELT/BERLINER MORGENPOST der Axel Springer AG (DIE WELT, WELT AM SONNTAG, WELT KOMPAKT, WELT.DE, BERLINER MORGENPOST, MORGENPOST.DE) Deutschlands größten integrierten Newsroom. Damit forciert Axel Springer die Online-Offensive der Zeitungsgruppe. Der Newsroom wird das Zentrum der fusionierten Redaktion der Zeitungsgruppe. In ihm werden alle Inhalte gebündelt und verschiedene Print- und Online-Medien produziert. Aus dem Newsroom kommen auch Angebote für neue Medienkanäle wie Mobildienste, Videos und Podcasts. [...] Die Zeitungsgruppe WELT/BERLINER MORGENPOST stellt sich mit dieser neuen Produktionsstruktur auf das veränderte Mediennutzungsverhalten ein und kann neue und jüngere Zielgruppen mit einem hohen Informationsbedürfnis noch schneller erreichen.«

Das dem Journalismus ferne Branchenblatt *Absatzwirtschaft* berichtete damals so: »Mit dieser neuen Strategie steht die weitere Existenz der Welt zur Disposition. Der Verlag will im Falle neuer Einbrüche ›keine lebensrettenden Maßnahmen‹ mehr ergreifen. Von Bedeutung ist aus dem Welt-Umfeld nur noch die Online-Redaktion und die Welt am Sonntag. Deshalb wurde die gesamte Redaktion auf die Online-Ausgabe ausgerichtet. Alle Inhalte werden *online first* veröffentlicht, weshalb die Redaktion auch durchgehend von frühmorgens bis zum späten Abend thematisch vollständig besetzt sein muss. Online First ist bis heute mehr als eine Idee. Der Begriff steht für den kompromisslosen Gang des Medienunternehmens in die digitale Welt. Dabei hat Axel Springer – wie die gesamte Verlagszunft – den heute als historisch gebrandmarkten Fehler begangen, teuer erstellte Inhalte im Internet kostenlos für die Massen verfügbar zu machen« (http://www.absatzwirtschaft.de/content/marketingstrategie/news/axel-springer-faehrt-auf-der-ueberholspur;78765). Die Medienseite der *taz* fasst den Wandel wie folgt zusammen:

»Kurz vor Feierabend wird zwar noch eine Zeitung gedruckt, doch das ist eher ein Abfallprodukt dessen, was für welt.de sowieso geschrieben wurde. Eine Papierausgabe für all die treuen Abonnenten, die noch nicht gestorben sind. Fast ohne störende Anzeigen« (*taz* vom 20.11.2012, S. 12).

Schwer nachzuvollziehen, warum jener *Braintrain* des Springer-Hauses an den Erfolg eines Konglomerats aus so unterschiedlichen Nutzungsfunktionen glaubte. Das Missverständnis sehe ich darin, dass die Medienmacher ihr professionelles Mediennutzungsverhalten auf die zunehmend komplexen, in ihren Interessen und Verhaltensmustern ausdifferenzierten Publika nach dem Denkmuster »die Menschen verhalten sich so wie wir, nur später und langsamer« projizierten – und mit ihren Maßnahmen ihre Zeitungen gleich doppelt entwerteten: Zum einen erklärten sie das Zeitung-Lesen zu einer Art Nachklapplektüre für die Begriffsstutzigen, zum anderen galt es jetzt als ein Angebot für die trägen Schlafmützen, die nicht merken, dass derselbe Inhalt allmorgendlich kostenlos online bereitgestellt wird.

Bereits 2010 ergab die akribische Auswertung einer Leser-/User-Befragung (knapp 1.300 Teilnehmer), »dass ein Großteil der befragten Leser den Onlineauftritt ihrer Tageszeitung gar nicht nutzt. Regelmäßige Leser informieren sich konservativ. Sie sehen in der Webseite häufig kein eigenes Nachrichtenangebot, sondern erweiterte Funktionen der Zeitung. Sie schätzen vor allem Features, die sich mit dem Angebot einer klassischen Zeitung verknüpfen lassen« (THOMÄ 2013: 212).

Dass heute, weitere vier Jahre später, der zweite Irrtum – Zeitungsinhalte verschenken wir online – erkannt und mehr oder weniger konsequent ausgebügelt werden soll, war Thema im 6. Kapitel. Hier geht es mir um den anderen Irrtum: um die fatale Fehldeutung des Nutzungsverhaltens der tatsächlichen sowie der potenziellen User und Zeitungsleser mit all ihren Konsequenzen und Nebenwirkungen.

Verpasste Doppelstrategie

Wer informiert sich über das aktuelle Geschehen wann und über welche Medien? Seit 2009 wurden im IPJ-Leser-/Online-Panel in periodischen Abständen anfangs rund 1300, dann per Stichproben jeweils mindestens 450 Zeitungsleser der Altersgruppe 35 bis 55 Jahre (berufstätig, formale Bildung: mind. mittlere Reife) sowie mehrere hundert Nur-Onliner (Unter-30-Jährige, nur Berufstätige) über deren Nutzung der verschiedenen

Medien im Tagesablauf befragt, verbunden mit Aussagen über die Wahr-nehmung tagesaktueller Ereignisthemen. Unsere Frage lautete: »Wenn Sie an die letzten drei Tage zurückdenken: Wann genau im Tagesverlauf und wie oft haben Sie folgende Medien [Liste] genutzt, um sich über das aktuelle Geschehen zu informieren?« Hier ein paar Befunde:

Die Zeitung lesenden Erwachsenen (siehe Anhang): Obwohl diese Ziel-gruppe längst online-geübt ist (privater Internetzugang; täglich mind. einmal online, überwiegend am Arbeitsplatz), hält sie an ihrem tradierten Mediennutzungsstil mit fast ritueller Beharrlichkeit fest: Morgens vom Aufstehen bis zum Verlassen der eigenen vier Wände (überwiegend im Zeitfenster 7 bis 8 Uhr) beginnen rund zwei Drittel den Tag mit Radio-Hören, gefolgt von der Zeitungslektüre (meist während des Frühstücks). Während dieser Zeit spielt das Frühstücksfernsehen praktisch keine Rolle – und ebenso wenig die Web-News. Nachrichten-Websites kommen erstmals (mobil) auf dem Weg zur Arbeit und nur vereinzelt ins Spiel (we-niger als 2 %). Und nur knapp jeder vierte Zeitungsleser besucht im Laufe des späteren Vormittags eine News-Website. Und wenn, dann überwie-gend jene der eigenen Zeitung, vorzugsweise, um auf Unterseiten nach Spezialthemen (Lokal-Amateursport, Vereinstreffen, Events, Polizeiticker usw.) zu suchen. Übrigens greift nur jeder zehnte regelmäßige Zeitungs-leser im späteren Verlauf des Tages erstmals oder erneut zur Zeitung.

In Lesergruppengesprächen in drei verschiedenen Städten der Jahre 2012/2013 zeigte sich, dass nur jeder zweite Erwachsene während der Arbeitszeit an seinem Arbeitsplatz überhaupt die Möglichkeit (und das Recht) hat, selbst gewählte Websites im Internet aufzusuchen. Und in die-ser Teilgruppe wurde anschaulich erzählt, dass man sich morgens im Büro eher über das in der Zeitung Gelesene austausche und erst, nachdem die Pendenzen erledigt und das Team-Meeting inklusive Kaffee durchstanden ist, man quasi privat im Internet ›seine‹ Websites aufsuche, neben *Bild.de* auch die News-Seite der eigenen Zeitung. Von denen, die so vorgehen, sagten die meisten, sie seien aber vom Web-Auftritt ›ihrer‹ Zeitung oft enttäuscht. Auf Nachfragen kam als Begründung: Man stoße meist auf dieselben Themen und Geschichten, die man zuvor in der Zeitung gelesen habe, nur selten gäbe es eine erweiterte oder aktualisierte Version. Immer wieder wurde auch moniert, dass Nicht-Abonnenten dasselbe umsonst bekämen, was Abonnenten teuer bezahlten.

Überprüfung: Wir haben im Jahr 2012 mit der Stichprobe einer künstlichen Woche die Lokalberichterstattung der Zeitung mit jener der Website der jeweiligen Zeitung inhaltsanalytisch verglichen (*Hamburger Abendblatt, Hessische/Niedersächsische Allgemeine Zeitung* [Kassel], *Leipziger Volkszeitung, Neue Westfälische* [Bielefeld], *Weser-Kurier* [Bremen]). Der Befund: Im Mittel fanden sich 77 Prozent der Zeitungstexte unverändert auf der Website wieder. Im Laufe des Tages fanden wir nur bei 2 Prozent der Texte eine Aktualisierung.

Überschneidung zwischen Zeitung und Website

Inhaltsanalyse Lokalteil	Lokalteil der Zeitungen (Mo-Sa)		Web-Angebot der Zeitungen (Mo-Sa, von 6 bis 21 Uhr)	
	Gesamt (n)	Je Ausgabe	Gesamt	Je Tag
Untersuchte Texteinheiten (ohne Leserbriefe, Veranstaltungskalender, Eigen-PR-Texte, Sport- und Stadtteil-Seiten)	741	24,7	642	20,9
Identische Berichte Zeitung-Online (Längenunterschiede bis max. 10%)	568 (77%)	18,9	568 (88%)	18,9
exklusive Texteinheiten (bezogen auf den Channel)	121	4,0	39	1,3
Anzahl Verweise bzw. Links auf andere bzw. frühere Texte (intern)	18 (0,24%)	0,6	484 (76%)	16,1
Follow-up (Erweiterungen, Updates) Offline ⇨ Online	41 (0,55%)	1,4	41 (0,6%)	1,4
Follow-up (Erweiterungen, Updates) Online ⇨ Offline	11 (0,15%)	0,4	11 (0,17%)	0,4

Untersucht wurden die Lokalteile einer künstlichen Woche (2. und 3. Quartal) 2013 der fünf Zeitungen: *Hamburger Abendblatt, HNA* Kassel, *Leipziger Volkszeitung, Neue Westfälische* Bielefeld, *Weser-Kurier* Bremen

Die Gegenwelt der Nur-Onliner (siehe Anhang): Dies sind junge, berufstätige Erwachsene unter 30 Jahren (formale Bildung: mind. mittlere Reife), die wir über die Website der fraglichen Regionalzeitungen rekrutiert und die erklärt haben, dass in ihrem Haushalt oder ihrer WG keine Tageszeitung gelesen werde. Auch in dieser Gruppe spielt am Morgen das Radio die dominante Rolle (kurze, schnelle News) und wird zur Frühstückszeit nur sporadisch begleitet vom News-Zugriff auf Internetdienste. Jeder zweite Befragte schaut im Laufe des Vormittags wiederholt auf einen der News-Anbieter (Es geht hier, wie gesagt, um »aktuelle Nachrichten über das Geschehen«, nicht um Unterhaltung oder Kommunikation). Wie in Kapitel 5 schon beschrieben: Etwa jeder vierte der jungen Onliner, die zuhause keine Tageszeitung haben, greift im Laufe des Tages bei irgendeiner Gelegenheit zur Zeitung. Diese Zielgruppe kennt also das Potenzial, das im Offline-Medium ›Zeitung‹ steckt. Und auch in dieser Gruppe gewinnen Fernsehnachrichten erst nach Feierabend Bedeutung (hier ist das lineare Fernsehen gemeint, nicht Internet-Streams). Am Abend spielen dann beide Quellen – Web-Angebote und klassisches Fernsehen – etwa dieselbe Rolle: Jeder Zweite gibt an, sich über das eine und/oder andere Medium informiert zu haben. Insgesamt belegen die IPJ-Befragungen einerseits ein hohes Informationsinteresse dieser jungen Erwachsenen, andererseits ein deutliches Wissensdefizit im Vergleich zu den Zeitungslesern.

Forschungskontext: Um herauszufinden, ob und wie sich die Nutzungsroutinen der online-nutzenden Erwachsenen vor allem in ausgewählten Staaten Europas und den USA infolge der Verbreitung neuer Ausgabegeräte (insb. Smartphones) verändern, wurde im Frühjahr 2013 eine vom Reuters Institute for the Study of Journalism, Oxford, initiierte internationale Erhebung durchgeführt. Deutscher Partner des Projekts ist das Hans-Bredow-Institut in Hamburg, die Repräsentativbefragung führte das Institut YouGov durch. Befragt wurden Erwachsene ab 18 Jahren, die von sich sagen, dass sie Internetnutzer seien (und selbst einen Internetzugang haben). Die Doppelfrage nach dem Interesse an Nachrichten einerseits und dem Informationsverhalten in Bezug auf Nachrichten anderseits ergab, dass in Deutschland rund zwei Drittel der jungen Erwachsenen unter 30 Jahren angeben, ›sehr‹ an Nachrichten interessiert zu sein; rund drei Viertel sagen, dass sie mindestens einmal pro Tag Nachrichten rezipierten. Der Wunsch, informiert zu sein, steigt mit dem Alter kontinuierlich an; bei den Über-50-Jährigen sind es dann annähernd 90 Prozent. Auf die Frage, welche Nachrichtenbereiche ihnen am wichtigsten seien, nannten neun von zehn ›Nachrichten über Deutschland‹. Gut zwei Drittel nannten ›Internationales‹; mit 50 Prozent erst an dritter Stelle wurde ›meine Region‹ bzw. ›Lokales‹ genannt. Für Special-Interest-Felder (Sparten, wie: Wirtschaft, Sport, Gesundheit, Kultur) zeigte sich jeweils rund ein Drittel besonders interessiert. Das Themenfeld ›Kultur‹ bildet das Schlusslicht mit 8 Prozent Nennungen.

Auf die Frage, welches Medium bzw. welcher Channel denn als Hauptnachrichtenquelle genutzt werde, zählte ein Drittel der internetaffinen Deutschen nur traditionelle Medien auf (TV, Radio, Zeitung). Unter den 25- bis 34-Jährigen gab etwa jeder zweite an, »in der letzten Woche eine gedruckte Zeitung« gekauft bzw. per Abonnement bezogen zu haben. Im internationalen Vergleich, so die Autoren, zeige sich »eine besonders ausgeprägte Orientierung der Deutschen an den traditionellen Nachrichtenquellen« (HÖLLIG/HASEBRINCK 2013: 524). Weniger überraschend ist die Prägung durch den »Zugangsweg« (gemeint ist das Ausgabegerät); wer mit dem Computer im Internet unterwegs ist, nutzt vermehrt Suchmaschinen; wer das Smartphone nutzt, informiert sich stärker über Websites, Soziale Netzwerke und Apps. Bemerkenswert aber, dass rund die Hälfte der Befragten (leider keine Kohortendifferenzierung) Wert auf die Nachrichtenquelle legt. Und aufschlussreich ist schließlich, dass von allen befragten Europäern die wenigsten Deutschen (nur 8 bis 11%) Web-Nachrichten teilen oder kommentieren oder sich mit Freunden darüber schriftlich austauschen; viel wichtiger bleibt für sie der verbale Austausch (ebd.: 533f.).

Alle mir bekannten Ergebnisse wissenschaftlicher Medienforschung stützen die IPJ-Befunde, dass sich das tradierte Informationsverhalten in der Welt der etablierten Erwachsenen erhält und selbst bei den jungen Erwachsenen − sofern zugeschnitten auf die digitalen Ausgabegeräte − nicht verschwindet. Die Hamburger Forscher deuten diese Tendenz als Merkmal unserer Nachrichtenkultur, dank der »die neuen Angebote in jeweils spezifischer Weise integriert« werden könnten (ebd.: 536).

Die aus dem IPJ-Online-/Leser-Panel und weiteren Studien gewonnenen Erkenntnisse über die Mediennutzung im Tagesverlauf unterstreichen die im 4. Kapitel gezogene Folgerung, dass die Zeitungshäuser beim Aufbau ihrer Online-Angebote und -Dienste sich auf drei in ihrem Profil unterschiedliche Zielgruppen hätten einstellen sollen bzw. noch einstellen können:

Die Etablierten (= die bevölkerungs- und zugleich einkommensstärkste Zielgruppe): Das sind die Über-35-Jährigen, die sich sowohl beruflich als auch in ihren privaten Umfeld etabliert und die urbane Nahwelt erschlossen haben. Für sie gilt nicht ›Online first‹, sondern klar und deutlich ›Print first‹. Diese

Hauptzielgruppe erwartet allmorgendlich eine aktuelle, informationsstarke Printzeitung zum Frühstück, die über alles Wichtige orientiert. Sie wünscht sich zudem eine Website ihrer Zeitung, auf der aktuelle Themen, Geschichten und Ereignisse im Laufe des Tages fortschrieben werden. Diese Fortschreibungen sollten in der Zeitungsausgabe angekündigt werden – unter Angabe der Bereitstellungsuhrzeit. Denn auch dies zeigen unsere Ergebnisse: Sehr viel mehr Zeitungsleser würden die Website besuchen, wenn feststünde, dass dort (sagen wir) um 11 oder 13 Uhr eine Fortsetzung oder Erweiterung oder ein aktueller Zusatz zu finden wäre. Diese Hauptzielgruppe nutzt das Smartphone praktisch nicht als Nachrichten-Channel (nur 4 % nannten diese Nutzung). Für sie ist indessen die Website ein wichtiges Datenarchiv über das lokale Zeitgeschehen. Darum finden die Befragten das Zeitungsarchiv mit einer guten Suche-/Finde-Funktion besonders wichtig (man ist ja durch die intelligente Retrieval-Software von Google verwöhnt; viele Zeitungshäuser sollten hier nachbessern). Auch dies ist wichtig: Die meisten Zeitungsabonnenten verstehen den Web-Auftritt ›ihrer‹ Zeitung als Zusatzleistung, die ihnen – nur ihnen! – unentgeltlich zur Verfügung stehen müsse.

Der dänische Medienforscher Jens Funder Berg kam in seinen Nutzungsstudien Offline/Online zu denselben Ergebnissen wie die IPJ-Erhebungen. Er fand, dass der Online-Auftritt der Zeitung als Tablet-App die Nutzungsqualität von Print adaptieren solle. Funder Berg:

»Die Leser wollen redaktionelle Gewichtung. Eine gedruckte Zeitung hat einen Anfang, eine Mitte und ein Ende. Leser, die eine gedruckte Zeitung durchlesen, haben das Gefühl, sie erfahren die wichtigsten Nachrichten des Tages, da diese von der Redaktion ausgewählt werden. Leser der Online-Ausgabe hingegen haben dieses Gefühl eines Überblicks nicht, weil sie nur auf Ausschnitte zurückgreifen können und nicht auf die Zeitung in ihrer Gesamtheit. Wenn sich die Tablet-Ausgabe am Online-Auftritt orientiert, haben Leser das Gefühl, sie können nicht den gesamten Inhalt erfassen. Das traditionelle Zeitungslayout hingegen vermittelt ihnen ein Gefühl von Sicherheit und bietet einen Überblick« (Quelle: http://www.drehscheibe. org/ interview-mit-jens-funder-berg.html).

Die Mobilen (= junge, berufstätige Onliner, überwiegend unter 30 Jahre, mind. mittlere Reife): Für diese Zukunftsgruppe gibt es (noch) keine klare Markenpräferenz. Auch für sie stimmt ›Web first‹ nicht, wenn es um lokale Nachrichten geht. Und was das aktuelle Weltwissen betrifft, so haben sie noch keine festen Nutzungsroutinen ausgeprägt: Mal sind es die über Google bzw. über diverse Startseiten auch der Plattformen (z.B.: XING) aufgenommenen News, mal die im Sozialen Netzwerk mit andern geteilten Nachrichten und Geschichten. In ihrem Tagesablauf indessen kommen zuerst die Radionachrichten, sie sind auch 2013 die frühmorgendlichen Begleiter. Ab der Mittagspause steigt deren Nachfrage nach lokalen Infos vorwiegend über das Themenfeld Freizeit (›Was geht ab?‹), Sport, Verkehr, Unfälle u. Ä.; viele tun dies im Kontext ihrer Social-Media-Nutzung mit dem Smartphone (2012 tat dies jeder dritte Befragte, steigende Tendenz).

> Das im 4. Kapitel diskutierte Etikett ›Digital Natives‹ trifft es recht genau: Diese jungen Erwachsenen sind medial nicht nur per Fernsehen, sondern auch per Computer, Web und Mobile sozialisiert; beim Stichwort ›Lesemedien‹ denken die meisten nicht an die Tageszeitung, sondern eher an Bücher und Magazine. Und wenn es um das Informationsverhalten geht, spielen die journalistischen Medien keine profilierte Rolle: Man holt sich (*pull*), was man braucht, über unterschiedliche Content-Anbieter (oft auch über Drittquellen) und geht dem als *push* aufbereiteten Angebot der Medien eher aus dem Weg. Hierzu kommt einem das von Jeff Jarvis geprägte, inzwischen geflügelte Wort in den Sinn: »Die Online-Generation denkt: Wenn die Nachricht wirklich wichtig ist, findet sie mich schon« (Interview *Spiegel.de* vom 5. Mai 2009).

Übrigens kennen diese Leute den Web-Auftritt und auch die gedruckte Zeitung umso besser, je stärker die Zeitung in den sozialen Netzwerken inklusive Twitter mit affinen Themen ›unterwegs‹ ist – und starke Teaser platziert. Perspektivisch gesehen ist es wichtig, dass diese Zielgruppe mit der Marke vertraut und von der Qualität der Dienste und Nachrichten formal wie inhaltlich überzeugt wird (was derzeit erst wenige sind). Befragungen zeigen, dass sie generell das lokale Geschehen durchaus wichtig, vielleicht sogar interessant finden, sofern es etwas mit ihnen zu tun hat. Die im Etablierungsprozess weiter Fortgeschrittenen sind zunehmend am Nutzwert lokaler Nachrichten interessiert (und suchen ihn auch auf der Website der Zeitung, siehe voriges Kapitel). Auf unsere Frage nach dem größten Nutzwert wurde auch von dieser Zielgruppe die Archivfunktion am häufigsten genannt: Man sucht nach aktuellen Ereigniskontexten, nach Service in Verbindung mit dem lokalen Geschehen. Entscheidend ist, ob diese Zielgruppe daraus Nutzwerte ziehen kann. Und wesentlich ist, dass diese Onliner dort erreicht und angesprochen werden, wo sie sich am meisten aufhalten: in der Welt der Social Media. Für die Markenpräsenz dienlich sind zudem Orte, an denen sie live unterwegs sind: nicht nur in der sportiven Freizeit, sondern auch in der Berufswelt, etwa dort, wo über Karrieren entschieden wird (warum fällt es Zeitungsverlagen so schwer, in der lokalen Aus- und Weiterbildungsszene mit pfiffigen Dienstleistungen und kompetentem Service präsent zu sein?). Die große Unbekannte betrifft den Umgang mit Paid Content. Alle mir bekannten Befragungen liefern übereinstimmend den Befund, dass die jungen Onliner für die *derzeitigen* Web-News ihrer Regionalzeitung nicht bezahlen wollen. Das ist keine ewig gültige Haltung. Sie wird vermutlich revidiert, sobald man einen echten Gegenwert erkennen und nutzen kann.

Die Vagabundierenden (= die soziodemografisch ›schwammige‹, sehr heterogene Gruppe): Dies sind die Unentschiedenen, die Gelegenheitsleser, die Ziellosen und flüchtigen Schnellgucker zwischen 25 und 55 Jahren, die niemals ein Abonnement eingehen oder für Web-Nachrichten Geld ausgeben würden. Die aber für die vielen Hunderttausend Seitenaufrufe (PIs) gut sind – gut zu sein scheinen, weil sie nur Traffic erzeugen. Es sind überwiegend formal weniger gut ausgebildete Leute, manche mit Migrationshintergrund, die in keinem sozial abgesicherten beruflichen Umfeld und meist ohne (allzu) stabile soziale Bindung unterwegs sind. Diese Gruppe ist im Zeitalter des Prekariats und außertariflicher Beschäftigungsverhältnisse keineswegs klein; Sozialstudien errechneten, dass je nach Strukturschwäche der fraglichen Region bis zu 25 Prozent der Erwachsenen im erwerbsfähigen Alter dazu zu zählen sind. Gleichwohl verfügt – den Landesstatistiken zufolge – ein beachtlicher Prozentsatz dieser Gruppe über einen Internetzugang und nutzt News-Angebote verschiedener Websites, auch der lokalen Zeitung. Diesen Leuten kann man vermutlich nichts verkaufen, auch keine Dienste und Produkte, die per *profiling* auf deren Startseiten aufpoppen. Gleichwohl gehört es aus meiner Sicht zum Kulturauftrag auch der Zeitungshäuser, diesen Menschen mit dem unentgeltlichen ›nachrichtlichen Grundrauschen‹ wenigstens ansatzweise Orientierung zu bieten.

Zusammengefasst: Aus den hier referierten quantitativen und qualitativen Nutzungsdaten lassen sich ein paar Folgerungen für eine Triple-Strategie ziehen:

Erstens sind die etablierten Zeitungsleser am Web-Auftritt der Zeitung (nur) dann interessiert, wenn sie dort einen gehaltvollen Mehrwert finden: in Form ›echter‹ (informationshaltiger) Updates zur Zeitungsausgabe; in Form von interessanten und nutzwertigen Multimedia-Geschichten, die interaktiv erzählt werden (Data-Journalismus) sowie durch eine leistungsstarke Datenbank, die als Archiv des lokalen öffentlichen Lebens funktionieren sollte. Diese Leistungen müssten für die Abonnenten inklusive sein; Nicht-Abonnenten sollten sie mit einer speziellen Flatrate inklusive ePaper bezahlen (klare Schranke, keine flexible Schranke wie z.B. die sogenannte ›metered wall‹).

Zweitens findet man die ›Digital Natives‹ überwiegend in der Social-Media-Welt und muss sie dort im Smartphone-kompatiblen Format ansprechen und neugierig machen (›dem Affen Zucker geben‹): weniger für die Website als für die gedruckte Ausgabe der Zeitung. Dies erfordert aber, dass die Printausgabe (wieder) ein wertiges Image gewinnt und eine für jüngere Erwachsene attraktive Informations- und Orientierungsleistung zu bieten vermag (das war Thema des 2. Kapitels).

Drittens sollte die Website über das aktuelle Geschehen nur das informatorische ›Grundrauschen‹ kostenlos präsentieren – mit Material, das auch von anderen Medien unentgeltlich bereitgestellt wird (Agenturstoff, Pressemitteilungen, lokale B-Promis u. A., auch User-generated-Content und werbefinanzierter Service). Strategisch wichtig ist die Website auch als Teaser für die Printzeitung: Sie soll hungrig machen auf die Exklusivgeschichten der nächsten Zeitungsausgabe. Nach Maßgabe des Tagesverlaufs der Web-Nutzer könnte der Newsdesk jeden Nachmittag mit

Kurzmeldungen und Anrissen (Cliffhanger) auf Themen und Texte der nächsten Zeitungsausgabe neugierig machen – *notabene* ohne zu übertreiben und ohne Luftnummern (was bedeutet, dass die Zeitung auch wirklich gute, aktuelle Geschichten – siehe 8. Kapitel – anbieten muss).

Was die Präsentation (Layout) betrifft, sollten sich die Zeitungshäuser beim Ausbau ihrer Internetangebote auf die nutzungsaffinen Darstellungs- und Interaktionsformen konzentrieren und die vielen Spielereien und Schmankerl (wem dient eigentlich ›augmented reality‹?) testen – und dann verbannen. Und sich etwa Googles Startseite vor Augen halten: eine schlichte Eingabezeile plus wenige ebenso schlicht präsentierte Zusatzdienste – basta. Diese Konzentration aufs Wesentliche (hier: Suchen und Finden) erklärt die vom Start weg hohe Akzeptanz von Google.

Die oben erwähnte Auswertung der IPJ-Erhebung von 2010 ergab hierzu dieses: »Wenn es nach den Informationsbedürfnissen des Großteils der Leser geht, lohnen sich Weblogs, Podcasts und Videoblogs nicht, auf die viele Tageszeitungen setzen [...]. Die Mehrheit der Befragten nutzt diese Angebote nie. Dessen ungeachtet bedeutet das noch nicht, dass eine Tageszeitung allein deshalb darauf verzichten sollte« (THOMÄ 2013: 213).

Und Crossmedia?

Die zuvor dargelegte Grobstrukturierung liefert vielleicht Hinweise, wie die Zeitungen mit ihrem Web-Auftritt neu abgestimmt und im Zuge des Umbaus für ein nachhaltiges Paid-Content-Konzept weiter entwickelt werden könnten. Sie sagt aber nichts darüber aus, ob und wie die sich weiter verändernde Mediennutzung konvergente Räume schafft, die von den Medienmachern ›channel-gerecht‹ gefüllt werden sollten. Auch hier zeichnen sich neue Missverständnisse ab, die von der Aufregung versinnbildlicht wird, mit der deutsche Journalisten die mit dem Pulitzerpreis gekrönte Multimedia-Story *Snow Fall* der *New York Times* als leuchtendes Beispiel gefeiert haben (vgl. u. a. Reporter-Forum Mai 2013 – http://reporter-forum.de/rw13/).

Solchen, mit Riesenaufwand produzierten Multimedia-Storys steht der Trend entgegen, dass die ›Digital Natives‹ inzwischen über ein breites Repertoire an Ausgabegeräten (Channels) verfügen, mit dem sie ›situationsgerecht‹ umgehen, d.h. nach individuellen, eher Raum/Zeit-gebundenen Dispositionen und weniger aufgrund der Formatvorgaben der Medien (etwa das klassische Fernsehen sowie Websites). Wenn also der User X so disponiert ist, dass er jetzt gerade über sein Smartphone Nachrichten abruft, während der User Z am Schreibtisch sitzt und seinen Laptop in Betrieb hat, sein Kollege indessen offline ist und Zeitung liest, während seine Frau Radionachrichten oder die *Tagesschau* nutzt und ihr Filius die App eines News-Dienstes auf seinem iPad anklickt: Wie sollen die Medienmacher damit umgehen? Sollten sie entsprechend dieser Cross-Channel-Nutzung an ihrem Cross-Channel-Newsdesk (siehe Axel Springer) ebenso ausdifferenziert die verschiedenen Kanäle bespielen? Und wie weit müssten sie dabei die Spezifika jedes Kanals bedienen – also zum Beispiel für die Website eine Slideshow und Links zu Kontextmaterial, aber für das Tablet-Format noch ein Video plus Audio-Stream bereitstellen? Diese Fragen kamen auf, als man zu erkennen glaubte, dass sich die jüngeren Nutzer auf den konvergent sich ausweitenden Medienraum einstellen: derselbe Rohstoff zwar, aber channel-gerecht aufbereitet? Was aber ist, wenn derselbe User im Verlauf des Tages die aktuellen Nachrichten und Geschichten über verschiedene Ausgabegeräte nutzt? Dies würde bedeuten, dass aktuelle Multimedia-Storys (Ereignis-Episoden und deren Folgen im zeitlichen Nacheinander) auch transmedial im zeitlichen Nacheinander erzählt werden müssen.

Diese Erwägungen führten zu weiteren Missverständnissen, wie man sie auch in Workshop-Programmen nachlesen kann. Zum Beispiel diesem: Die Redaktionen müssten in Zukunft crossmediale Storys produzieren, vergleichbar einem Bauteillager, aus dem je Medium und Verkaufszweck unterschiedliche Teile zusammengefügt werden. Auch dieser Ansatz findet sich beim *Snow-Fall*-Produkt. Man muss nicht lange nachdenken, um zum Schluss zu kommen, dass Informationsjournalismus so nicht funktionieren kann. Die aufklärende Informationsleistung ist kein Ding, das

Storytelling transmedial: Wenn der ICE stecken bleibt

»Angenommen, Sie wären Dienstchef im Newsroom eines crossmedial produzierenden Medienhauses, zu dem eine Lokalzeitung, mehrere Webauftritte (Newssite, ePaper, App-Produkt), eine Radiostation und ein paar Anzeigenblätter gehören. Um 22 Uhr kommt die Meldung herein, dass zehn Kilometer vor dem Hauptbahnhof Ihrer Stadt ein vollbesetzter ICE im Eisschnee stecken geblieben ist.

Was schwebt Ihnen vor, wenn Ihre Redaktion über dieses Ereignis eine Story produzieren soll, etwa für die Zeitung, für den Webauftritt und für die eigene Radiostation? Zuerst eine Meldung auf der Website – oder ein paar O-Töne im Radio? Mit der Web-Cam die Szene mit dem im Schnee stapfenden Zugführer einfangen und als 90-Sekunden-Video zum Herunterladen bereitstellen? Angenommen, sie hätten ein gut ausgebildetes Redaktionsteam im Einsatz, Kolleginnen und Kollegen, die wissen, wie man crossmedial Geschichten erzählt. Eine Reporterin käme mit O-Tönen vom Einsatzleiter und von Betroffenen zurück, ergänzt mit ihren Beobachtungen. Sie baut daraus einen Dreiminuten-Radiobeitrag. Er endet als Trailer: Über die Hintergründe lesen Sie mehr in der Zeitung. Der inhaltlich selbe Trailer findet sich auf der facebook-Plattform des Hauses. Da die Zeitung ihren Redaktionsschluss um 24 Uhr auch wirklich ausnutzt, konnten zwei Dienstredakteure eine Hintergrundgeschichte über die Pannenserie mit der ICE-Baureihe und die Rettungsprobleme auf offener Bahnstrecke schreiben. Der zweite Reporter bringt ein brauchbares (nicht verwackeltes) Video mit. Es wird für den Webauftritt zugeschnitten und mit einem Featuretext flankiert. Nur für Abonnenten ist er kostenlos. Im Zeitungsbericht wird darauf hingewiesen. Am anderen Vormittag wird ein Telefoninterview mit einem Bahnexperten geführt und als App ins Netz gestellt, dazu wird eine Bilder-Slide-Show vorbereitet, beides steht um 16 Uhr auf der Website (mit Bezahlschranke). Die ganze Story der letzten 24 Stunden mit den Video-Elementen findet sich ab 17 Uhr als App für Touch-Screens im Onlineangebot. Kostenlos nur für Abonnenten.

Begleituntersuchungen crossmedialer Medienproduktionen zeigen, dass diese Art des Storytelling bei vielen Lesern und Usern Eindruck macht: Sie trauen dem Namen der Zeitung wieder mehr zu, halten die Redaktion für kompetent und den Webauftritt sogar für attraktiv. Und auch die jungen Leute unter 30 Jahren, die von Zeitungslesen nichts halten, finden plötzlich die auf der Website platzierten Hinweise interessant und greifen häufiger sogar zur Zeitung. Auch das gibt es« (aus: *Message, Internationale Zeitschrift für Journalismus* 1/2013, S. 78).

sich eines schönen Tages aus Einzelteilen zusammenschrauben und wieder demontieren lässt. Der Irrtum ist auch hier derselbe: Die Rechnung wird ohne den Wirt (= das Publikum und sein Medienrepertoire) gemacht.

Um den Irrtum aufzulösen, greife ich auf das grundlegende Vier-Dimensionen-Modell journalistischer Qualität zurück (siehe »Zur Messbarkeit von Qualitätsdimensionen im Journalismus«, S. 37ff.) und leite daraus für die aktuellen Informationsmedien (Wochen- und Monatsmagazine zum Beispiel funktionieren ja anders) folgende Schlüsse ab:

Crossmediales Storytelling funktioniert in den Köpfen der Leser/User nicht als Kino, sondern entsprechend der medialen Eignung als ereignisbezogene, meist chronologisch ablaufende Geschichte: von der Zeitungslektüre zum Web-Auftritt zum Radio und zurück zur Zeitung oder zur Smartphone-tauglichen App. Die Story entsteht als dramaturgisch gestaltete *Chronologie* des Geschehens. Sie erfordert klares Nutzungswissen und Themenverständnis. Wenn beides zusammenspielt und aktuell *crossover* erzählt wird, dann sind auch die Leser und User mit dabei.

Crossmediale Storys sollten keine abgeschlossenen Großproduktionen sein (nach den unter Journalisten viel bejubelten Vorbildern *PrisonValley* 2010, *Snow Fall* 2012 und *A Game of Shark and Minnow* 2013), sondern Ereignisthemen so umsetzen, dass sie entsprechend der Wahl der Channels nutzungsbezogen ablaufen. Also nicht deshalb ein Video produzieren, weil man zum Web-Auftritt generell ein Video will, sondern deshalb, weil sich nach dem Radio-Trailer der Zeitungsbericht anschließt, der auf ein am Nachmittag abrufbares neues Element online hinweist (etwa: Video-Interview zur Person), das dann eine erhellende Hintergrundgeschichte in der Printausgabe des Folgetages ankündigt – und so weiter.

Zum Schluss ein bisschen Zukunftsdeuterei

Längerfristig gedacht wird die Website der Medienhäuser in ihrer derzeitigen Machart an Reichweite und Bedeutung verlieren. Tatsächlich schwächt sich (den mir bekannten Längsschnittdaten zufolge) der Gebrauch des Computers für die Internetnutzung bereits heute ab, wäh-

Wie wir nach vorne denken sollten

Im Jahrbuch 2013 des Bundesverbands der deutschen Zeitungsverleger (BDZV) findet sich ein Aufsatz von Stefan Plöchinger, Jahrgang 1976 (*Süddeutsche Zeitung*), der vieles auf den Punkt bringt. Zur Frage, woran die Websites der Zeitungen kranken, schreibt er unter anderem dies:

»Kennziffern dienen einem einzigen Zweck: den Werbekunden zu sagen, wie viele Menschen sie mit dem Medium erreichen, aus welchen sozialen Schichten diese stammen etc. Nun kann man sich die AGOF-Zahlen mal im Dctail ansehen – und wird merken, dass zum Beispiel *Bild.de* und *Spiegel Online* ganz ähnliche Durchschnittsnutzer haben wie viele andere Nachrichtenseiten. Kein Wunder: Alle zielen ja auf die größte Masse, und bei Massenbetrachtung dann kommt eben der Durchschnitt heraus. Wer dagegen für seine Seite wissen will, welche Menschen am häufigsten wiederkommen, aus welchen Gründen sie das tun, was sie an- und umtreibt, kurz: Was das für Menschen sind, die die eigene Marke wirklich wertschätzen, der sieht plötzlich andere Zahlen. Der muss vielleicht nicht nur Zahlen ansehen, sondern mit seinen Nutzern reden.

Was suchen Kernleser bei Ihnen: eher Sport, eher Politik, eher Bildungsthemen? Oder doch People und Panorama? Was erwarten sie am ehesten: schnelle Nachrichten, tiefen Hintergrund, oder einfach nur eine Unmenge von Autorentexten? Wer diese Antworten auf die Publikumsfrage sucht, kommt einem klaren publizistischen Profil näher und wird in der Qualitätsdebatte eher Antworten finden, die ein paar Jahre in die Zukunft tragen.«

Quelle: http://ploechinger.tumblr.com/post/61688994730/wie-wir-nach-vorne-denken-sollten-acht-thesen-zur

rend die Reichweite sowie der Nutzungsumfang der mobilen Screens (Smartphones, hybride Tablets) deutlich zunimmt. Aus Sicht des Jahres 2020 wird die Website rückblickend ein Übergangsmedium gewesen sein, das abgelöst wurde von der sensitiven Welt der Apps (ich folge hier dem Wortgebrauch der Medienanbieter, die mit ›App‹ keine Anwendungssoftware, sondern ein digitales, online verfügbares Produkt meinen, zum Beispiel eine Zeitungsausgabe, die durch eine App-Software z. B. auf ein Tablet heruntergeladen wird). Mit diesem Trend ändern sich schon heute die Informationszugänge – und mit ihnen der Habitus der jungen Erwachsenen im Umgang mit den Nachrichtenangeboten: Exklusivität gewinnt an Renommee. Parallel dazu forcieren die Großgerätehersteller den Trend zum All-in-One-Screen, der das Offline-Fernsehgerät ersetzen soll durch die neue Generation online-basierter, aber weiterhin stationärer (Wohnzimmer-)Bildschirme – eine Art Gegenwelt zu den Smartphones und Tablets.

Im Alltag der jüngeren Mediennutzer wird mit diesem Trend der in den Kapiteln 3 und 4 besprochene ›Digital Gap‹ zwischen Offline und Online nach und nach verschwimmen – und eine funktionale Trennung bewirken zwischen stationärem und mobilem Medienumgang. Die stationären Medien sind die großen Screens (inklusive Computer), die der interaktiven Unterhaltung (inkl. Spiele, Eskapismus, Entschädigung) dienen; die mobilen Medien werden weiterentwickelte Smartphones und Tablets sein, die der Sehnsucht nach dem ubiquitären Weltzugang Nahrung geben. Man vergisst es leicht: Zu den mobilen Medien gehört seit jeher die Tageszeitung.

Aus der Verlegersicht, die nach neuen Refinanzierungsmodellen sucht, bieten die Apps (als hoffentlich geschlossene Produkte) neue Erlöschancen nicht nur durch den digitalen Abo-Vertrieb. Als Werbeträger können sie zudem die alten Qualitäten der Zeitungs- und Zeitschriftenanzeige verschmelzen mit der neuen Qualität der interaktiven, personalisierten Web-Werbung – freilich mit allen Folgen und Nebenwirkungen, die das total kontrollierte Internet mit sich bringt.

Aus der Nutzerperspektive argumentiert, wird sich die (aus dem ePaper mit multimedialen Tools sensitiv erweiterte) Tablet-App als Verlängerung der Zeitung eignen und durchsetzen. Auch wird die Produktion einer Tageszeitungs-App mit ihrem strukturierten Aufbau inklusive Redaktionsschluss und Bereitstellungszeit weit mehr derjenigen der gedruckten Zeitung ähneln als jener des heutigen Website-Auftritts.

Fazit

Ich greife den Schlussgedanken des 2. Kapitels hier wieder auf: Die Fortsetzung der Tageszeitung in der digitalen Online-Welt gelingt am ehesten in der Richtung, die derzeit mit den Apps (als Produkt) angepeilt wird: Das ist der digitale Neubau der Zeitungsidee für multimedial funktionierende mobile Touch-Endgeräte. Heute liegen die Smartphones im Trend, zunehmend auch die Tablets, die eines Tages vielleicht abgelöst werden von armbanduhrgroßen Geräten, die virtuelle Screens im DIN-A4-Format erzeugen, oder von Brillen, die aus dem Google-Glasses-Experiment hervorgehen könnten. Oder anderes.

Die künftigen digitalen App-Tablet-Produkte jedenfalls können ihre Nachrichtenübersicht mit ihrem multimedial erweiterten Layout ähnlich klar gewichten und untergliedern wie dies die gedruckte Zeitung seit bald 150 Jahren kann; sie werden dank ihrer sensitiven Oberfläche den Lesern zudem die Möglichkeit der inhaltlichen Einordnung, der Vertiefung und der multimedialen Erweiterungen bieten – und sie werden als Produkt stets auch den Eindruck der nachrichtlichen Abgeschlossenheit (Gefühl der Überschaubarkeit) vermitteln. Ob indessen der insulare Charakter solcher App-Produkte bestehen bleibt oder der neuen Sharing-Welt des Teilens geopfert wird, gehört zu den vielen offenen Fragen des newsbasierten Online-Trends.

Literatur

ARMSTRONG, MURRAY: End of the daily deadline. Morning conference: the Guardian's landmark ›web first‹ policy change. In: *theguardian.com*, vom 13.06.2006

VAN EIMEREN, BIRGIT: »Always on« –Smartphone, Tablet & Co. als neue Taktgeber im Netz. Ergebnisse der ARD/ZDF-Online-Studie 2013. In: *Media Perspektiven*, 7-8, 2013, S. 387-390

HALLER, MICHAEL: Welche Storys sollen Journalisten erzählen? In: *Message, Internationale Zeitschrift für Journalismus*, 1, 2013, S. 76-78

HÖLLIG, SASCHA; UWE HASENBRINK: Nachrichtennutzung in konvergierenden Medienumgebungen. In: *Media Perspektiven*, 11/2013, S. 522-536

JARVIS, JEFF: »Staatshilfe für Verlage? So eine Idee ist absurd«. Interview mit *Spiegel.de* vom 5. Mai 2009. URL: http://www.spiegel.de/netzwelt/web/web-visionaer-jarvis-staatshilfe-fuer-verlage-so-eine-idee-ist-absurd-a-622944.html

NIELSEN, JAKOB: *Usability 101: Introduction to Usability*. St. Petersburg [Poynter Institute] 2012, Online: http://www.poynter.org/uncategorized/81456/eyetrack07-the-myth-of-short-attention-spans/

PRESS GAZETTE: *Guardian staff will file stories for the web first*. Quelle: http://www.pressgazette.co.uk/node/34467 (vom 07.06.2006).

REPORTER-FORUM: *Reporter-Workshop '13 – Wie sich der Journalismus ändern muss*. URL: http://reporter-forum.de/rw13 (2013)

RUSBRIDGER, ALAN: »Warum bis morgen warten, um zu erfahren, was heute geschehen ist?« Essay (Übersetzung eines Beitrags aus *Press Gazette*) unter: http://www.spiegel.de/netzwelt/web/ essay-warum-bis-morgen-warten-um-zu-erfahren-was-heute-geschehen-ist-a-423745.html (2006)

THOMÄ, MANUEL: *Wie informieren wir uns? Mediennutzung zwischen Zeitung und Internet*. Wiesbaden [vs Springer] 2013

10. NEXT GENERATION MEDIA – OHNE LESEMEDIEN?

Für eine Wiederbelebung der Lesekultur bei Kindern und Jugendlichen

Wie verstehen Kinder und Jugendliche die Welt, in der sie sich zurechtfinden sollen? Könnte es sein, dass (zu) viele Heranwachsende im ›kritischen Alter‹ zwischen 16 und 19 Jahren rechtsradikalen Parolen (»Hitler war ein Prophet.«, »Ausländer nehmen uns die Arbeitsplätze weg.«, »Schwule kann man umerziehen, sie gehören ins Arbeitslager.« usw.) hinterherlaufen – nicht, weil sie rechtsradikal erzogen wurden, sondern weil sie den Propagandatrick nicht durchschauen, mit dem Ressentiments als Tatsachen verkauft werden? Könnte es sein, dass vielen jungen Menschen die aussagenlogische Kompetenz fehlt, um politische Programme und Aussagen öffentlicher Personen zu durchschauen?

Im Zuge des zweiten PISA-Tests in den OECD-Staaten wiesen 2006 einige Studien darauf hin, dass Schulabsolventen Mühe hätten, Informationen über aktuelles Geschehen als das aufzunehmen, was sie sind: Beschreibungen wahrgenommener Wirklichkeit. Dies war Anlass für unsere (im Sommer 2008 in Leipzig und Hamburg durchgeführte) Studie *Zeitung verstehen* mit jeweils 60 Berufsschülern (formale Bildung: bis mittlere Reife) zwischen 16 und 19 Jahren – ich habe jenen Test in Kapitel 4 schon mal erwähnt.

Zum Hintergrund (ich komme am Schluss dieses Kapitels darauf zurück): Bekanntlich liefert der Informationsjournalismus eine Wirklichkeitsbeschreibung, die kategorisch unterscheidet zwischen Sachverhalten und moralischen Urteilen. Diese Trennungsregel gehört zu den Grundlagen der politischen Meinungs- und Willensbildung in Demokratien, nach dem Muster: Informiere dich zuerst möglichst sachrichtig, ehe du dir eine Meinung bildest (unbesehen des Umstands, dass es auch Darstellungsformen gibt, die beide Modi vermischen). Für meine Generation war es selbstverständlich, dass wir diese zwei Modi – Sachverhaltsbeschreibung und darauf aufbauende Meinungsbildung – in der Schule sozusagen als Kulturtechnik lernten. Und heute?

Wir haben den Berufsschülern insgesamt 6 Zeitungstexte (drei Berichte, drei Kommentare) zur Lektüre vorgelegt und sie anschließend gebeten, einen Fragebogen auszufüllen. (Nachfolgend finden sich zwei jener Zeitungstexte – Nachricht und Kommentar – als Beispiel). Der in unserem Zusammenhang bemerkenswerte Befund: 66 Prozent (weiblich:männlich im Verhältnis 55:45) hielten den Sachbericht eher für eine Meinungsäußerung oder gaben an, den Unterschied nicht zu kennen; 59 Prozent kreuzten umgekehrt beim Kommentar ›Sachbericht‹ an. Inzwischen haben mehrere Hochschulen ähnliche Tests mit ähnlichen Ergebnissen durchgeführt. Entscheidend daran war dies: Diejenigen, die den Unterschied zwischen Sachbericht und Meinungsäußerung richtig erfasst haben, gaben im Fragebogen an, dass in ihrem Haushalt Zeitung gelesen würde, sie selbst ›gelegentlich‹ auch lesen und man zuhause über das aktuelle Geschehen, über das die Medien berichten, auch reden würde. Die Erkenntnis ist naheliegend, dass die Kulturtechnik des Zeitung-Lesens eine noch größere Bedeutung besitzt als ›nur‹ die im 2. Kapitel beschriebene Orientierungsfunktion. Dass guter Zeitungsjournalismus – im Unterschied zu den sequenziellen News-Diensten und den visuellen Medien – einen Modus der Wirklichkeitsbeschreibung liefert, der für funktionierende Demokratien eine notwendige (wenn auch keine hinreichende) Voraussetzung ist. Dabei kommt der Lesekompetenz im Kontext aktueller Informationsvermittlung eine herausragende Bedeutung zu, doppelt, wenn sie den Heranwachsenden zugleich die Kulturtechnik des Zeitung-Lesens nahebringt. Aber Lesekompetenz allein genügt nicht, wie ich weiter unten darlegen werde.

Selbst Elfjährige trinken regelmäßig

Berlin. Immer mehr Jugendliche trinken mit Freunden zuhause flaschenweise Schnaps, lassen sich auf Partys volllaufen oder kommen mit Alkoholvergiftung ins Krankenhaus: Solchen Alkohol-Exzessen will die Bundes-Drogenbeauftragte Sabine Bätzing (SPD) nun gemeinsam mit anderen Mitstreitern den Kampf ansagen. So trinke jeder zweite 16- bis 17-Jährige monatlich Spirituosen, sagte Bätzing anlässlich der Jahrestagung 2007 der Drogenbeauftragten. Der Handlungsbedarf sei "dringend".

Die Alkohol-Konsumenten würden immer jünger, sagte Bätzing. Jeder fünfte 14-Jährige trinke "wöchentlich". Rund 19.400 Menschen zwischen 10 und 20 Jahren wurden Zahlen des Statistischen Bundesamts vom Juni zufolge im Jahr 2005 volltrunken in Kliniken gebracht – mehr als doppelt so viel wie fünf Jahre zuvor. Da-

runter waren auch 3500 Kinder zwischen 10 und 15 Jahren.

"Dieser Trend setzt sich ungebrochen fort", bedauerte Bätzing. Der Berliner Kinder- und Jugendpsychiater Oliver Bilke erläuterte, die Zahl jener Jugendlicher, die bereits mit 15 oder 16 Jahren behandlungsbedürftig sind, habe sich in den vergangenen Jahren verzehnfacht.

Nach Angaben der Bielefelder Psychologin Ulrike Ravens-Sieberer trinken Elfjährige bereits zu einem Prozent regelmäßig. Während der durchschnittliche Alkoholkonsum jugendlicher seit 2002 gesunken sei, sei die Gruppe der Intensivtrinker gewachsen. Darunter seien viele, die in Schule, Ausbildung oder Beruf alles richtig machen wollten – am Wochenende griffen sie dann zur Flasche, "um Lebensanforderungen und -herausforderungen aus dem Weg zu gehen".

Ein Thema – zwei Texte: Links der mit dem Lead-Satz zugespitzte Sachbericht; rechts der zugehörige Kommentar – beide erschienen 2008 in einer ostdeutschen Regionalzeitung und wurden Berufsschülern zur Einschätzung vorgelegt.

Verbote helfen nicht

Jugendliche, fast Kinder noch, saufen sich kaputt. Und da muss man sich schon wundern, mit welcher Ignoranz und Weltfremdheit unsere Politiker an das Problem herangehen: mit Verboten. Sobald irgendetwas nicht passt, muss ein Verbot her. Die Erfahrung lehrt doch, dass Verbote die Kinder/Jugendlichen nicht schützen.

Solange Trinken unter Jugendlichen als cool gilt, helfen keine neuen Gesetze. Die Verbote ha-

ben einen anderen Effekt: Sie entbinden und entlasten die Erwachsenen von ihrer Fürsorge- und Aufsichtspflicht. Der Sache käme man näher, wenn sich die Erwachsenen – Eltern, Lehrer zuerst – mal fragten, warum manch Jugendlicher das sogenannte "Komasaufen" praktiziert. Könnte es sein, dass der Suff für viele Jugendliche der Ersatz für das Fehlen einer Perspektive ist?

Der Rückgang der Lesekompetenz ist eine externe Einflussgröße, unter der vordergründig alle Printmedien, im Hintergrund aber auch der soziokulturelle Zusammenhalt in der Gesellschaft leidet. Diesen Zusammenhang – dass Lesekompetenz, Tageszeitungsnutzung und politische Partizipation aufeinander aufbauen – thematisierte 2008 auch die Nationale Initiative Printmedien (NIP), angesiedelt beim Bundesbeauftragten für Bildung und Medien im Bundeskanzleramt. Seither haben verschiedene Politiker und Verleger erfasst, dass Zeitung-Lesen und Weltverstehen bereits im schulischen Lernen zusammengehören. Sie haben Maßnahmen auf den Weg gebracht, die tiefer ansetzen als die klassischen Marketingkonzepte wie etwa ›Zeitung in der Schule‹.

Einer Umfrage des Bundesverbands Deutscher Zeitungsverleger (BDZV) zufolge haben sich verschiedene Aktivitäten seit damals markant verstärkt. Der BDZV berichtete im Februar 2013 über eine Erhebung unter anderem dies: »Aktuell bieten drei Viertel der Verlage (75 %) Leseförderungsaktionen wie ›Zeitung in der Schule‹ an; 2006 waren es 66 Prozent. 63 Prozent offerieren ›Zeitung in der Grundschule‹ (2006: 34 %). Und 17 Prozent gehen mit der Zeitung in den Kindergarten (2006: 6 %). Vergleichsweise neu sind Förderprojekte für Auszubildende. Allein 2012 hatten 41 Prozent der Verlage diese Maßnahme für Unternehmen und Betriebe und deren Azubis in ihrem jeweiligen Verbreitungsgebiet auf der Agenda« (Quelle: http://www.bdzv.de/aktuell/pressemitteilungen/artikel/detail/studie_zeitungen_weiten_ihr_ engagement_fuer_junge_zielgruppen_aus/).

Inzwischen haben einzelne Zeitungsverlage Konzepte und Produkte entwickelt, um Kinder und Jugendliche zu erreichen, etwa, indem die lokale Stadtgeschichte mediengerecht aufgearbeitet und Schulen zur Verfügung gestellt wird. Erfolgversprechend sind auch Kooperationen und Aktivitäten, die das Thema Tageszeitung bereits in den Grundschulunterricht spielerisch einbringen und die Kinder über angepasste Eventmedien an die Zeitung (bzw. die Marke) heranführen.

Ein Beispiel: Der Verlag der *Fuldaer Zeitung* hat mit seinem Kinderprogramm ›Der Schlaufuchs‹ ein Konzept, mit dem Website, Live-Aktivitäten und Printzeitung verknüpft werden. Nehmen wir die an die Erwachsenen (Eltern) gerichtete Website der *Fuldaer Zeitung* vom 07. Dezember 2013. Titel: *Ein Hörbuch entsteht bei ›Kinder-Kultur‹* (dazu eine Bilder-Slideshow vom Auftritt des Schlaufuchs sowie ein Video). Textteaser: »Fulda. Mit Rasseln, Trommeln und Glöckchen haben 23 Kinder bei der zweiten Aktion der Veranstaltungsreihe ›Kinder-Kultur‹ gemeinsam mit Komponist und Produzent Frank Tischer ein Hörbuch gestaltet. In der Festscheune des Antoniusheims hat Tischer dazu eine Schlaufuchs-Geschichte erzählt, die vom Nachwuchs mit Geräuschen untermalt wurde.« Es folgt ein Bericht vom Nachmittag, vom Auftritt des Schlaufuchs mit dem Hinweis auf die neue Hörspiel-CD. Abspann: »›Kinder-Kultur‹ ist eine Reihe von kulturellen Veranstaltungen für Kinder. Das Projekt ist aus einer Zusammenarbeit unserer Zeitung mit dem Antoniusheim und der Stadt Fulda entstanden. Finanziert wird es aus dem Erlös des Schlaufuchs-Sommerfestes. Die Teilnahme ist kostenfrei. Kurz vor jeder Veranstaltung wird ein Anmelde-Coupon in der Tageszeitung veröffentlicht« (Quelle: http://www.fuldaerzeitung.de/artikelansicht/artikel/1382996/kultur/ein-horbuch-entsteht-bei-kinder-kultur).

Aktivitäten wie die der *Fuldaer Zeitung* können das veranschaulichen, was wir im Jahre 2009 im Rahmen der NIP anregen wollten: die kulturelle Bedeutung der Tageszeitung in allen relevanten Feldern des Ausbildungssystems offensiv und nachhaltig zu vertreten. Zahlreiche Verlagsleiter und Chefredaktionen haben die Tragweite dieser Strategie erkannt; viele indessen haben sie aus meiner Sicht noch nicht verstanden und zündeln mit Aktiönchen, die wie Silvesterfeuerwerke verpuffen.

Der hier folgende, für Kommunikationswissenschaftler verfasste Text soll hierzu den Begründungszusammenhang herstellen. Er ist ein überarbeiteter und aktualisierter Auszug aus dem Gutachten, das ich 2009 für die NIP erstellt habe (vgl. http://www.bundesregierung.de/Content/ DE/_Anlagen/BKM/2009-08-2-nip-dokumentation-jahrestagung09.pdf?_ blob=publicationFile&v=3).

Generelle Mediennutzungstrends

Einige qualitativ angelegte Studien liefern Hinweise, dass sich insbesondere im formal besser ausgebildeten Teil der jüngeren erwachsenen Bevölkerung gegenüber Internetangeboten eine Art Nutzungsverweigerung abzeichnet, die mit dem Zuwachs an Redundanz sowie an invasiven Interaktionsformen (wie: Spam, Push-Werbung auf den Websites, Bloßstellungen, Überwachung und Kontrolle) erklärt werden. Diese Hinweise ändern aber nichts daran, dass reichweitenstarke Trendprognosen zum Nutzungswandel der Medien im Alltag der Menschen nicht möglich sind. Dies zeigt sich auch darin, dass noch kein hinreichend komplexes Modell der konvergenten Gesamtmediennutzung entwickelt wurde. Nach wie vor stehen Forschungsbefunde etwa zur Wertschätzung der Tageszeitung neben ›harten‹ Daten über den tatsächlichen, gegen Print gerichteten Nutzungswandel – und beide bleiben bezuglos zu Erkenntnissen über inhaltsneutrale Funktionsänderungen der mobilen Medien im Fortgang des technologischen Wandels (vgl. EIMEREN/FREES 2013: 390).

Diese Unvereinbarkeit bedeutet, dass Trendaussagen über Substitutionseffekte – hier: das Internet ersetzt die Zeitungen – reine Spekulation sind. Dies wiederum besagt, dass Behauptungen über die Unumkehrbarkeit des Wechsels von Offline zu Online zumindest aus wissenschaftlicher Perspektive nicht begründet sind: Es ist ebenso wahrscheinlich, dass zumindest im formal besser ausgebildeten Teil der erwachsenen Bevölkerung die Qualitätszeitungen (wieder) an Attraktivität gewinnen, jedenfalls dort, wo die Informations- und Orientierungsfunktion nachgefragt wird. Um diese Tendenzen besser zu verstehen, ist ein Blick auf den derzeitigen Mediennutzungswandel vom Kindesalter an hilfreich.

Medien im Alltag von Kindern

Die Veralltäglichung der digitalen Medien in deutschen Haushalten hat einen Wandel sowohl der Medienpräferenzen als auch der tatsächlichen Mediennutzung bewirkt. Inzwischen wachsen alle Kinder in einem mit elektronischen Medien voll ausgestatteten Haushalt auf: Fernsehgeräte annähernd 100 Prozent, Handy 80 Prozent (Kinder) bzw. 95 Prozent (Jugendliche), Radio 94 Prozent, Computer bzw. Laptop 90 Prozent. Neun von zehn dieser Haushalte verfügen über einen Internet-Zugang. Im ›persönlichen Besitz‹ der Kinder befinden sich Spielkonsolen (53 % der Kinder), Handys (je nach Altersgruppe von 33 bis 90 %) und Fernsehgeräte (42 %); einen eigenen Computer haben bereits 21 Prozent der Kinder. Auf die Frage nach ihren Freizeitaktivitäten antworten praktisch alle Kinder: jeden Tag Hausaufgaben/Lernen und Fernsehen; häufig Freunde treffen und draußen bzw. drinnen spielen (Quelle: MEDIENPÄD. FORSCHUNGSDIENST KIM 2012: 12f.).

Wenn es um die Bedeutung der Medien im Kinderalltag geht, lassen die Antworten der Hauptbezugspersonen indessen eine Diskrepanz erkennen zwischen Wertschätzung und tatsächlicher Nutzung.

Die KIM-Verfasser schreiben: »So gilt das Buch als ›gutes‹ Medium, das die Fantasie der Kinder fördert (Zustimmung: 75 %), aus dem gelernt wird (64 %) und das wichtig für den Schulerfolg ist (68 %). Vom Computer geht die Gefahr aus, Kinder zu Stubenhockern zu machen (65 %), er hat aber auch positiven Einfluss auf den Schulerfolg (51 %), er ist wichtig, um bei Freunden mitzureden (50 %) und Kinder können etwas lernen (47 %). Ungeeignete Inhalte erfahren Kinder nach Meinung der Haupterzieher vor allem aus dem Internet (68 %), hier besteht zudem die Gefahr des Stubenhockens (63 %) und es hat für viele einen Einfluss auf die Gewaltbereitschaft (61 %). Auch ist das Internet wichtig, um bei Freunden mitreden zu können (50 %). Dass man aus dem Internet etwas lernen kann, bestätigen 44 Prozent. [...] Wie der Langzeitvergleich mit den KIM-Studien aus 2008 und 2010 zeigt, handelt

Jugendliche vertrauen der Gattung Tageszeitung

In der vom Medienpädagogischen Forschungsverbund Südwest durchgeführten Repräsentativbefragung Jugendlicher zwischen 12 und 19 Jahren (JIM 2012) ging es auch um das Vertrauen in die Medien. Eine der Fragen lautete: »Stell Dir mal vor, Du wirst im Radio, im Fernsehen, in Tageszeitungen oder im Internet über ein und dasselbe Ereignis informiert, die Berichte widersprechen sich aber bzw. sind voneinander verschieden. Wem würdest Du am ehesten glauben: dem Radio, dem Fernsehen, dem Internet oder der Tageszeitung?«

»Bei widersprüchlicher Berichterstattung würde ich am ehesten vertrauen auf....«

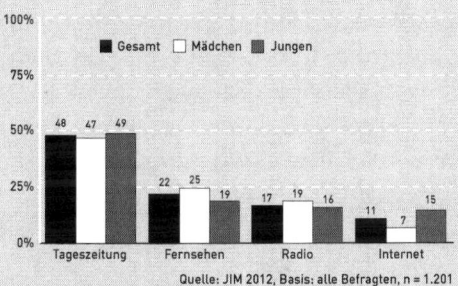

Quelle: JIM 2012, Basis: alle Befragten, n = 1.201

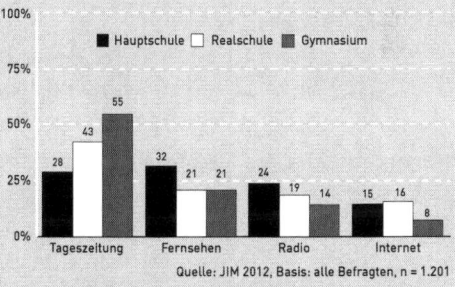

Quelle: JIM 2012, Basis: alle Befragten, n = 1.201

Befund: Je höher die formale Bildung, desto größer ist der Vertrauensvorsprung, den das Lesemedium Tageszeitung gegenüber den Rundfunk- und Online-Medien bei Jugendlichen besitzt, soweit es um die Berichterstattung bei widersprüchlichen Aussagen/Darstellungen geht. Gleichwohl liest der weit überwiegende Teil der Jugendlichen keine Tageszeitungen.

es sich bei den Attributen des Fernsehens um vergleichsweise stabile Einschätzungen, die 2012 nur noch etwas pointierter ausfallen. Das Internet hingegen weist bei allen zugewiesenen Eigenschaften – den positiven wie eher negativen – einen kontinuierlichen Anstieg auf. Offenbar hat die zunehmende Etablierung des Internet dazu geführt, die ebenfalls ambivalenten Meinungen der Eltern zu festigen« (MEDIENPÄD. FORSCHUNGSDIENST KIM 2012: 60f.).

Rund die Hälfte aller Kinder (zwei Drittel der Mädchen) liest auch in der multimedialen Welt ausgesprochen gerne. Allerdings steigt der Anteil der kategorischen Nicht-Leser insbesondere unter den Jungs und in den bildungsschwächeren Milieus weiter an (jeder fünfte). Zusammenfassend bestätigt sich im Medienhandeln der Kinder die Ambivalenz zwischen Nutzungswunsch und Nutzungsrealität: Die meisten Kinder würden die Medien gerne partizipativ (mit Freunden, Eltern usw.) und im Zusammenspiel mit anderen Beschäftigungen nutzen. Übrigens schätzt mehr als die Hälfte der kognitiv anspruchsvolleren Kinder das Fernsehen geringer, dafür Computer und vor allem Lesemedien höher ein. De facto aber dominiert der mit der Bewältigung des Alleinseins verbundene Konsum audiovisueller Unterhaltungsangebote in den Kinderzimmern.

Medien im Alltag der Jugendlichen

In den Haushalten der Jugendlichen ist in Bezug auf die Palette digitaler Medien die Vollausstattung längst erreicht. Fast ebenso hoch ist die Medienverfügbarkeit für die Jugendlichen: Praktisch 85 Prozent besitzen einen Computer mit Internetzugang, zwei Drittel verfügen selbst über ein Fernsehgerät, jeder zweite hat ein Smartphone/iPhone (vgl. MEDIENPÄD. FORSCHUNGSDIENST: JIM 2012: 8). Untersucht man die Wertschätzung (Frage nach ›wichtig‹, nicht identisch mit Bindung) unter den 12- bis 19-Jährigen, so sind Musik hören, ins Internet gehen und das Handy nutzen am wichtigsten (bis zu 90 %). Die Wertschätzung der klassischen Rundfunkmedien Fernsehen (Favorit: PRO7) und Radio ist vor allem bei den Mädchen schwächer als in früheren Erhebungen, während die Wichtigkeit, Bücher zu lesen, nicht ab-, sondern zunimmt (18- bis 19-Jährige: 57 %). Auch nennt in diesem Zusammenhang fast jeder zweite Junge das

Zeitung-Lesen (sozusagen als Trittbrettfahrer), obwohl er überwiegend online unterwegs ist. Das Internet dient den Jugendlichen überwiegend für die Peer-to-peer-Kommunikation (praktisch immer Facebook), als Wissensspeicher (Suchmaschinen) und für Unterhaltungszwecke. Fast ein Drittel weiß auch von schlechten Erfahrungen (»im Internet fertig gemacht worden«) zu berichten (ebd.).

Kennzeichnend für das Jugendalter sind Diskrepanzen zwischen Nutzungsverhalten, Bindung und Wertschätzung. So erstaunt es nicht, dass solche Medien als besonders wichtig und bindungsstark eingeschätzt werden, die eine möglichst intensive Nutzung von Musik – als »wichtigster Bestandteil der Jugendkultur« (ebd.) – ermöglichen. Auffallend ist der schon erwähnte Befund, dass Jugendliche der von ihnen kaum genutzten Tageszeitung mit 48 Prozent (bei den 18- bis 19-jährigen Gymnasiasten sogar auf 55 %) die mit großem Abstand höchste Glaubwürdigkeit zusprechen. Diese ist doppelt so hoch wie für das Fernsehen, dem gegenüber das Vertrauen absinkt: 2008 waren es 31 Prozent, inzwischen sind es noch 22 Prozent. Dem Internet gegenüber wird mit 11 Prozent das geringste Vertrauen aufgebracht.

Dieser Befund ist auch deshalb bemerkenswert, weil die allgemeine Wertschätzung der journalistischen Inhalte des Offline-Mediums ›Tageszeitung‹ in dieser Zielgruppe von 2005 über 2008 zu 2012 kontinuierlich angestiegen ist (von 41 auf 44 auf 48 %), während das Vertrauen in das Internet sank (von 16 über 12 auf 11 %); insbesondere Mädchen bringen dem Internet gegenüber mit nur 7 Prozent das geringste Vertrauen entgegen (a.a.O.: 16). Zwar agieren die internetkompetenten Jugendlichen mit zunehmendem Alter und steigender Schulbildung insbesondere in folgenden Feldern: Suchmaschinen, Community, Videoportale, E-Mails senden/empfangen und Telefonieren. Allerdings verwenden die Jugendlichen knapp die Hälfte der Zeit, während sie online sind, für Peer-to-peer-Kommunikation, ebenfalls knapp die Hälfte für Spiele/Unterhaltung. Nur 15 Prozent der Zeit dient Informationszwecken – mit eher sinkender Tendenz (Vergleich JIM 2008 mit JIM 2012, s. u.: ›Medienpädag. Forschungsdienst‹ im Literaturverzeichnis).

Mehr als ein Drittel der Jugendlichen gab bereits 2008 an, dass Fotos von ihnen ohne ihr Wissen veröffentlicht wurden; 17 Prozent sagten, dass falsche oder beleidigende Aussagen über sie ins Netz gestellt wurden. Umgekehrt fand jeder vierte Jugendliche es in Ordnung, Fotos online zu stellen, ohne den Betreffenden zu fragen. Auch hier sind Diskrepanzen und Kompetenzdefizite im Medienumgang offensichtlich.

Die Folgerung ist naheliegend, dass ein erheblicher Teil der Jugendlichen direkt oder indirekt Erfahrungen mit Urheber- und Persönlichkeitsrechtsverletzungen insbesondere in Peer-Communitys gesammelt hat und mit zunehmendem Alter und steigender Schulbildung gegenüber Online-Diensten eine zunehmend kritische Haltung einnimmt – aber diese zugleich intensiv nutzt (alle hier zitierten Erhebungen fanden noch vor Bekanntwerden der Enthüllungen – dass die Geheimdienste das Internet weltweit kontrollieren – durch Snowden statt).

Brüche in der Mediensozialisation

Diese Stichworte über Mediennutzungstrends bei Kindern und Jugendlichen liefern keine Anhaltspunkte für einen soziokulturellen Umbruch oder eine ›digitale Revolution‹ (KLÖCKNER 2013), sondern differenzieren den bekannten Nutzungstrend, der mit dem Reichweitenrückgang der Lesemedien und dem Schwund der auf Bildung gerichteten Lesekompetenz zusammenfällt. Verkürzt gesagt: Mit den Community-fixierten digitalen Medien entwickeln die Jugendlichen ein zunehmend ambivalentes Lebensgefühl; sie bewegen sich im Spannungsfeld zwischen Identifikationswünschen (Peergroups) und Integrationsbedürfnissen (Erwachsenenwelt), zwischen Zutrauen und Misstrauen (vgl. IFD ALLENSBACH 2009; KLINGLER 2009). Wie kann dieses Spannungsfeld überbrückt werden?

Die klassischen Synchronisationsinstanzen – neben der Schule waren dies früher die Lesemedien, später vor allem das Fernsehen – haben ihre Wirkkraft eingebüßt; sie teilen sich die Aufmerksamkeit mit vielen anderen Attraktoren, deren attraktivster derzeit die Smartphones und Tablets sind (KIM 2012). Dies zeigt sich unter anderem darin, dass ein großer Teil der Jugendlichen die Bedeutung der Tageszeitung als Orientierungsmedium zwar begreift, aber selbst nicht zu nutzen versteht. Vielmehr wird die von den Zeitungen vermittelte Weltsicht als kalte Repräsentation der Elternwelt erlebt und deshalb zurückgewiesen.

Vor allem in den Peer-Milieus der Blogs, Foren und Plattformen verlängert sich die Adoleszenzkrise bis weit ins Erwachsenenalter. Es entstehen politisch diffuse Interaktionsräume, die aber nicht genutzt oder ausgestaltet werden. Erst mit entsprechender Verzögerung ›entdecken‹ dann die jungen Erwachsenen im Zuge ihrer beruflichen und privaten Etablierung das demokratietheoretisch begründete Leitbild des politisch kompetent handelnden Bürgers, der das Gemeinwesen mitgestalten soll bzw. will. Und der darum über Orientierungswissen verfügen muss. Nun endlich könnte das Zeitungsleseinteresse aufblühen, wenn denn eine positive Lese-Erfahrung aus der frühen Jugendzeit vorhanden wäre: Verschiedene Studien belegen, dass im Zuge der Etablierungsphase alte Nutzungsmuster aktualisiert werden, sofern sie positiv besetzt sind (IFD ALLENSBACH 2009).

Vor diesem Hintergrund könnten Tageszeitungen just bei den jüngeren Heranwachsenden eine nachhaltige Bedeutung (zurück)gewinnen: erstens für den Erwerb von Lesekompetenz (wie bekannt), zweitens für den Zugang zum Zeit- und Weltverstehen, drittens für die Herausbildung von Handlungswissen für das soziale und politische Leben vor allem in der lokalen Alltagswelt. Alle drei Dimensionen betreffen den pädagogischen Zweck, Kinder und Jugendliche mit dem Kulturgut ›Tageszeitung‹ vertraut zu machen und ihnen die für die Lebensbewältigung erforderlichen Zugänge zu vermitteln.

Von der Lese- zur Medienkompetenz

Im deutschsprachigen Raum wurden in den vergangenen Jahrzehnten die Projekte ›Zeitung in der Schule‹ (Institut zur Objektivierung von Lern- und Prüfungsverfahren [IZOP], Aachen) und ›Zeitschriften in die Schulen‹ zu Programmen für die verschiedenen Schulstufen ausgebaut. Mehrere Studien konnten zeigen, dass alltagstaugliche Themen insbesondere den Kindern aus bildungsschwachen Milieus den Zugang zum Lesen erleichtern und alltagspraktisches Orientierungswissen vermitteln können (vgl. u.a. Kinder in Deutschland 2007. 1. World Vision Kinderstudie).

Allerdings liegt die Lesekompetenz der Kinder in Deutschland noch deutlich unter dem Niveau vieler vergleichbarer Staaten und erfordert weitere Förderanstrengungen. Zudem machen neuere Erhebungen – wie unsere einleitend referierte Studie – deutlich, dass große Teile der Tageszeitungen in einer unzugänglichen Sprache abgefasst sind und zu kontraproduktiven Reaktionen führen (vgl. u.a. MAIER 2007). Auf der Suche nach einem zielführenden Angebot haben Medienhäuser – etwa in Kooperation mit der dpa – zaghaft die Rubrik ›Kindernachrichten‹ eingeführt, mit der aktuelle Vorgänge kindgerecht beschrieben werden (inzwischen eine unter Erwachsenen beliebte Rubrik). Verschiedene Lokalzeitungen experimentieren mit eigenen Konzepten. Leider aber werden die meisten Initiativen der Forderung nach Medienkompetenz-Erwerb kaum gerecht (Unterrichtshilfen im Rahmen des ZISCH-Programms beispielsweise lösen Zeitungsberichte aus ihrem Layout und liefern sie als singuläre Texte aufgeklebt in Mappen). Erfahrungsberichte Beteiligter machen zudem deutlich, dass aus Sicht von Kindern und Jugendlichen eine Tageszeitung ein sehr komplexes, stark codiertes Kulturprodukt darstellt, dessen Orientierungsleistung erst verstanden wird, wenn deren Codes gelernt und decodiert werden können (wie: Layout und Seitenumbruch, die Lexik, die Darstellungsformen – siehe Einleitung). Medienkompetenz bedeutet also hier, die Kulturtechnik ›Zeitung-Lesen‹ zu erwerben.

Im Unterschied zur Aneignung von Lese- und Nutzungskompetenzen, die bereits im zweiten Grundschuljahr einsetzen sollten, sind die von den Printmedien vermittelten Themen auf Sinn- und Wissenskontexte bezogen, die erst ab dem letzten Grundschuljahrgang verstanden werden. Studien belegen, dass hierfür Tageszeitungen und aktuelle Zeitschriften vor allem Jugendlichen aus bildungsschwachen Milieus kulturelle und politische Orientierungshilfen geben können (vgl. TREUMANN et al. 2007; SÜSS 2008). Allerdings setzt dieses Konzept voraus, dass die Zeitungslesekompetenz nun eben in früheren Schulklassen erworben wurde.

Jugendseiten finden sich heute in fast allen Tageszeitungen. Doch funktionieren sie? Im Rahmen des NIP wurde 2010 eine Evaluation beschlossen; valide Daten liegen aus meiner Sicht bis heute nicht vor. Zwei Einzelstudien, die wir durchgeführt haben, verweisen auf Missverständnisse. So wurde beim Bau von jugendaffinen Angeboten zu wenig berücksichtigt, dass sich im Pubertätsalter die Präferenzen, Stile und Verhaltensmuster rasch verändern. Jugendliche beispielsweise, die sich noch in der Phase der Idolisierung bewegen, werden von Jugendlichen, die nur wenig älter sind und mit Beziehungsthemen zu tun haben, quasi nicht (mehr) verstanden. Die von uns ausgewerteten Erfahrungsberichte führen zu dem Schluss, dass die von Zeitungen produzierten Jugendseiten viel zu grob gerastert sind und von den Zielgruppen nicht oder nur unzureichend ›verstanden‹ werden (vgl. auch ROTHSTOCK 2008). Da die Jugendlichen dieses Alters sich das Internet erschließen und intensiv nutzen, müssten längst neue cross- und multimediale Didaktiken für das Programm ›Zeitung in der Schule‹ entwickelt werden.

Was Jugendliche beim Zeitung-Lesen lernen

Die Bedeutung der Tageszeitung für den Erwerb von solchen Kompetenzen, die für das politische Handeln des Staatsbürgers grundlegend sind, ist im Internetzeitalter weithin vergessen worden. Zum Hintergrund (ich greife die einleitenden Bemerkungen hier wieder auf): Das politische Bewusstsein, soweit es für den Staatsbürger konstituierend ist, erschöpft sich nicht in einer moralisch verstandenen Grundhaltung (HILLMANN 2003: 176-186) und beschränkt sich auch nicht auf Informiertheit über Vorgänge und Ereignisse. Es schließt vielmehr eine Reihe kognitiver Fertigkeiten ein, deren Grundlage das Vermögen darstellt, zwischen der Beschreibung und der Bewertung von Vorgängen in der Realität unterscheiden zu können.

> Der kategoriale Unterschied zwischen faktizierbarem Wissen und urteilender Moral wurde zunächst im England des späten 17. Jahrhunderts, dann im Nordamerika des 18. Jahrhunderts, endlich auch in Deutschland nach dem Ende des National-

sozialismus und dem Neuaufbau der Bundesrepublik zur Norm, ablesbar an der mit der Lizenzvergabe verbundenen Verpflichtung deutscher Zeitungsverleger, Berichterstattung und Meinungsbeiträge strikt zu trennen. Diesem Trennungsgrundsatz lag die Erfahrung zugrunde, dass die politisch handelnden Bürger ihre politischen Optionen nur dann zweckrichtig – etwa im Wahlgang – artikulieren können, wenn sie sich über die relevanten Sachverhalte haben ins Bild setzen lassen und als informierte Bürger Propaganda durchschauen bzw. abwehren können. Dieses Trennungsgebot wird seither in Deutschland von den meisten Informationsmedien praktiziert. Damit werden (auch) die LeserInnen der abonnierten Tageszeitungen in die Lage versetzt, ihre Urteile und politischen Präferenzen auf Tatsachenwissen zu bauen.

Nun zeigen Studien, dass ein großer Teil der Jugendlichen, die keine Zeitungen lesen, den Unterschied zwischen einer Tatsachen- und einer Meinungsäußerung nicht klar zu erkennen vermögen; Auszubildende, die Zeitungen lesen, kennen indessen diesen Unterschied und verstehen seine Bedeutung (MAIER 2007; HALLER 2009). Unter diesem Blickwinkel kommt der klassisch aufgebauten Tageszeitung für die Bewusstseinsbildung von Kindern und Jugendlichen eine herausragende Rolle schon ab der 3. Grundschulklasse zu. In den höheren Schuljahren lernen die Jugendlichen zudem die narrativen und analytischen Realitätsbeschreibungen kennen, später dann auch die Abhängigkeit zwischen dem Handeln der politischen Akteure und der Berichterstattung und Kommentierung durch die Medien.

Dieser Stufenplan vermittelt Fertigkeiten, die von der Medienpädagogik pauschal mit ›Medienkompetenz‹ umschrieben wurden (BAACKE 1997; TREUMANN et al. 2007). Diese beschränkt sich nicht auf die testweise Heranführung von Kindern und Jugendlichen an die Printmedien als Lesestoff; das wäre eine Strategie, die zu keiner nachhaltigen Veränderung führen würde. Der Stufenplan sollte vielmehr die in den Köpfen der Jugendlichen abstrakte Wertschätzung der Offline-Medien konkret machen und einlösen – sofern die Tageszeitung eine in der Lebenswelt der Jugendlichen brauchbare Orientierungsfunktion wahrnimmt und entsprechende Angebote produziert.

Fazit

Ich fasse meine Beschreibungen in den folgenden zehn Vorschlägen zusammen, die punktuell sind und die sich um weitere, in dieselbe Richtung zielende Ideen erweitern lassen:

1. Die Förderung der auf Printmedien gestützten Kompetenzen beginnt bereits in den Familien durch intensiv zu führende Aufklärungskampagnen zum Problemthema ›Kinder und Bildschirmmedien‹.

2. Die Eltern von Kindern im Vorschulalter werden mit einem befristeten Gratis-Abo und mit kindgerechten Lesefördermaterialien, in Großstädten mit auf den Stadtteil zugeschnittenen Servicediensten begleitet.

3. Der didaktische Einsatz von Zeitungen in der Schule sollte nicht nur den Kernfächern (Deutsch- und Politik-Unterricht) zugute kommen, sondern quer zu den Fächern über Querschnittthemen erfolgen.

4. Im Grundschulalter sollten die Kinder die spezifische Kulturleistung der Tageszeitung anhand adäquat zubereiteter Themen kennen- und verstehen lernen (beispielsweise kann die Lokalgeschichte in unterschiedlichen Darstellungsformen auf Sonderseiten in der Zeitung spannend nacherzählt werden).

5. Die Zeitung sollte keinerlei Anbiederung an die Kinder versuchen – weder sprachlich noch thematisch. Aber sie sollte die Weltsicht der Kinder verstehen und ein integratives Konzept fahren (wie: Zeitung in der Schule in Verbindung mit kindgerechten Inszenierungen, flankierenden Produkten und vergünstigten Crossmedia-Abos für zuhause).

6. Die Zeitung als Repräsentant der Eltern-/Erwachsenenwelt ist für Kinder nur bis etwa zum 12. Lebensjahr attraktiv. Entsprechende Programme (wie ZISCH) sollten die Spezifika der einzelnen Jahrgangskohorten genauer und treffender berücksichtigen.

7. Zeitungen in der Schule können helfen, das wirtschaftliche, politische und soziale Geschehen zu verstehen, zu bewerten und

einzuordnen. Für Jugendliche vom 14. Lebensjahr an sollten solche Informationsleistungen crossmedial mit den Schulen am Ort entwickelt werden.

8. Die Zeitungsverlage sollten testen, ob Service-/Nutzwertangebote für jugendliche Zielgruppen über mobile Endgeräte attraktiv aufzubereiten sind und ob für die Gruppe der jungen Erwachsenen in der Etablierungsphase (25- bis 35-Jährige) zielgruppenaffine Ergänzungsmedien angeboten und als Trailer für die Hauptprodukte eingesetzt werden können.

9. Regionalzeitungsverlage sollten sich in ihrem Hauptverbreitungsgebiet als Förderer, Ermöglicher und Sponsor der lokalen Lesekultur wirksam in Szene setzen – etwa als Förderer der restaurierten Stadtbibliothek, als Pate für blinde Kinder und Jugendliche (jede Woche ein Hörbuch der Zeitung), als Veranstalter und Mentor eines Vorlesewettbewerbs u.a.m.

10. Wie schon in den vorigen Kapiteln dargelegt, werden viele Regionalzeitungen unter dem Blickwinkel der Qualitätssicherung derzeit nicht hinreichend professionell gemacht, um nachhaltig wirksame Förderprogramme in Gang zu setzen: Sie enthalten viele Sach-, auch Orthografiefehler, sind oft nicht aktuell, übersehen auch wichtige Themen, haben eine zum Teil unverständliche Sprache, präsentieren plumpe oder unlogische Kommentare wie auch unzureichend recherchierte Berichte u.a.m.

Ehe mit einer Kampagne zur Stärkung der Medienkompetenz und Förderung der Kulturtechnik ›Zeitung-Lesen‹ begonnen wird, müssten viele lokale Tageszeitungen ihren Auftritt, ihre Inhalte mitsamt deren Präsentation grundlegend modernisieren – nur schon, um für Jugendliche verständlicher und interessanter zu werden. Was für die Zukunftssicherung insgesamt zu tun ist, war Thema sämtlicher zehn Kapitel: Vorschläge, die verhindern sollen, dass die Tageszeitungen sich selbst zugrunde richten.

Literatur

BAACKE, DIETER: *Medienpädagogik* (Grundlagen der Medienkommunikation. Band I). Tübingen [Niemeyer Verlag] 1997

DAMMLER, AXEL: Digitales Tal der Ahnungslosen. In: *Drehscheibe*, 7/2009, S. 12-13

DEUTSCHES INSTITUT FÜR INTERNATIONALE PÄDAGOGISCHE FORSCHUNG (DIPF): *Pisa 2009 – Ergebnisbericht*. Online: http://pisa.dipf.de/de/pisa-2009/ergebnisberichte (2010)

EIMEREN, BIRGIT VAN; BEATE FREES: Rasanter Anstieg des Internetkonsums – Onliner fast drei Stunden täglich im Netz. Ergebnisse der ARD/ZDF-Onlinestudie 2013. In: *Media Perspektiven*, 7-8/2013, S. 358-372

EIMEREN, BIRGIT VAN; CHRISTA-MARIA RIDDER: Trends in der Nutzung und Bewertung der Medien 1970 bis 2010. Ergebnisse der ARD/ZDF-Langzeitstudie Massenkommunikation. In: *Media Perspektiven*, 1/2011, S. 2-15

FEIERABEND, SABINE; ULRIKE KARG; THOMAS RATHGEB: Kinder und Medien. Ergebnisse der KIM-Studie 2012. In: *Media Perspektiven*, 3/2013, S. 143-153

FEIERABEND, SABINE; ULRIKE KARG; THOMAS RATHGEB: Kleinkinder und Medien. Ergebnisse der miniKIM-Studie 2012. In: *Media Perspektiven*, 11/2013, S. 537-544

FEIERABEND, SABINE; ALBRECHT KUTTERORF: Medien im Alltag Jugendlicher – multimedial und multifunktional. Ergebnisse der JIM-Studie 2008. In: *Media Perspektiven*, 2008, S. 612-624

HAGENAH, JÖRG: *Das Aussterben der Zeitungen in allen Bildungsschichten. Die Entwicklung des intensiven Zeitungslesens nach Bildung*. MA-Auswertungen des Medienwissenschaftlichen Lehr- und Forschungszentrums (MLFZ) an der Universität Köln. Bericht 17/2008

HALLER, MICHAEL: *Ziele und Strategien für eine Wiederbelebung der Lesekultur durch Printmedien bei Kindern und Jugendlichen – eine im Auftrag der Nationalen Initiative Printmedien durchgeführte Studie*. Berlin 2009. Online: http://www.bundesregierung.de/Content/

DE/_Anlagen/ʙᴋᴍ/2009-08-2-nip-dokumentation-jahrestagung09.
pdf?__blob=publicationFile&v=3

ʜɪʟʟᴍᴀɴɴ, ᴋᴀʀʟ-ʜᴇɪɴᴢ: *Wertwandel. Ursachen, Tendenzen, Folgen*. Würzburg [Carolus Verlag] 2003

ɪɴsᴛɪᴛᴜᴛ ғüʀ ᴅᴇᴍᴏsᴋᴏᴘɪᴇ ᴀʟʟᴇɴsʙᴀᴄʜ: *Generationen-Barometer 09*
(IfD-Umfrage 5256, Februar/März 2009)

ᴋʟɪɴɢʟᴇʀ, ᴡᴀʟᴛᴇʀ: Jugendliche und ihre Mediennutzung 1998 bis
2008. In: *Media Perspektiven,* 2009, S. 625-634

ᴋʟöᴄᴋɴᴇʀ, ᴊᴜʟɪᴀ: »Medien- und Netzpolitik in der neuen Bundesregierung stärker verankern«. Interview mit der Vorsitzenden der
ᴄᴅᴜ-Fraktion im Landtag von Rheinland-Pfalz. In: *Medienpolitik.net*
vom 21.11.2013

ᴋöᴄʜᴇʀ, ʀᴇɴᴀᴛᴇ: *Die junge Generation als Vorhut gesellschaftlicher Veränderungen.* Daten: Allensbacher Archiv, Allensbacher Werbeträger Analyse 1997 bis 2008 (2008)

ᴍᴀɪᴇʀ, ᴍɪᴄʜᴀᴇʟᴀ: *Zeitung lesen macht Azubis schlau.* Gemeinsame Studie
der Universitäten Koblenz-Landau und Kaiserslautern. Quelle: Referat Öffentlichkeitsarbeit der Universität Koblenz-Landau 2007

ᴍᴀʀsᴅᴇɴ, ɴɪᴄᴏʟᴀ; ғʀᴀɴᴢɪsᴋᴀ ᴅʀᴇsᴄʜᴇʀ: Lesemotivation und Tageszeitung: Was motiviert Grundschulkinder zum Zeitunglesen? In:
medien+erziehung, 2/2009, S. 56-62

ᴍᴀʀsᴅᴇɴ, ɴɪᴄᴏʟᴀ; ɪɴɢᴏ ᴛᴇᴇɢᴇɴ: Zur Nutzung des Mediums Tageszeitung bei Grundschulkindern. In: *medien+erziehung,* 2/2006, S. 50-56

ᴍᴇᴅɪᴇɴᴘäᴅᴀɢᴏɢɪsᴄʜᴇʀ ғᴏʀsᴄʜᴜɴɢsᴠᴇʀʙᴜɴᴅ süᴅᴡᴇsᴛ (Hrsg.): ᴊɪᴍ
*2012 – Jugend, Information, (Multi-)Media. Basisstudie zum Medienumgang
12- bis 19-Jähriger in Deutschland.* ᴘᴅғ-Download (2012)

ᴍᴇᴅɪᴇɴᴘäᴅᴀɢᴏɢɪsᴄʜᴇʀ ғᴏʀsᴄʜᴜɴɢsᴠᴇʀʙᴜɴᴅ süᴅᴡᴇsᴛ (Hrsg.):
ᴋɪᴍ-*Studie 2012. Kinder + Medien. Basisuntersuchung zum Medienumgang
6- bis 13-Jähriger in Deutschland.* ᴘᴅғ-Download (2012)

ᴍüʟʟᴇʀ, ᴛʜᴏʀsᴛᴇɴ: Habitualisierte Mobilnutzung – Smartphones
und Tablets gehören zum Medienalltag. Ergebnisse der ᴀʀᴅ-Mo-
bilstudie. In: *Media Perspektiven,* 9/2013, S. 410-422

OEHMICHEN, EKKEHARDT; CHRISTIAN SCHRÖTER: Medienübergreifende Nutzungsmuster: Struktur- und Funktionsverschiebungen. In: *Media Perspektiven*, 2008, S. 394-409

PASQUAY, ANJA: *Lesen, Spielen, Lernen – Kinder und Zeitung*. Berlin [zv Zeitungs-Verlag Service GmbH] 2007

PISA-KONSORTIUM DEUTSCHLAND (Hrsg.): *PISA 2006. Die Ergebnisse der dritten internationalen Vergleichsstudie*. Münster [Waxmann] 2006

RICHTER, KARIN; MONIKA PLATH: *Lesemotivation in der Grundschule*. Weinheim, München [Juventa] 2005

RÖHL, CONSTANCE: *Auf dem Weg zur optimalen Jugendseite – ein Vergleich unterschiedlicher Konzepte regionaler Abonnementszeitungen*. Diplomarbeit Universität Leipzig [Institut KMW] 2005

ROTHSTOCK, KARIN: *Was Zeitungsleser von morgen über die Zeitung von heute denken: Jugend und Zeitung. Nutzung, Herausforderungen und Chancen eines klassischen Mediums in der jungen Generation*. München [Verlag Dr. Müller] 2008

SCHWEIGER, WOLFGANG: *Theorien der Mediennutzung. Eine Einführung*. Wiesbaden [vs Verlag für Sozialwissenschaften] 2007

SÜSS, DANIEL: Mediensozialisation und Medienkompetenz. In: BATNINIC, BERNAD; MARKUS APPEL (Hrsg.): *Medienpsychologie*. Heidelberg [Springer] 2008, S. 361-378

TREUMANN, KLAUS PETER; DOROTHEE M. MEISTER; UWE SANDER; JÖRG HAGEDORN; MANUELA KÄMMERER: *Medienhandeln Jugendlicher. Mediennutzung und Medienkompetenz*. Wiesbaden [vs Verlag für Sozialwissenschaften] 2007

WORLD VISION DEUTSCHLAND (Hrsg.): *Kinder in Deutschland 2007. 1. World Vision Kinderstudie*. TNS Infratest Sozialforschung. Frankfurt/M. 2007

ZUBAYR, CAMILLE; STEFAN GEESE: Die Informationsqualität der Fernsehnachrichten aus Zuschauersicht. Ergebnisse einer Repräsentativbefragung zur Bewertung der Fernsehnachrichten 2012. In: *Media Perspektiven*, 6/2013, S. 322-338

ZUM AUSKLANG EIN BISSCHEN
THEORIE: TAGESZEITUNGEN IM
GESELLSCHAFTLICHEN WANDEL

Warum haben es die Tageszeitungen heute so schwer, ihr Publikum zu
finden und ihre Geltung als ›das‹ Orientierungsmedium aufrecht zu erhalten? In diesem Reader habe ich die aus meiner Sicht wichtigsten Problemfelder und Auswege diskutiert. Nur im letzten Kapitel ging es um
einen Wirkungszusammenhang, der sich quasi oberhalb der Blattmacher-
Perspektive auf der Ebene der Soziokultur abspielt und die Zeitungen zu
Objekten des gesellschaftlichen Wandels macht. Ich habe dieses Thema im
dritten Kapitel kurz angerissen, als es um die Gründe für das Desinteresse
der nachwachsenden Generationen an der Tageszeitung seit den 1980er-
Jahren ging. Hier nun ein paar nachklappernde Erwägungen, die den
theoretischen Hintergrund zu den genannten Kapiteln ergänzen sollen.

Den sozialen Wandel verstehen lernen

Um den immensen Geltungsverlust der Gattung ›Tageszeitung‹ in der
jüngeren Erwachsenenwelt zu verstehen, sollte man beide Seiten zusammen betrachten: einerseits den Geltungsverlust des Angebots und
das Missmanagement der Blattmacher – und andererseits den sozialen
Wandel, der durch das Internet vermutlich beschleunigt, sicher aber
nicht verursacht wurde. Tatsächlich haben sich die Vorstellungen darüber, was im persönlichen Leben wie im sozialen Lebenszusammenhang

sinnvoll, wichtig und erstrebenswert sei, seit den frühen 1980er-Jahren
markant verändert. Die Tragik besteht darin, dass noch heute zahlreiche
Zeitungsverantwortliche diesen Wandel nicht nachvollziehen, geschweige
denn konzeptionell damit umgehen können (mir ist der Chefredakteur
einer Berliner Tageszeitung noch gut in Erinnerung, der mich auf dem
Podium mit beißendem Spott überzog, als ich sein Zeitungsverständnis
als repräsentativ für die frühen 1980er-Jahre nannte. Dass seine Zeitung
seit damals mehr als ein Drittel ihrer verkauften Auflage verloren hat,
schob er auf das Internet). Diese Prozesse sind freilich abstrakt und laufen oberhalb der Wahrnehmungsschwelle der auf den Medienwettbewerb fixierten Blattmacher ab. Wir benötigen darum die Deutungshilfe
der Soziologen, denn wenn sie den gesellschaftlichen Wandel untersuchen, konstruieren sie eine Begrifflichkeit, mit welcher die sonst nur
verschwommen wahrgenommenen sozialen und kulturellen Phänomene
präziser erfasst werden. Solch ein begriffliches Konstrukt ist die ›Sozialstruktur‹. Diese wird üblicherweise erstens anhand der demografischen
Grundgliederung der Bevölkerung, zweitens anhand der Verteilung
der Ressourcen (Bildung, Beruf und Einkommen) sowie drittens nach
Maßgabe der Durchlässigkeit dieser Strukturen beschrieben (vgl. insb.
ZAPF 1994, 1995). Im Unterschied zur früheren, eher undurchlässig strukturierten Industriegesellschaft (Klassen und Schichten) beschreibt die
Soziologie die Strukturen der nachmodernen Gesellschaft als weicher
und durchlässiger. Nicht mehr von Schichten, sondern von ›fließenden‹
Sozialmilieus, von Mentalitäten und Lebensstilen ist die Rede, die deutlich unterschiedliche Wertevorstellungen generieren. Schon Anfang der
1980er-Jahre sprach der Soziologe Ulrich Beck von einem dynamischen
»Prozess der Individualisierung und Diversifizierung von Lebenslagen
und Lebensstilen« (BECK 1986: 122), der sich nicht mehr mit den alten
Schichtmodellen und überkommenen Wertemustern (Stichwort: Fortschritt) in Einklang bringen lasse.

Seit damals verläuft der soziale Wandel eher ungerichtet; er bewirkt
Ausdifferenzierungen, macht also die Gesellschaft komplexer und ihre
Sozialstrukturen durchlässiger. Damit steigen für die Individuen die

Chancen des sozialen Aufstiegs sowie ihrer Persönlichkeitsentfaltung. Mit der Pluralisierung der Werte entwickeln sich allerdings auch Kräfte, die desintegrativ wirken und die Milieus voneinander abschotten. Seit den 1980er-Jahren driften die verschiedenen Lebens- und Wertewelten auseinander – mit dem Nebeneffekt einer fortschreitenden Segmentierung (Spartenprogramme und Communitys) und Diversifizierung (immer engere Zielgruppen) der Medienangebote. Entsprechend anspruchsvoller ist es heute, den gesellschaftlichen Diskurs über die Milieugrenzen hinweg medial in Gang zu halten.

Widersprüchliche Tendenzen des sozialen Wandels

In der Sozialforschung werden folgende, den soziokulturellen Wandel prägende Effekte beschrieben, die zum Teil gegenläufige Prozesse intendieren und zu prekären Zuständen führen (können):

- *Modernisierung*: Die sozialen Strukturen werden dank höherer Bildungsqualifikationen durchlässiger; Mobilität und Kommunikation nehmen zu. Dadurch erweitern sich Spielräume für die Persönlichkeitsentfaltung sowie für partizipatorische Interessen und Initiativen. Diese werden derzeit vor allem über mobile Digitalmedien ausgelebt.
- *Regression*: Der soziokulturelle Wandel erzeugt Überforderung und Verunsicherung – mit der Folge von Orientierungslosigkeit, Sinn- und Werteverlust. Diese Desorientierung fördert autoritäre und aggressive Neigungen, die in Gruppen, aber auch über Videospiele und eskapistische Unterhaltungsangebote (mit dem Wirkungsproblem von Gewaltdarstellung) ausgelebt werden.
- *Segregation*: Die Werte- und Lebenswelten driften auseinander und verstärken die sozialhierarchische Differenzierung. Soziale Deklassierungs- und Ausgrenzungsprozesse nehmen zu und werden von den Boulevardmedien (per Stigmatisierung) weiter verstärkt.
- *Integration*: Die unterschiedlichen Werte- und Lebenswelten bleiben auf einen gesellschaftlichen Basiskonsens über Grundwerte und

Sinngehalte bezogen. Dieser Bezug wird über öffentliche Kommunikationen hergestellt, in erster Linie über reichweitenstarke Informationsmedien, sofern diese verständigungsorientiert kommunizieren. Wenn sie dies tun, weichen sie Sozialhierarchien auf und mindern Orientierungslosigkeit.

Die Medien in den Wandel einbeziehen

Zu Beginn der 1980er-Jahre wurde (vom damals neu gegründeten Sinus-Institut) diese veränderte Strukturierung der gesellschaftlichen Verhältnisse empirisch mit den seither sogenannten ›Lebensstil-Milieus‹ beschrieben. Sie zeigen zum Beispiel, wie konservative oder hedonistische oder technikaffine oder zukunftsoffene Lebenshaltungen mit welchen Medienrezeptionen zusammenhängen. Sie machten auch deutlich, dass die Regionalpresse bereits im Fortgang der 1980er-Jahre die zukunfts-orientierten, eher optimistisch eingestellten und technikaffinen jungen Milieus kaum noch erreicht hat.

Periodisch werden die Milieubeschreibungen anhand von Repräsentativbefragungen an den sozialen Wandel angepasst. Die letzte (mir bekannte) Anpassung aus dem Jahr 2010 berücksichtigt »Entwicklungen wie die Flexibilisierung von Arbeit und Privatleben, die Erosion klassischer Familienstrukturen, die Digitalisierung des Alltags und die wachsende Wohlstandspolarisierung« und verweist auf eine erneut »nachhaltig veränderte Milieulandschaft« (Sinus-Update vom 30.08.2010), die sich abermals gegen das klassische Lesemedium Zeitung auswirkt.

Verschiedene Marktforschungsprogramme haben sich das Sinus-Modell zunutze gemacht, so auch die von ARD und ZDF betriebene , in den vorigen Kapiteln wiederholt angeführte Langzeitstudie ›Massenkommunikation‹, die Mediennutzungen nach Maßgabe von Werteorientierungen, Lebensstilen und sozialen Lagen in der erwachsenen Bevölkerung errechnet. Den Ergebnissen der 2010 vorgelegten letzten Studie zufolge gelten Radio und Fernsehen – und nicht die Internetmedien – noch immer in sämtlichen Lebenswelten als die Basismedien, sie sind die meistgenutzten Medien in allen Milieus (und bestätigen die vom IPJ empirisch erhobenen und im 3. Kapitel referierten Daten der Jahre 2010 bis 2013). Die im Internet abrufbaren Medien erzielen in den sogenannten ›avangardistischen Milieus der Performer‹ und den ›expeditiven Milieus‹ die relativ höchsten Reichweiten. Tageszeitungen erreichen diese Milieus derzeit kaum noch; sie werden vor allem von den konservativen und traditionalen Milieus genutzt. Bedeutsam ist aber, dass die (allerdings derzeit schrumpfenden) liberal-intellektuellen und sozial-ökologischen Milieus, wenn sie sich informieren möchten, in erster Linie die Tageszeitung nutzen – sofern das Zeitungsangebot ihren Erwartungen genügt (Näheres hierzu in: ENGEL/MAI 2010: 558-571).

Die Medienkompetenz des Publikums

Verunsicherungen durch die Wiedervereinigung, zunehmende Ungleichverteilung der Chancen und Güter, Schwund an Allgemeinbildung, negative Globalisierungseffekte, überkomplexe Euro-Krise, unberechenbare Umbrüche in Peripherieländern und dem islamischen Nahen Osten, Entdemokratisierungstrends in Osteuropa – und so weiter: Viele politische und wirtschaftliche Veränderungen bewirken weiterhin Verunsicherungen und steigern die desintegrativ wirkende Tendenz zur Segregation und Regression. Dies bedeutet umgekehrt, dass Informationsmedien, die aufklärerisch und zugleich integrativ funktionieren (können), an Bedeutung gewinnen. Im Internet findet sich hierzu keine überzeugende Lösung, denn die digitalen Online-Medien sind aus Nutzersicht dem Überwachungsverdacht ausgesetzt; zudem folgen sie dem kommerziell erwünschten Individualisierungstrend (›on demand‹) und dem segmentierenden Special Interest. Dem gegenüber müsste die Gattung Tageszeitung (offline ebenso wie als App) ein geschlossenes, integrativ funktionierendes General-Interest-Medium sein bzw. bleiben – zumindest als Potenzial (dass viele Zeitungen dieses Potenzial selbst vernichten, wurde im 2. und 7. Kapitel beschrieben).

Ob das Lesemedium ›Regionalzeitung‹ diese integrative Funktion tatsächlich erfüllt, hängt (auch) davon ab, ob die Kulturtechnik ›Zeitung-Lesen‹ beherrscht und weiterhin bzw. erneut wertgeschätzt wird. Trotz verschiedener begrüßenswerter Aktivitäten – mustergültig das medienpädagogische Programm ›Zukunft Bilden‹ der *Braunschweiger Zeitung* – fehlt noch weithin das Bewusstsein für diese Voraussetzung. Noch in den 1980er-Jahren war die im vorigen Kapitel diskutierte Kulturtechnik ›Zeitung-Lesen‹ (und -›verstehen‹) selbstverständlich; heute ist sie es nicht mehr. Für die Zukunft der Zeitung – egal, über welchen Channel sie verbreitet werden wird – ist darum nicht allein ihre produktinhaltliche Modernisierung entscheidend, sondern auch, ob diese Kulturtechnik in den Schulen von Grund auf erlernt und in der Berufsausbildung vertieft werden wird.

Noch ist der Hoffnungsglaube an die Zukunft der Zeitung lebendig, auch in der deutschen erwachsenen Bevölkerung. Mein datengestützter Glaube wird durch die erwähnten Lebensstil-Milieu-Modelle, zudem durch die vom Hans-Bredow-Institut publizierte Studie über die ›Informationsrepertoires der deutschen Bevölkerung‹ bestärkt (Näheres: HASEBRINK/SCHMIDT 2012). Dieser Repräsentativbefragung zufolge nutzen derzeit neun von zehn Erwachsenen die Rundfunknachrichten mindestens einmal pro Woche; immerhin 74 Prozent greifen ›mindestens einmal pro Woche‹ zur Zeitung, während die Nachrichten der Online-Plattformen nur von 33 Prozent mindestens einmal pro Woche genutzt werden. Mithilfe einer Cluster-Analyse haben die Verfasser der Studie sechs unterschiedliche Typen konstruiert; den für die Zukunft der Zeitung interessantesten umschreiben sie so:

Er zeichnet sich aus durch die »vergleichsweise häufigste Nutzung der Online-Angebote von Internetportalen, Printmedien und Fernsehveranstaltern sowie von Google News. Auch die klassischen Informationsangebote in anderen Mediengattungen, z.B. politische Fernsehmagazine, regionale und überregionale Tageszeitungen sowie Nachrichtenmagazine werden überdurchschnittlich genutzt – insgesamt also durchweg im engeren Sinne journalistische Angebote. Entsprechend liegt die Breite des Informationsrepertoires recht hoch. Die Nutzungsdauer ist für alle Medien moderat, bei Radio und Fernsehen deutlich niedriger als im Durchschnitt. Im Hinblick auf die ›harten‹ Informationsinteressen – Informationen über das Weltgeschehen und über Deutschland sowie politische Meinungsbildung – weist diese Gruppe die höchsten, bei den anderen durchschnittliche Werte auf [bezieht sich auf Nachrichten aus der Region und über Prominente, M.H.]. Die Zusammensetzung nach Altersgruppen weist Schwerpunkte bei den 30- bis 39- sowie den 60- bis 69-Jährigen auf; unterrepräsentiert sind hingegen die ab 70-Jährigen. Männer sind leicht überrepräsentiert. In Hinblick auf die formale Bildung [...] handelt sich um die höchst gebildete Gruppe. Als Kurzbezeichnung für diese Gruppe wird ›Journalismusinteressierte‹ vorgeschlagen« (HASEBRINK/SCHMIDT 2012: c22). Diese Strukturdaten decken sich weitgehend mit den in den Kapitel 3 und 4 referierten Ergebnissen aus den IPJ-Leser-Panels.

Hier haben wir sie also wieder vor uns: Die Generation der jungen Erwachsenen der Altersgruppe rund um 30 Jahre, die ihre Etablierungsphase durchläuft, sich in der lokalen Alltagswelt einrichten und am sozialen und politischen Leben teilhaben möchte. Und die deshalb die Orientierungsleistung der informativ und aktuell gemachten Regionalzeitung haben will. Diese Generation ist der Schlüssel, der das Tor öffnet, vor dem das große Schild steht: »Dahinter befindet sich die Zukunft der Zeitung.«

Literatur Gesamtverzeichnis

ANDERSON, C.W.; BELL, EMILY; SHIRKY, ZLAY: Post-Industrial Journalism: Adapting to the Present. A report. In: *Columbia Journalism Revue*, 2013. URL: http://towcenter.org/research/post-industrial-journalism

ARD/ZDF-MEDIENKOMMISSION (Hrsg.): *Zehn Jahre ARD/ZDF-Onlinestudie. Eine Studie der Projektgruppe ARD/ZDF-Multimedia (BR, hr, rbb, SWR, ZDF)*. Baden-Baden, Mai 2007

ARMSTRONG, MURRAY: End of the daily deadline. Morning conference: the Guardian's landmark ›web first‹ policy change. In: *theguardian.com*, 13.06.2006. URL: http://www.theguardian.com/commentisfree/2006/jun/13/endofthedailydeadline

ARNOLD, KLAUS: *Qualitätsjournalismus. Die Zeitung und ihr Publikum*. Konstanz [UVK Verlagsgesellschaft] 2009

BAACKE, DIETER: *Medienpädagogik. Grundlagen der Medienkommunikation*. Band I. Herausgegeben von Erich Straßner. Tübingen [Niemeyer Verlag] 1997

BDZV (Hrsg.): *Paid-Content Angebote deutscher Zeitungen – Übersicht*. URL: http://www.bdzv.de/zeitungen-online/paidcontent/ [02.10.2013] (2013)

BECK, ULRICH: *Risikogesellschaft - Auf dem Weg in eine andere Moderne*. Frankfurt/M. [Suhrkamp] 1986

BEST, STEFANIE; BREUNIG, CHRISTIAN: Parallele und exklusive Mediennutzung. Ergebnisse auf Basis der ARD/ZDF-Langzeitstudie Massenkommunikation. In: *Media Perspektiven*, 1/2011, S. 16-35

BEST, STEFANIE; ENGEL, BERNHARD: Alter und Generation als Einflussfaktoren. Kohortenanalysen auf Basis der ARD/ZDF-Langzeitstudie Massenkommunikation. In: *Media Perspektiven*, 11/2011, S. 525-542

BLEICHER, JOAN KRISTIN; BERNHARD PÖRKSEN (Hrsg.): *Grenzgänger. Formen des New Journalism.* Wiesbaden [vs Verlag] 2004

BONK, SOPHIE: *Diktatur der Quote? Der Einsatz von ReaderScan in deutschen Tageszeitungsredaktionen: Umsetzung – Konsequenzen – Bewertungen.* Dissertation [Universität Münster] 2010

BRACKVOGEL, THOMAS; BECKER, ULRICH: »Wir sind unentbehrlich«. Ein Gespräch mit der Südwest Presse. In: *Kontext:Wochenzeitung* vom 04.09.2013. URL: http://www.kontextwochenzeitung.de/macht-markt/127/wir-sind-unentbehrlich-1711.html

BROSDA, CARSTEN: *Diskursiver Journalismus. Journalistisches Handeln zwischen kommunikativer Vernunft und mediensystemischem Zwang.* Wiesbaden [vs Verlag für Sozialwissenschaften] 2008

BUCHER, HANS-JÜRGEN; SCHUMACHER, P.; DUCKWITZ, A.: *Mit den Augen der Leser: Broadsheet und Kompakt-Format im Vergleich. Eine Blickaufzeichnungsstudie zur Leser-Blatt-Interaktion.* Darmstadt [Ifra Special Report] 2007

BUCHER, HANS-JÜRGEN; ALTMEPPEN, KLAUS-DIETER (Hrsg.): *Qualität im Journalismus. Grundlagen –Dimensionen – Praxismodelle.* Wiesbaden [Westdeutscher Verlag] 2003

BUNDESVERBAND DEUTSCHER ZEITUNGSVERLEGER BDZV (Hrsg.): *Zeitungen 2011/12.* Berlin [zv Verlag] 2011

BUNDESVERBAND DEUTSCHER ZEITUNGSVERLEGER BDZV (Hrsg.): *Zeitungen 2013/14.* Berlin [zv Verlag] 2013

CHMIELEWSKI, DANIEL: *Lokale Leser. Lokale Nutzer. Informationsinteressen und Ortsbindung im Vergleich. Eine crossmediale Fallstudie.* Köln [Herbert von Halem] 2011

CHRISTIANUS, DIETER: *Dem Zeitungsleser auf der Spur. Qualitäts- und Zufriedenheitsmanagement in Zeitungsverlagen.* Marburg [Tectum Verlag] 2011

DAMMLER, AXEL: Digitales Tal der Ahnungslosen. In: *Drehscheibe,* 7/2009, S. 12-13

DEISENBERG, ANNA MARIA: RFID – moderne Technologie macht Leser transparent. In: KOSCHNIK, WOLFGANG J. (Hrsg.): FOCUS-*Jahrbuch 2009. Schwerpunkt: Die Zukunft der Printmedien.* München 2009, S. 415-444

DERNBACH, BEATRICE; ROTH, JUDITH: Literalität des Alltags: Von Scannern, Gehern und Direkteinsteigern – Eine Typologie von Verhaltensmustern beim Zeitunglesen. In: *Medien & Kommunikationswissenschaft*, 55, 1/2007, S. 24-42

DETJEN, CLAUS: Zeitungskrise – ein Scheinwerfer, der vieles im Dunkeln lässt. In: SCHRÖDER, MICHAEL; SCHWANEBECK, AXEL (Hrsg.): *Zeitungszukunft Zukunftszeitung. Der schwierige Gang der Tagespresse in die Informationsgesellschaft des 21. Jahrhunderts.* München 2005, S. 147-154

DEUTSCHER JOURNALISTENVERBAND DJV (Hrsg.): *Acht Thesen zum Verbandstag 2013.* URL: http://www.djv.de/uploads/media/_Thesen_Zukunft_des_Journalismus.pdf

DEUTSCHES INSTITUT FÜR INTERNATIONALE PÄDAGOGISCHE FORSCHUNG (DIPF): *Pisa 2009 – Ergebnisbericht.* URL: http://pisa.dipf.de/de/pisa-2009/ergebnisberichte (2010)

DONSBACH, WOLFGANG; RENTSCH, MATHIAS; SCHIELICKE, ANNA-MARIA; DEGEN, SANDRA: *Entzauberung eines Berufs. Was die Deutschen vom Journalismus erwarten und wie sie enttäuscht werden.* Konstanz [UVK] 2009

DUECK, GUNTER: *Das Neue und seine Feinde. Wie Ideen verhindert werden und wie sie sich trotzdem durchsetzen.* Frankfurt/M. [Campus Verlag] 2013

EBERT, LENA; KLINGLER, WALTER; KARG, ULRIKE; RATHGEB, THOMAS: FIM 2011. Familie, Interaktion & Medien. Untersuchung zur Kommunikation und Mediennutzung in Familien. Hrsg. vom Medienpädagogischen Forschungsverbund Südwest. Stuttgart, Februar 2012. Zusammenfassung. In: *Media Perspektiven*, 4/2012, S. 189-202

EDMONDS, RICK: *EyeTrack07: The Myth of Short Attention Spans.* St. Petersburg, Florida [The Poynter Institute] 2011. URL: http://www.poynter.org/uncategorized/81456/eyetrack07-the-myth-of-short-attention-spans/ (2011)

EICKELKAMP, ANDREAS: Was ist Nutzwertjournalismus? In: FASEL, C. (Hrsg.): *Nutzwertjournalismus.* Konstanz [UVK] 2004, S. 14-33

EHRENBERG, MARIA; HAKE, SABINE: Media-Analyse: *Die Entwicklung des Lesens regionaler Tageszeitungen nach Altersgruppen. Medientrends und sozialer Wandel. MLFZ-Reihe mit aktuellen und historischen Medientrends.* Universität Köln, Bericht Nr. 45/2008

EIMEREN VAN, BIRGIT: ›Always on‹ –Smartphone, Tablet & Co. als neue Taktgeber im Netz. Ergebnisse der ARD/ZDF-Onlinestudie 2013. In: *Media Perspektiven*, Ausgabe 7-8/2013, S. 387-390

EIMEREN, BIRGIT VAN; RIDDER, CHRISTA-MARIA: Trends in der Nutzung und Bewertung der Medien 1970 bis 2010. Ergebnisse der ARD/ZDF-Langzeitstudie Massenkommunikation. In: *Media Perspektiven,* 1/2011, S. 2-15

EIMEREN, BIRGIT VAN; FREES, BEATE: Der Internetnutzer 2009 – multimedial und total vernetzt. In: *Media Perspektiven* 7/2009, S. 334-348

EIMEREN, BIRGIT VAN; FREES, BEATE: Rasanter Anstieg des Internetkonsums – Onliner fast drei Stunden täglich im Netz. Ergebnisse der ARD/ZDF-Onlinestudie 2013. In: *Media Perspektiven,* 7-8/2013, S. 358-372

EIMEREN, BIRGIT VAN; RIDDER, CHRISTA-MARIA: Trends in der Nutzung und Bewertung der Medien 1970 bis 2005. In: *Media Perspektiven*, 10/2005, S. 490-504

EIMEREN, BIRGIT VAN; RIDDER, CHRISTA-MARIA: Trends in der Nutzung und Bewertung der Medien 1970 bis 2005. Ergebnisse der ARD/ZDF-Langzeitstudie Massenkommunikation. In: *Media Perspektiven,* 2005, S. 490-504

ENGEL, BERNHARD; WINDGASSE, THOMAS: Mediennutzung und Lebenswelten 2005. Ergebnisse der 9. Welle der ARD/ZDF-Langzeitstudie ›Massenkommunikation‹. In: *Media Perspektiven,* 2005, S. 449-464

FEIERABEND, SABINE; KARG, ULRIKE; RATHGEB, THOMAS: Kinder und Medien. Ergebnisse der KIM-Studie 2012. In: *Media Perspektiven,* 3/2013, S. 143-153

FEIERABEND, SABINE; KARG, ULRIKE; RATHGEB, THOMAS: Kleinkinder und Medien. Ergebnisse der miniKIM-Studie 2012. In: *Media Perspektiven,* 11/2013, S. 537-544

FEIERABEND, SABINE; KUTTEROF, ALBRECHT: Medien im Alltag Jugendlicher – multimedial und multifunktional. Ergebnisse der JIM-Studie 2008, In: *Media Perspektiven,* 2008, S. 612-624

FEUSS, SEBASTIAN: Liebe Leser, eine milde Gabe bitte. In: *Message – Internationale Zeitschrift für Journalismus,* 2/2009, S. 36-39

FEUSS, S.: Auf den ersten Blick. In: *Message – Internationale Zeitschrift für Journalismus,* 1/2009, S. 63-65

FEUSS, SEBASTIAN: *Auf den ersten Blick. Ergebnisse einer Eyetracking-Studie zur Rezeption journalistischer Print- und Onlinemedien.* Wiesbaden [VS Verlag] 2013

FÖRSTER, ANJA; KREUZ, PETER: *Hört auf zu arbeiten! Eine Anstiftung, das zu tun, was wirklich zählt*. München [Pantheon Verlag] 2013

FUNDER BERG, JENS: »Traditionelles Layout vermittelt Sicherheit« – Interview. In: *Die Drehscheibe* vom 08.04.2013. URL: http://www.drehscheibe. org/interview-mit-jens-funder-berg.html

FUNDER BERG, JENS: *Folketidende in digital growth* (vom 14.01.2014). URL: http://www.visiolink.com/#!page=visio&id=1190&content=2208 [2014]

FUTRELLE, DAVID: Why the new media won't save the world – or even displace the old media. In: *Salon*. Retrieved 2011-05-31 [1997]

GAUCK, JOACHIM: *Rede an der BDZV-Jahrestagung in Dresden*, 17. September 2013. URL: http://www.bundespraesident.de/SharedDocs/Reden/DE/Joachim-Gauck/Reden/2013/09/130917-Jahrestagung-Zeitungskongress-2013. html (2013)

GEISSLER, HOLGER; WELKER, MARTIN: ›Journalismus 2009‹. *Eine Erhebung der YouGovPsychonomics AG und Macromedia Hochschule für Medien und Kommunikation*. München 2009

GERHARDS, MARIA; KLINGLER, WALTER: Mediennutzung in der Zukunft. Traditionelle Nutzungsmuster und innovative Zielgruppen. In: *Media Perspektiven*, 2/2006, S. 75-90

GOLDBERG, J. H.; WICHANSKY, A. M.: Eye Tracking in Usability Evaluation: A Practitioner's Guide. In: HYÖNÄ, J.; RADACH, R.; DEUBEL, H. (Hrsg.): *The mind's eye. Cognitive and applied aspects of eye movement research*. Amsterdam [Elsevier] 2003, S. 493-516

GROEBEN, NORBERT; HURRELMANN, BETTINA (Hrsg.): *Lesekompetenz - Bedingungen, Dimensionen, Funktionen* (Lesesozialisation und Medien. 2. Aufl.) München [Juvena] 2006

HAAS, ALEXANDER: *Medienmenus. Der Zusammenhang zwischen Mediennutzung, SINUS-Milieus und Soziodemographie* (Angewandte Medienforschung, Band 39). München [Reinhard Fischer] 2007

HAGENAH, JÖRG: *Das Aussterben der Zeitungen in allen Bildungsschichten. Die Entwicklung des intensiven Zeitungslesens nach Bildung. Medientrends und sozialer Wandel – MLFZ-Reihe mit aktuellen und historischen Medientrends (Quelle: Media-Analyse)*. Universität Köln, Bericht Nr. 17/2008

HAGENAH, JÖRG: *Wandel des Medienrepertoires in Deutschland. Die Entwicklung medialer Freizeitaktivitäten von 1984 bis 2005 (Intensivnutzung = Medium wird mehrmals in der Woche genutzt).* MLFZ-Reihe mit aktuellen und historischen Medientrends (Quelle: Media-Analyse). Universität Köln, Bericht Nr. 30/2008

HAGENAH, JÖRG: *Das Aussterben der Zeitungen in den jüngeren Altersgruppen. Die Entwicklung des intensiven Zeitungslesens nach Altersgruppen (nur ›mehrmals in der Woche‹-Leser). Medientrends und sozialer Wandel* – MLFZ-Reihe mit aktuellen und historischen Medientrends (Quelle: Media-Analyse), Universität Köln, Bericht Nr. 31/2008

HAGENAH, JÖRG: *Das Aussterben der Zeitungen in allen Bildungsschichten - reloaded. Die Entwicklung des intensiven Zeitungslesens nach Bildung. Medientrends und sozialer Wandel* - MLFZ-Reihe mit aktuellen und historischen Medientrends (Quelle: Media-Analyse). Universität Köln, Bericht Nr. 6/2009

HAKE, SABINE; EHRENBERG, MARIA: *Ostdeutsche wenden sich von der Tageszeitung ab. Die Entwicklung der Lesewahrscheinlichkeit von Tageszeitungen insgesamt und überregionalen Abo-Zeitungen in Ost- und Westdeutschland. Medientrends und sozialer Wandel* – MLFZ-Reihe mit aktuellen und historischen Medientrends (Quelle: Media-Analyse). Universität Köln, Bericht Nr. 1/2009

HALLER, MICHAEL: Welche Storys sollen Journalisten erzählen? In: *Message, Internationale Zeitschrift für Journalismus*, 1/2013, S. 76 - 78

HALLER, MICHAEL: Diagnose: Fehldiagnose! Ein zeitungsanalytischer Beitrag zur Debatte ›2020 – Die Zeitungsdebatte‹. In: *Spiegel.de* vom 18.08. 2013. URL: http://www.spiegel.de/kultur/ gesellschaft/michael-haller-zur-zeitungsdebatte-a-917026.html

HALLER, MICHAEL: Die lokale Kompetenz zurückgewinnen. In: DEUTSCHE DRUCK- UND VERLAGSGESELLSCHAFT (Hrsg.): *Geschäftsbericht 2009.* Hamburg [DDVG] 2010, S. 28 - 36

HALLER, MICHAEL: *Ziele und Strategien für eine Wiederbelebung der Lesekultur durch Printmedien bei Kindern und Jugendlichen – eine im Auftrag der Nationalen Initiative Printmedien durchgeführte Studie.* Berlin 2009. URL: http://www. bundesregierung.de/Content/DE/ _Anlagen/BKM/2009-08-2-nip-dokumentation-jahrestagung09.pdf?__blob=publicationFile&v=3

HALLER, MICHAEL: Design entscheidet. In: *Message – Internationale Zeitschrift für Journalismus*, 1/2009, S. 54 - 55

HALLER, MICHAEL: *Leserforschung und Leserquote. Folgerungen aus Blickverlaufs-messungen und Readerscan-Daten für das redaktionelle Redesign*. Vortrag beim European Newspaper Congress Wien. 20.-22. April 2008

HALLER, MICHAEL (Hrsg.): *Visueller Journalismus. Beiträge zur Diskussion einer vernachlässigten Dimension*. Münster/Berlin [Lit Verlag] 2008

HALLER, MICHAEL: Erzählend den Leser fesseln. In: *Message – Internationale Zeitschrift für Journalismus*, 1/2007, S. 72-73

HALLER, MICHAEL: Was soll aus der Zeitung werden? Über Funktionszuwei-sungen, Nutzungswünsche, Gattungsmerkmale, Probleme und Perspek-tiven der Tageszeitung. In: ARNOLD, KLAUS; NEUBERGER, CHRISTOPH (Hrsg.): *Alte Medien – neue Medien. Theorieperspektiven, Medienprofile, Einsatz-felder*. Wiesbaden 2005, S. 119-131

HALLER, MICHAEL: *Tageszeitungen. Anamnese – Diagnose – Therapie. Mit Bench-marking aus der Krise*. Hamburg [Deutsche Druck- und Verlagsgesellschaft mbH] 2004. URL: http://www.ddvg.de/ausgewaehltethemen/benchmar-king.pdf

HALLER, MICHAEL: Die Mediengesellschaft oder das Dilemma der Unverein-barkeit von Identität und Universalität. In: IMHOF, KURT; BLUM, ROGER; BONFADELLI, HEINZ; JARREN, OTFRIED (Hrsg.): *Mediengesellschaft. Struk-turen, Merkmale, Entwicklungsdynamiken*. Wiesbaden [vs Verlag für Sozial-wissenschaften] 2004, S. 33-56

HALLER, MICHAEL: Qualität und Benchmarking im Printjournalismus. In: BUCHER, HANS-JÜRGEN; ALTMEPPEN, KLAUS-DIETER (Hrsg.): *Qualität im Journalismus. Grundlagen – Dimensionen – Praxismodelle*. Wiesbaden [West-deutscher Verlag] 2003, S. 181-201

HALLER, MICHAEL: Lokale Kommunikation. In: BENTELE, GÜNTER; BROSIUS, HANS-BERND; JARREN, OTFRIED (Hrsg.): *Öffentliche Kommunikation. Studi-enbücher zur Kommunikations- und Medienwissenschaft*. Wiesbaden [West-deutscher Verlag] 2003, S. 576-589

HALLER, MICHAEL: Leser suchen Orientierung – Blicke in die Zeitungszu-kunft. In: *200 Jahre M. DuMont Schauberg. Sonderausgabe des Kölner Stadtan-zeigers*, 2002

HALLER, MICHAEL: Prüfstand: Benchmarking für die redaktionelle Leistung. In: BUNDESVERBAND DEUTSCHER ZEITUNGSVERLEGER (Hrsg.): *Zeitungen 2001*. Berlin [zv Zeitungs-Verlag] 2001, S. 250-269

HALLER, MICHAEL; FEUSS, SEBASTIAN: Durch die Augen des Lesers sehen. In: *Message – Internationale Zeitschrift für Journalismus*, 2/2010, S. 72-75

HARMS, ILSE; SCHWEIBENZ, WERNER; STROBEL, JOHANNES: *Usability Evaluation von Web-Angeboten mit dem Web Usability Index*. Proceedings der 24. DGI-Online-Tagung 2002 – Content in Context. Frankfurt/M. 4.-6. Juni 2002. Frankfurt/M. [DGI] 2002, S. 283-292

HASEBRINK, UWE; JAN-HINRIK SCHMIDT (unter Mitarbeit von Suzan Rude, Mareike Scheler und Nevra Tosbat): Informationsrepertoires der deutschen Bevölkerung. In: *Arbeitspapiere des Hans-Bredow-Instituts*, Nr. 24, Hamburg 2012

HILLMANN, KARL-HEINZ: *Wertwandel. Ursachen, Tendenzen, Folgen*. Würzburg [Carolus Verlag] 2003

HOHLFELD, RALF: Der missachtete Leser revisited. Zum Wandel von Publikumsbild und Publikumsorientierung im Journalismus. In: BEHMER, MARKUS; BLÖBAUM, BERND; SCHOLL, ARMIN; STÖBER, RUDOLF (Hrsg.): *Journalismus und Wandel. Analysedimensionen, Konzepte, Fallstudien*. Wiesbaden 2005, S. 195-224

HÖLLIG, SASCHA; HASENBRINK, UWE: Nachrichtennutzung in konvergierenden Medienumgebungen. In: *Media Perspektiven*, 11/2013, S. 522-536

HOLMBERG, NILS: Eye movement patterns and newspaper design factors. An experimental approach. Master's Thesis. Lund University Cognitive Science. In: HOLMQVIST, KENNETH; WARTENBERG, CONSTANZE: *The role of local design factors for newspaper reading behaviour – an eye-tracking perspective*. Lund University Cognitive Studies. Unpublished Research Report 2005

HOLSÁNOVÁ, JARDOTZKA; RAHM, HENRIK; HOLMQVIST, KENNETH: Entry Points and Reading Paths on the Newspaper Spread: Comparing semiotic Analysis with Eye-Tracking Measurements. In: *Visual Communication*, Vol. 5, No. 1., 2006, S. 65-93

HOLSÁNOVÁ, JARDOTZKA; HOLMBERG, NILS; HOLMQVIST, KENNETH: Reading Information Graphics: The Role of Spatial Contiguity and Dual Attentional Guidance. In: *Applied Cognitive Psychology*, Vol. 22, 2008. S. 1-12. PDF abgerufen von: Lund University Cognitive Science. URL: http://www.humlab.lu.se/en/research/publications

IMBODEN, CARLO: »Der Leser ist brutal!«. In: *medium magazin*, 1+2, 2009, S. 44-45

INSTITUT FÜR DEMOSKOPIE ALLENSBACH: »*Generationen-Barometer 09*«. (IfD-Umfrage 5256, Februar/März 2009)

JARVIS, JEFF: »Staatshilfe für Verlage? So eine Idee ist absurd«. Interview mit *Spiegel-online* vom 5. Mai 2009. URL: http://www.spiegel.de/netzwelt/web/web-visionaer-jarvis-staatshilfe-fuer-verlage-so-eine-idee-ist-absurd-a-622944.html [2009]

KANSKY, HOLGER: Mut zum Experiment – Zeitungen und ihr Digitalgeschäft. In: BDZV (Hrsg.): *Zeitungen 2011/12.* Berlin [zv Verlag] 2011, S. 119-140

KELLER, DIETER: Märkte im Wandel – Zur wirtschaftlichen Lage der deutschen Zeitungen. In: BDZV (Hrsg): *Zeitungen 2011/12.* Berlin [zv Zeitungs-Verlag Service] 2011, S. 21-100

KELLER,DIETER; CHRISTIAN EGGERT: Ein starkes Medium – Zur wirtschaftlichen Lage der deutschen Zeitungen. In: BDZV (Hrsg): *Zeitungen 2013/14.* Berlin [zv Zeitungs-Verlag Service] 2013, S. 21-98

KILZ, HANS WERNER: Die Zukunft der Zeitung: Qualität und Glaubwürdigkeit. In: FASEL, CHRISTOPH (Hrsg.): *Qualität und Erfolg im Journalismus.* Konstanz [UVK] 2005, S. 105-117

KLINGLER, WALTER: Jugendliche und ihre Mediennutzung 1998 bis 2008. In: *Media Perspektiven*, 2008, S. 625-634

KLÖCKNER, JULIA: »Medien- und Netzpolitik in der neuen Bundesregierung stärker verankern«. Interview mit der Vorsitzenden der CDU-Fraktion im Landtag von Rheinland-Pfalz. In: *Medienpolitik.net* vom 21.11.2013. URL: http://www.cdu-fraktion-rlp.de/no_cache/presseinformationen/details/artikel/5890/22/index.html

KÖCHER, RENATE: *Die junge Generation als Vorhut gesellschaftlicher Veränderungen.* Daten: Allensbacher Archiv, Allensbacher Werbeträger Analyse 1997 bis 2008 (2008). URL: http://www.ifd-allensbach.de/awa/ergebnisse/archiv.html

KÖCHER, RENATE: *Der schleichende Abschied vom klassischen Bildungskanon.* Vortrag vom 20. August 2008. Konstanz [IfD Allensbach] 2008. Abdruck: http://www.faz.net/aktuell/feuilleton/ medien/allensbach-analyse-der-schleichende-abschied-vom-klassischen-bildungskanon-1678548.html

KRAMP, LEIF; NOVY, LEONARD; BALLWIESER, DENNIS; WENZLAFF, KARSTEN: *Journalismus in der digitalen Moderne. Einsichten – Ansichten – Aussichten.* Wiesbaden [Springer vs] 2013

KRANZ, ALEXANDER; STILLER, RICARDA: *News-Sites. Design und Journalismus.* Berlin [Springer] 2003

KRESS, GUNTHER R; LEEUWEN, THEO VAN: *Reading Images. The Grammar of Visual Design.* London, New York [Routledge] 2007

LACY, STEPHEN; FICO, FREDERIK: newspaper quality and ownership-rating the groups. In: *Newspaper research Journal*, Vol. 11, 2/1990, S. 42-56

LANDMANN, ANJA: *Qualitätsmanagement in Tageszeitungen am Beispiel der Qualitätsoffensive der Freien Presse.* Chemnitz [Diplomarbeit Universität Leipzig, Institut KMW] 2008

LE CLAIRE, GREGOR; SCHWINGER, JANA: *Deadline vor Redaktionsschluss – Untersuchung der Funktionalität der überregionalen Ressorts bei vier deutschen Regionalzeitungen.* Leipzig [Diplomarbeit Universität Leipzig, Institut KMW] 2006

LINGEN, THOMAS: Zufriedenheitsmanagement. In: *Planung & Analyse,* 1/1994, S. 5-12

LOBO, SASCHA: Abschied von der Utopie. Die digitale Kränkung des Menschen. In: *Frankfurter Allgemeine Sonntagszeitung,* 12. Januar 2014, S. 37

MAIER, MICHAELA: *Zeitung lesen macht Azubis schlau – Gemeinsame Studie der Universitäten Koblenz-Landau und Kaiserslautern.* Quelle: Referat Öffentlichkeitsarbeit der Universität Koblenz-Landau 2007. URL: http://idw-online.de/pages/de/news225790

MAIER, MICHAELA; JERS, CORNELIA: Leserforschung deutscher Tageszeitungen: Ein Weg in die Zukunft? Ergebnisse einer Verlagsbefragung. In: *MedienWirtschaft,* 4/2008, S. 26-36

MARKS, JÜRGEN: *Fünf Thesen zur Zukunft der Zeitung.* URL: http://www.augsburger-allgemeine.de/community/profile j_rgen_marks/Fuenf-Thesen-zur-Zukunft-der-Zeitung-id26458611.htm (2013)

MARSDEN, NICOLA; TEEGEN, INGO: Effekte von medienpädagogischen Zeitungsprojekten. In: *medien+erziehung,* 3/2007, S. 66-72

MARSDEN, NICOLA; DRESCHER, FRANZISKA: Lesemotivation und Tageszeitung: Was motiviert Grundschulkinder zum Zeitunglesen? In: *medien+erziehung*, 2/2009, S. 56-62

MARSDEN, NICOLA; TEEGEN, INGO: Zur Nutzung des Mediums Tageszeitung bei Grundschulkindern. In: *medien+erziehung*, 2/2006, S. 50-56

MEDIENPÄDAGOGISCHER FORSCHUNGSVERBUND SÜDWEST (Hrsg.): *JIM 2012 – Jugend, Information, (Multi-)Media. Basisstudie zum Medienumgang 12- bis 19-Jähriger in Deutschland*. URL: http://www.mpfs.de/fileadmin/JIM-pdf12/JIM2012_Endversion.pdf (2012)

MEDIENPÄDAGOGISCHER FORSCHUNGSVERBUND SÜDWEST (Hrsg.): *KIM-Studie 2012. Kinder + Medien. Basisuntersuchung zum Medienumgang 6- bis 13-Jähriger in Deutschland*. URL: http://www.mpfs.de/fileadmin/KIM-pdf12/kim_2012.pdf (2012)

MEIER, CHRISTIAN: Wider die schwarz-weißen Grabenkämpfer. In: *Meedia* (Montag 08. Juli 2013). URL: http://meedia.de/background/meedia-blogs/christian-meier/christian-meier-post/article/wider-die-schwarz-weien-grabenkmpfer_100046538.html [2013]

MEIER, KLAUS: *Journalistik* (= UTB-Reihe basics). Konstanz [UVK Verlagsgesellschaft] 2011

MEIER, KLAUS; NEUBERGER, CHRISTOPH (Hrsg.): *Journalismusforschung. Stand und Perspektiven*. Baden-Baden [Nomos] 2013

MENDE, ANNETTE; OEHMICHEN, EKKEHARDT; SCHRÖTER, CHRISTIAN: Befunde aus den ARD/ZDF-Onlinestudien 1997 bis 2012: Gestaltwandel und Aneignungsdynamik des Internets. In: *Media Perspektiven*, 1/2013, S. 33-49

MEYEN, MICHAEL: Medienwissen und Medienmenüs als kulturelles Kapital und als Distinktionsmerkmale. Eine Typologie der Mediennutzer in Deutschland. In: *Medien & Kommunikationswissenschaft*, 55, 3/2007, S. 333-354

MEYEN, MICHAEL; RIESMEYER, CLAUDIA: *Die Diktatur des Publikums: Journalisten in Deutschland*. Konstanz 2009

MÖBIUS, MANELA; HEFFLER, MICHAEL: Werbeeinnahmen: Printmedien in der Krise – der Werbemarkt 2012. In: *Media Perspektiven*, 6/2013, S. 310-321

MÖLLER, JENS; BONERAD, EVA-MARIE: Fragebogen zur habituellen Lesemotivation. In: *Psychologie in Erziehung und Unterricht*, 54(4), 2007, S. 259-267

MÜLLER, THORSTEN: Habitualisierte Mobilnutzung – Smartphones und Tablets gehören zum Medienalltag. Ergebnisse der ARD-Mobilstudie. In: *Media Perspektiven*, 9/2013, S. 410-422

NEUBERGER, CHRISTOPH; NUERNBERGK, CHRISTIAN; RISCHKE, MELANIE: Weblogs und Journalismus: Konkurrenz, Ergänzung oder Integration? Eine Forschungssynopse zum Wandel der Öffentlichkeit im Internet. In: *Media Perspektiven*, 2/2007, S. 96-112

NEUBERGER, CHRISTOPH; NUERNBERGK, CHRISTIAN; RISCHKE, MELANIE (Hrsg.): *Journalismus im Internet. Profession – Partizipation – Technisierung*. Wiesbaden [vs Verlag] 2009

NIELSEN, JAKOB: *Usability 101: Introduction to Usability*. St. Petersburg [Poynter Institute] 2012

NIGGEMEIER, STEFAN: Der Leser, das unbekannte Wesen. In: *Frankfurter Allgemeine Sonntagszeitung*, 02.04.2006, Nr. 13

OEHMICHEN, EKKEHARDT; SCHRÖTER, CHRISTIAN: Medienübergreifende Nutzungsmuster: Struktur- und Funktionsverschiebungen. In: *Media Perspektiven*, 2008, S. 394-409

OERTNER, ROLF; DREHER, MARIA: Jugendalter. In: OERTNER; MONTANA (Hrsg.): *Entwicklungspsychologie* (3. Aufl.). Weinheim [Beltz] 2002, S.258-318

OLLROG, MARC-CHRISTIAN: *Regionalzeitungen in Deutschland - Geschäftsmodelle für die Medienkonvergenz*. Diss. an der Fakultät für Sozialwissenschaften und Philosophie der Universität Leipzig (im Druck, Mai 2014)

OSWALD, BERND: Vom Produkt zum Prozess. In: KRAMP, LEIF et al. (Hrsg): *Journalismus in der digitalen Moderne*. Wiesbaden [Springer vs] 2013, S. 63-80

PARASURAMAN, A.; ZEITHAML, VALARIE A.; BERRY, LEONARD L.: A Conceptual Model of Service Quality and Its Implications for Future Research. In: American Marketing Association (Hrsg.): *The Journal of Marketing*, Vol. 49, No. 4/1985, S. 41-50

PASQUAY, ANJA: *Lesen, Spielen, Lernen – Kinder und Zeitung*. Berlin [zv Zeitungs-Verlag Service GmbH] 2007

PAUS-HASEBRINK, INGRID; HASEBRINK, UWE; SCHMIDT, JAN-HINRIK: *Heranwachsen mit dem Social Web. Zur Rolle von Web 2.0-Angeboten im Alltag von Jugendlichen und jungen Erwachsenen*. Kurzfassung des Endberichts für die Landesanstalt für Medien Nordrhein-Westfalen. Hamburg/Salzburg 2009. URL: http://lfmpublikationen.lfm-nrw.de/index.php?view=product_detail&product_id=239

PISA-KONSORTIUM DEUTSCHLAND (Hrsg.): PISA 2006. *Die Ergebnisse der dritten internationalen Vergleichsstudie*. Münster [Waxmann] 2006

PLÖCHINGER, STEFAN: *Wie wir nach vorne denken sollten – acht Thesen zur Zukunft. Beitrag für das Jahrbuch 2013 des BDZV*. URL: http://ploechinger.tumblr.com/post/61688994730/wie-wir-nach-vorne-denken-sollten-acht-thesen-zur (2013)

PÖRKSEN, BERNHARD; KRISCHKE, WOLFGANG (Hrsg.): *Die gehetzte Politik. Die neue Macht der Medien und Märkte*. Köln [Herbert von Halem] 2013

PRESS GAZETTE: *Guardian staff will file stories for the web first*. URL: http://www.pressgazette.co.uk/node/34467 [07.06.2006] (2006)

QUITTNER, JOSHUA: The Birth of Way New Journalism. In: *Hotwired*. Vom Original archiviert am 3.5.1999. Heruntergeladen am 6-2-2011 [1995]

RAGER, GÜNTHER: Jugendliche als Zeitungsleser: Lesehürden und Lösungsansätze. Ergebnisse aus dem Langzeitprojekt ›Lesesozialisation bei Informationsmedien‹. In: *Media Perspektiven, 4/2003*, S. 180-186

RAGER, GÜNTHER; RINSDORF, LARS; WERNER, PETRA: Wenn Jugendliche Zeitung lesen. Nutzungsmuster und Rezeptionsinteressen von jungen Zeitungslesern und -nichtlesern. In: GROEBEN, NORBERT; HURRELMANN, BETTINA (Hrsg.): *Lesekompetenz. Bedingungen, Dimensionen, Funktionen*. Weinheim, München 2002, S. 174-185

RAU, HARALD: *Qualität in einer Ökonomie der Publizistik. Betriebswirtschaftliche Lösungen für die Redaktion*. Wiesbaden [vs Verlag für Sozialwissenschaften] 2007

REPORTER-FORUM: *Reporter-Workshop '13 – Wie sich der Journalismus ändern muss*. URL: http://reporter-forum.de/rw13 [2013]

RICHTER, KARIN; PLATH, MONIKA: *Lesemotivation in der Grundschule*. Weinheim, München [Juventa] 2005

RIDDER, CRISTA-MARIE; ENGEL, BERNHARD: Massenkommunikation 2010: Mediennutzung im Intermediavergleich. In: *Media Perspektiven*, 11/2010, S. 523-536

RÖHL, CONSTANCE: *Auf dem Weg zur optimalen Jugendseite – ein Vergleich unterschiedlicher Konzepte regionaler Abonnementszeitungen.* Leipzig [Diplomarbeit Universität Leipzig, Institut KMW] 2005

ROTHSTOCK, KARIN: *Was Zeitungsleser von morgen über die Zeitung von heute denken: Jugend und Zeitung. Nutzung, Herausforderungen und Chancen eines klassischen Mediums in der jungen Generation.* München [Verlag Dr. Müller] 2008

RUEL, L.; PAUL, N.: *Eyetracking points the way to effective news article design.* URL: http://www.ojr.org/ojr/stories/070312ruel/ (2007)

RUSBRIDGER, ALAN: »Warum bis morgen warten, um zu erfahren, was heute geschehen ist?« Essay (Übersetzung eines Beitrags aus Press Gazette). In: *Spiegel.de*, 2006. URL: http://www.spiegel.de/netzwelt/web/essay-warum-bis-morgen-warten-um-zu-erfahren-was-heute-geschehen-ist-a-423745.html

RUSCHKE, MATTHIAS; STÜRZNICKEL, STEFFEN (Hrsg.): ›*Politikferne‹ Jugendliche besser erreichen.* Ergebnisse eines Fachworkshops der Friedrich-Ebert-Stiftung zur Beteiligung Jugendlicher und junger Erwachsener. Bonn [Policy – Politische Akademie Nr. 44] 2013. URL: http://library.fes.de/pdf-files/akademie/10149.pdf

RUSS-MOHL, STEPHAN: Man kennt sich nicht. Journalisten und Forscher in getrennten Welten. In: *Neue Zürcher Zeitung* vom 13.5.2005, S. 61

RUSS-MOHL, STEPHAN: *Der i-Faktor. Qualitätssicherung im amerikanischen Journalismus – Modell für Europa?* Zürich [Edition Interfrom] 1994

SCHIRRMACHER, FRANK: *Die Idee der Zeitung. Wie die digitale Welt den Journalismus revolutioniert* (Vorlesung). Tübinger Mediendozentur 2011. Köln [Herbert von Halem] 2011

SCHIRRMACHER, FRANK: Zukunft des Journalismus - Das heilige Versprechen. In: *faz.net*, 26.11.2012. URL: http://www.faz.net/aktuell/feuilleton/medien/zukunft-des-journalismus-das-heilige-versprechen-11970610.html

SCHIRRMACHER, FRANK: Im Zeitalter von Big Data – Wir wollen nicht. In: *faz.net* vom 26.08.2013. URL: http://www.faz.net/aktuell/feuilleton/

debatten/ueberwachung/im-zeitalter-von-big-data-wir-wollen-nicht-12545592.html

SCHNIBBEN, CORDT: Elf Vorschläge für bessere Zeitungen. In: *Spiegel.de*, 05.08.2013. URL: http://www.spiegel.de/kultur/gesellschaft/auflagen-schwund-elf-vorschlaege-fuer-bessere-zeitungen-a-914855.html

SCHOLL, ARMIN; WEISCHENBERG, SIEGFRIED: *Journalismus in der Gesellschaft. Theorie, Methodologie und Empirie*. Wiesbaden [Westdeutscher Verlag] 1998

SCHRÖDER, MICHAEL; SCHWANEBECK, AXEL (Hrsg.): *Zeitungszukunft Zukunftszeitung. Der schwierige Gang der Tagespresse in die Informationsgesellschaft des 21. Jahrhunderts*. München 2005

SCHWEIGER, WOLFGANG: Transmedialer Nutzungsstil und Rezipientenpersönlichkeit. Theoretische Überlegungen und empirische Hinweise. In: *Publizistik. Vierteljahreshefte für Kommunikationsforschung*, 51, 3/2006, S. 290-312

SCHWEIGER, WOLFGANG: *Theorien der Mediennutzung. Eine Einführung*. Wiesbaden [VS Verlag für Sozialwissenschaften] 2007

SEHL, ANNIKA: Partizipativer Journalismus im Lokalteil von Tageszeitungen. In: PÖTTKER, HORST; VEHMEIER, ANKE (Hrsg.): *Das verkannte Ressort. Probleme und Perspektiven des Lokaljournalismus*. Wiesbaden [Springer VS] 2013, S. 88-99

SEIBT, CONSTANTIN: *15 Thesen zum Journalismus im 21. Jahrhundert*. http://blog.tagesanzeiger.ch/deadline/index.php/36/15-thesen-zum-journalismus-im-21-jahrhundert (2012)

SEIBT, CONSTANTIN: DEADLINE – *Über den täglichen Kampf mit dem Text*. Zürich [Verlag Kein & Aber] 2013

SEIBT, CONSTANTIN: *Mein Held Howard Luck Gossage*. URL: http://blog.tagesanzeiger.ch/deadline/index.php/32982/mein-held-howard-luck-gossage/ [4.10.2013]

SINUS-INSTITUT: *Die Sinus-Milieus: Update 2010 – Deutschland hat sich verändert*. Heidelberg August 2010

STASCHÖFSKY, ERIK: Deutschland liest Zeitung – Zur Entwicklung der Reichweiten. In: BDZV (Hrsg.): *Zeitungen 2011/12*. Berlin [ZV Verlag] 2012, S. 103-118

STEINGART, GABOR: *Rede von anlässlich der w&v-Veranstaltung ›Future Summit 2013: Innovation, Wirkung, Nachhaltigkeit‹ in München am 14.11.2013*. (Skript)

STRAUSS, BERND: Kundenzufriedenheit. In: *Marketing ZFP*, 21. Jahrg., 1999, S. 5-24

STURM, ANJA: Bezahlschranke bei Regionalzeitungen wird kommen. In: *Horizont* vom 28.06.2012. URL: http://www.horizont.net/aktuell/medien/pages/protected/Exklusivstudie-Bezahlschranke-bei-Regionalzeitungen-wird-kommen_108476.html

SÜPER, DANIEL: Meine Heimat. Meine Zeitung. Zur Ortsbindung von Lokalzeitungslesern und Nutzen lokaler Nachrichtenseiten. In: PÖTTKER, HORST; VEHMEIER, ANKE (Hrsg.): *Das verkannte Ressort. Problem und Perspektiven des Lokaljournalismus*. Wiesbaden [Springer VS] 2013, S. 103-114

SUPINO, PIETRO: »Journalismus gewinnt noch mehr an Bedeutung« – ein Zettelkasten von Tamedia-Verleger Pietro Supino. In: *Das Magazin*, 11/2013, S. 22-27

SÜSS, DANIEL: *Mediensozialisation von Heranwachsenden. Dimensionen, Konstanten, Wandel*. Wiesbaden [VS Verlag für Sozialwissenschaften] 2004

SÜSS, DANIEL: Mediensozialisation und Medienkompetenz. In: BATNINIC, BERNAD; APPEL, MARKUS (Hrsg.): *Medienpsychologie*. Heidelberg [Springer] 2008, S. 361-378

THOMÄ, MANUEL: *Wie informieren wir uns? Mediennutzung zwischen Zeitung und Internet*. Wiesbaden [VS Springer] 2013

TREUMANN, KLAUS PETER; MEISTER, DOROTHEE M.; SANDER, UWE; HAGEDORN, JÖRG; KÄMMERER, MANUELA: *Medienhandeln Jugendlicher. Mediennutzung und Medienkompetenz*. Wiesbaden [VS Verlag für Sozialwissenschaften] 2007

WEGNER, JOCHEN: Die Welt laut Google. Oder: Was heißt hier Recherche? Eine viel zu schnelle Suche. In: *Epd Medien*, 2005/4, S. 8-11

WEICHERT, STEPHAN; KRAMP, LEIF: *Das Verschwinden der Zeitung? Internationale Trends und medienpolitische Problemfelder*. Berlin [Friedrich Ebert Stiftung] 2009

WEIMER, WOLFRAM: In der geistigen Schuldenfalle (Beitrag zur ›Zeitungsdebatte‹ auf *Spiegel.de* vom 10.08.2013. URL: http://www.spiegel.de/kultur/gesellschaft/wolfram-weimer-zur-zeitungsdebatte-a-915759.html

WEISCHENBERG, SIEGFRIED; MALIK, MAJA; SCHOLL, ARMIN: *Die Souffleure der Mediengesellschaft – Report über die Journalisten in Deutschland*. Konstanz [UVK] 2006, S. 97-119

WORLD VISION DEUTSCHLAND (Hrsg.): *Kinder in Deutschland 2007. 1. World Vision Kinderstudie*. TNS Infratest Sozialforschung. Frankfurt/M. 2007

WYSS, VINZENZ: *Redaktionelles Qualitätsmanagement. Ziele, Normen, Ressourcen*. Konstanz [UVK Verlagsgesellschaft] 2003

ZAPF, WOLFGANG: Entwicklung und Sozialstruktur moderner Gesellschaften. In: KORTE, HERRMANN; BERNHARD SCHÄFERS (Hrsg.): *Einführung in die Hauptbegriffe der Soziologie*. Opladen [Leske + Budrich] 1995, S. 187-191

ZAPF, WOLFGANG: *Modernisierung, Wohlfahrtsentwicklung und Transformation – Soziologische Aufsätze 1987-1994*. Berlin [edition sigma] 1994

ZICK, ANDREAS; KÜPPER, BEATE: Zusammenhalt durch Ausgrenzung? Wie die Klage über den Zerfall der Gesellschaft und die Vorstellung von kultureller Homogenität mit Gruppenbezogener Menschenfeindlichkeit zusammenhängen. In: HEITMEYER, WILHELM (Hrsg.): *Deutsche Zustände – Folge 10*. Berlin [Suhrkamp] 2012, S. 152-176

ZUBAYR, CAMILLE; GEESE, STEFAN: Die Informationsqualität der Fernsehnachrichten aus Zuschauersicht. Ergebnisse einer Repräsentativbefragung zur Bewertung der Fernsehnachrichten 2012. In: *Media Perspektiven*, 6/2013, S. 322-338

ZUBAYR, CAMILLE; GERHARD, HEINZ: Tendenzen im Zuschauerverhalten. In: *Media Perspektiven*, 2009, S. 98-112

Anhang

Warum will man die Tageszeitung lesen?

Gefragt wurde: »Es gibt ja verschiedene Gründe, warum man eine Tageszeitung liest. Wir haben hier einige in beliebiger Reihenfolge aufgelistet. Bitte geben Sie an, welche davon für Sie zutreffen.«

Ich lese die Tageszeitung...

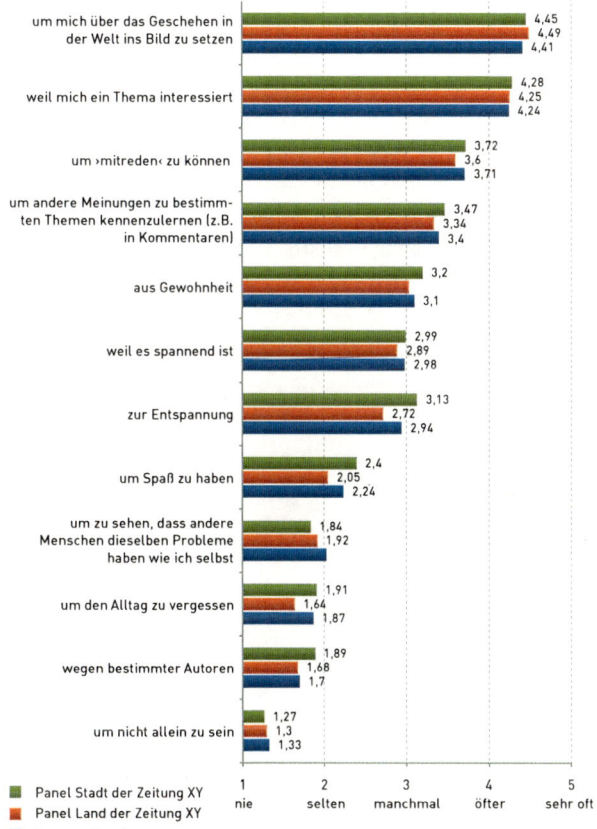

um mich über das Geschehen in der Welt ins Bild zu setzen		4,45 / 4,49 / 4,41
weil mich ein Thema interessiert		4,28 / 4,25 / 4,24
um ›mitreden‹ zu können		3,72 / 3,6 / 3,71
um andere Meinungen zu bestimmten Themen kennenzulernen (z.B. in Kommentaren)		3,47 / 3,34 / 3,4
aus Gewohnheit		3,2 / 3,1
weil es spannend ist		2,99 / 2,89 / 2,98
zur Entspannung		3,13 / 2,72 / 2,94
um Spaß zu haben		2,4 / 2,05 / 2,24
um zu sehen, dass andere Menschen dieselben Probleme haben wie ich selbst		1,84 / 1,92
um den Alltag zu vergessen		1,91 / 1,64 / 1,87
wegen bestimmter Autoren		1,89 / 1,68 / 1,7
um nicht allein zu sein		1,27 / 1,3 / 1,33

Skala: 1 nie, 2 selten, 3 manchmal, 4 öfter, 5 sehr oft

■ Panel Stadt der Zeitung XY
■ Panel Land der Zeitung XY
■ Gesamt-Panel

Quelle: Online-Basiertes IPJ-Leser-/User-Panel (Berufstätige Zeitungsleser zwischen 30 und 55 Jahren, formale Bildung ab mittlere Reife) n = 389 vom Sept. 2012. © IPJ Leipzig 2012

Was soll man von den Medien halten?

In Zukunft nur noch digital? Nicht nur die Zeitungsleser, auch die jungen Onliner äußern sich ambivalent, wenn es um die Substitution der gedruckten Zeitung durch digitale Angebote und mobile Ausgabegeräte geht. Zwar gibt es eine (kleine) Minderheit an Pessimisten, die den Untergang der Tageszeitung als Printprodukt voraussagen und auch solche, die das Web als künftiges Leitmedium sehen (Befragung: Herbst 2012). Andererseits herrscht auch unter vielen Onlinern die Meinung vor, dass die Zeitungen vom Web nicht verdrängt werden. Die Antworten zum Mediennutzungsverhalten machen zudem deutlich, dass sich die meisten Onliner und Zeitungsleser crossmedial verhalten (wollen): Für manche Themen ist der Rundfunk, für Doku-Themen das Internet und für die einordnende Übersicht die Tageszeitung das Medium der Wahl.

Besonders ausgeprägt ist die Wertschätzung der Tageszeitung: Sie wird von den weitaus meisten Lesern als unverzichtbar eingestuft, auch wenn eine Minderheit findet, dass man aktuelle Nachrichten über News-Angebote im Internet beziehe. Diese Antworten gestatten die Deutung: Ich nutze deshalb das Web, weil ich das Nachrichtenangebot meiner Zeitung unzureichend finde.

Gefragt wurde: »Es gibt verschiedene Meinungen über die Medien. Wir haben einige zusammengestellt. Bitte geben Sie zu diesen Meinungen eine Bewertung ab.«

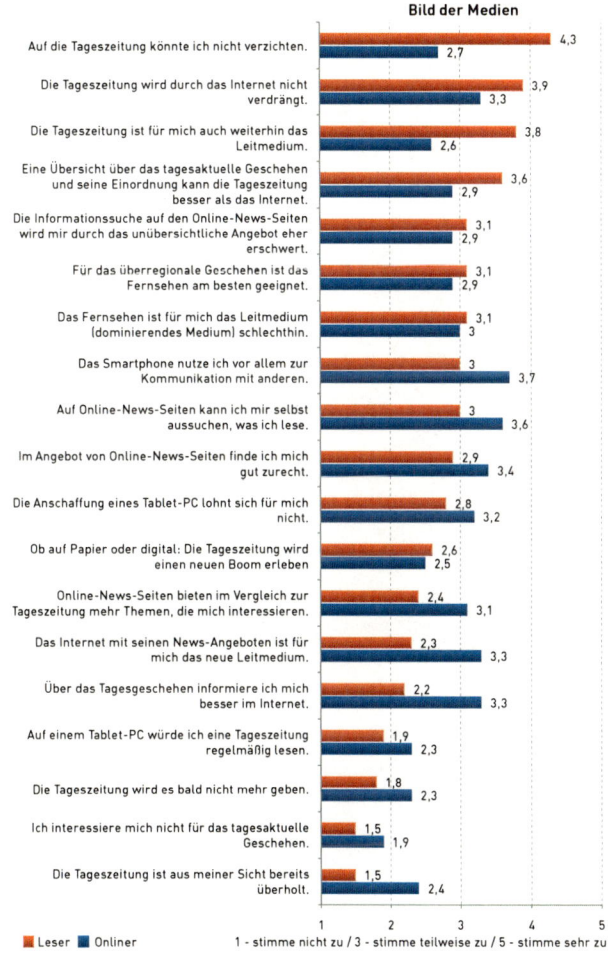

Bild der Medien

Auf die Tageszeitung könnte ich nicht verzichten. — 4,3 / 2,7

Die Tageszeitung wird durch das Internet nicht verdrängt. — 3,9 / 3,3

Die Tageszeitung ist für mich auch weiterhin das Leitmedium. — 3,8 / 2,6

Eine Übersicht über das tagesaktuelle Geschehen und seine Einordnung kann die Tageszeitung besser als das Internet. — 3,6 / 2,9

Die Informationssuche auf den Online-News-Seiten wird mir durch das unübersichtliche Angebot eher erschwert. — 3,1 / 2,9

Für das überregionale Geschehen ist das Fernsehen am besten geeignet. — 3,1 / 2,9

Das Fernsehen ist für mich das Leitmedium (dominierendes Medium) schlechthin. — 3,1 / 3

Das Smartphone nutze ich vor allem zur Kommunikation mit anderen. — 3 / 3,7

Auf Online-News-Seiten kann ich mir selbst aussuchen, was ich lese. — 3 / 3,6

Im Angebot von Online-News-Seiten finde ich mich gut zurecht. — 2,9 / 3,4

Die Anschaffung eines Tablet-PC lohnt sich für mich nicht. — 2,8 / 3,2

Ob auf Papier oder digital: Die Tageszeitung wird einen neuen Boom erleben. — 2,6 / 2,5

Online-News-Seiten bieten im Vergleich zur Tageszeitung mehr Themen, die mich interessieren. — 2,4 / 3,1

Das Internet mit seinen News-Angeboten ist für mich das neue Leitmedium. — 2,3 / 3,3

Über das Tagesgeschehen informiere ich mich besser im Internet. — 2,2 / 3,3

Auf einem Tablet-PC würde ich eine Tageszeitung regelmäßig lesen. — 1,9 / 2,3

Die Tageszeitung wird es bald nicht mehr geben. — 1,8 / 2,3

Ich interessiere mich nicht für das tagesaktuelle Geschehen. — 1,5 / 1,9

Die Tageszeitung ist aus meiner Sicht bereits überholt. — 1,5 / 2,4

■ Leser   ■ Onliner   1 - stimme nicht zu / 3 - stimme teilweise zu / 5 - stimme sehr zu

Quelle: IPJ-Online-/Leser-Panel aus drei Verbreitungsgebieten, n = 854. Onliner: Unter-30-Jährige, Leser: zwischen 30 und 55 Jahre; alle Befragten sind berufstätig, mindestens mittlere Reife; Geschlechterverhältnis ausgeglichen).

Zum Frühstück den Überblick gewinnen

Warum will man die Regionalzeitung lesen? Diese Frage wurde den Teilnehmern des online-basierten Leser-Panels des IPJ im Februar 2013 gestellt. Den Antworten zufolge wollen die Leser die Zeitungslektüre beim Frühstück nicht missen: Dieses Item erzielt mit 4,5 den Spitzenwert. Die Leser fühlen sich dank der Lektüre über das Wichtigste *orientiert* und gewinnen einen *Überblick* über das Geschehen der letzten 24 Stunden (Akzeptanzwert von 4,29). Ebenso wichtig sind die *exklusiven Berichte* im Lokalteil (etwa derselbe Wert). Die »spannend erzählten Texte« (Reportage, Dokumentation, Interview, Porträt) erzielen noch immer beachtliche 3,57 Punkte, rangieren aber am Schluss.

Überraschend: Die in ›zeitungsfreien‹ Haushalten lebenden jungen *Onliner* können den für Print typischen Nutzungsaspekten einiges abgewinnen. Besonders die Gelegenheit, eine gute Übersicht zu gewinnen, wie auch der exklusive Lokalteil machen aus Sicht der Onliner die Stärke der Zeitung aus. Die Informationsüberflutung in der Online-Welt macht es offenbar vielen schwer zu erkennen, was wirklich wichtig ist. Die Erzählformen in der Zeitung werden von den Onlinern indessen nur bedingt als wichtig wahrgenommen.

Gefragt wurde: »Was ist oder wäre Ihnen an der gedruckten Zeitungsausgabe besonders wichtig, damit sie neben dem Online-Angebot attraktiv bleibt?«

Attraktivitätsfaktoren Printangebot

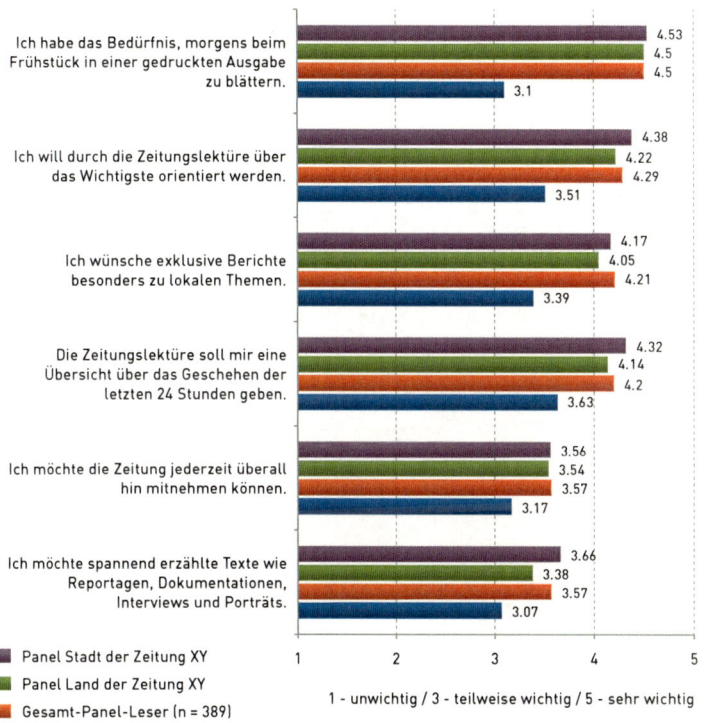

- ■ Panel Stadt der Zeitung XY
- ■ Panel Land der Zeitung XY
- ■ Gesamt-Panel-Leser (n = 389)
- ■ Gesamt-Panel-Onliner (n = 65)

1 - unwichtig / 3 - teilweise wichtig / 5 - sehr wichtig

Quelle: Online-basiertes Leser-/User-Panel des IPJ (Berufstätige Zeitungsleser zwischen 30 und 55 Jahren, formale Bildung ab mittlere Reife) n = 428 vom Mai 2012. © IPJ Leipzig

Print first: Mediennutzung im Tagesverlauf

Obwohl die berufstätigen Zeitungsleser schon seit Langem online-geübt sind (privater Internetzugang; täglich meist am Arbeitsplatz mindestens einmal online), halten sie an ihrem alten Mediennutzungsstil mit fast ritueller Beharrlichkeit fest.

Die Teilnehmer des IPJ-Leser-Panels (deutschlandweit haben inzwischen mehr als 2.000 Leser und User mitgemacht) werden seit November 2009 alle vier Wochen tagesaktuell nach ihrem Informationsverhalten gefragt. Periodisch kommt dabei auch die Nutzung der Medien zur Sprache.

Die Frage lautete: »Wenn Sie an die letzten drei Tage zurückdenken: Wann und wie oft haben Sie folgende Medien genutzt, um sich über das aktuelle Geschehen zu informieren?«

IPJ-Gesamt-Panel Leser 2010

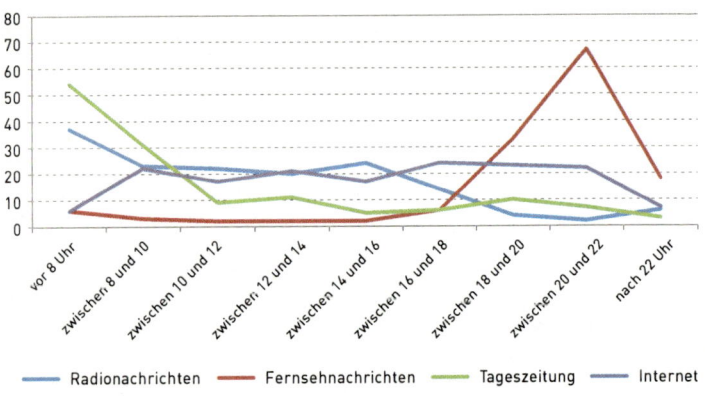

Diese zwei Schaubilder zeigen die Mediennutzung der regelmäßigen Zeitungsleser (30- bis 55-jährige interneterfahrene Berufstätige mit formaler Bildung ab Mittlerer Reife): Wie eh und je beginnt auch heute für rund zwei Drittel der Antwortenden der Tag mit dem Radio (flüchtige Nachrichten dienen quasi als Teaser; sie machen neugierig auf die Zeitung),

IPJ-Gesamt-Panel Leser 2013

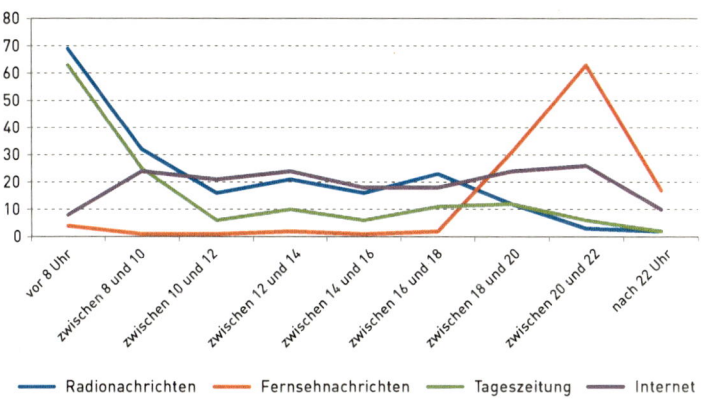

direkt anschließend mit der Zeitungslektüre. Das Frühstücksfernsehen spielt keine Rolle. Trotz Smartphone und Pablet-PC hat sich dieses Muster im Laufe von drei Jahrzehnten nicht verändert.

Das Entscheidende ist: Das News-Angebot des Internets (die Website der eigenen Zeitung sowie News-Dienste und überregionale Medien) wird erst im späteren Verlauf des Vormittags interessant. Am Vormittag gilt demnach für diese Hauptzielgruppe: Nicht ›online first‹, sondern ›Print first‹. Die Zeitungsausgabe sollte also ein Update ihrer aktuellen Berichte auf der Website ankündigen (»weitere Nachrichten hierzu hierzu ab 11 Uhr auf ....«), während auf der Website am Spätnachmittag die Fortsetzung inklusive Hintergrund etc. für die Ausgabe am nächsten Morgen angekündigt wird.

Das folgende Schaubild zeigt die Mediennutzung der ›Nur‹-Onliner (rd. 650 Personen): Junge berufstätige Erwachsene unter 30, die erklärt haben, dass sie keine Zeitungsleser sind (in ihrem Haushalt oder ihrer WG gibt es keine Tageszeitung). Hier spielt das Radio (kurze, schnelle News) die dominante Rolle; aber hier erzielt das Web schon am früheren Vormittag sehr viel höhere Reichweiten (Es geht hier stets um ›aktuelle

IPJ-Gesamt-Panel Onliner 2013

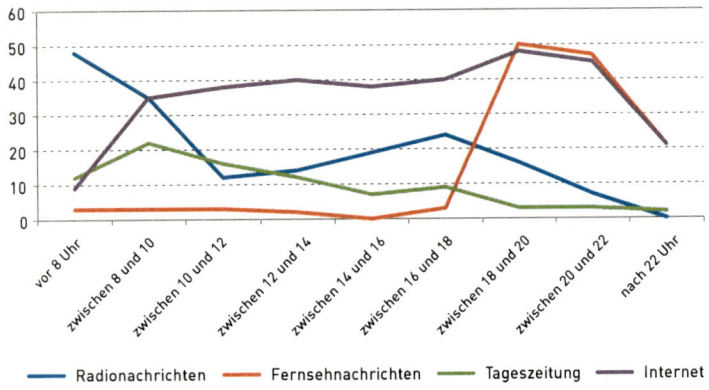

Legende: Radionachrichten — Fernsehnachrichten — Tageszeitung — Internet

Nachrichten über das Geschehen‹, nicht um Unterhaltung oder Communitys). Überraschend ist hier dies: Obwohl die Onliner nach dem Kriterium ›Nicht-Leser‹ rekrutiert wurden, gibt etwa jeder Fünfte an, dass er sich morgens (auch) aus der Zeitung informiert habe. Dies kann als Hinweis gelesen werden, dass der Graben zu den ›digital natives‹ überbrückbar ist, sofern das Angebot attraktiv gemacht wird.

Übrigens spielen die mobilen Endgeräte (Smartphones und Tablets-PCs) auch 2013 für das Informationsverhalten selbst unter Onlinern bislang keine nennenswerte Rolle; die Zeitungsleser (inklusive Smartphone-Besitzer) und Onliner nutzen ihre mobilen Endgeräte überwiegend für andere Zwecke. Auch hier wird die Frage nach dem Crossover von Online zu Offline interessant, etwa, indem über Twitter und Social Media größere Themen in der Zeitung angerissen werden können.

Die Titelseite der Regionalzeitung aus Sicht städtischer und ländlicher Leser

Gefragt wurde: »Bitte sagen Sie uns, wie Sie die Titelseite Ihrer Zeitung (Name der Regionalzeitung am Ort) beurteilen. Sie finden hier acht verschiedene Aussagen. Bitte kreuzen Sie bei jeder Aussage an, inwieweit Sie ihr zustimmen.«

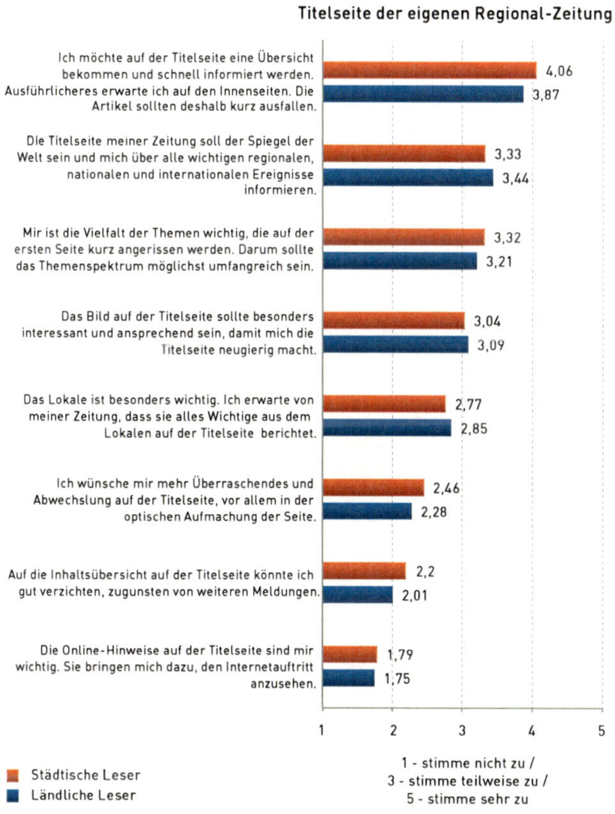

Titelseite der eigenen Regional-Zeitung

Aussage	Städtische Leser	Ländliche Leser
Ich möchte auf der Titelseite eine Übersicht bekommen und schnell informiert werden. Ausführlicheres erwarte ich auf den Innenseiten. Die Artikel sollten deshalb kurz ausfallen.	4,06	3,87
Die Titelseite meiner Zeitung soll der Spiegel der Welt sein und mich über alle wichtigen regionalen, nationalen und internationalen Ereignisse informieren.	3,33	3,44
Mir ist die Vielfalt der Themen wichtig, die auf der ersten Seite kurz angerissen werden. Darum sollte das Themenspektrum möglichst umfangreich sein.	3,32	3,21
Das Bild auf der Titelseite sollte besonders interessant und ansprechend sein, damit mich die Titelseite neugierig macht.	3,04	3,09
Das Lokale ist besonders wichtig. Ich erwarte von meiner Zeitung, dass sie alles Wichtige aus dem Lokalen auf der Titelseite berichtet.	2,77	2,85
Ich wünsche mir mehr Überraschendes und Abwechslung auf der Titelseite, vor allem in der optischen Aufmachung der Seite.	2,46	2,28
Auf die Inhaltsübersicht auf der Titelseite könnte ich gut verzichten, zugunsten von weiteren Meldungen.	2,2	2,01
Die Online-Hinweise auf der Titelseite sind mir wichtig. Sie bringen mich dazu, den Internetauftritt anzusehen.	1,79	1,75

Städtische Leser
Ländliche Leser

1 - stimme nicht zu /
3 - stimme teilweise zu /
5 - stimme sehr zu

Quelle: Online-Basiertes Leser-/User-Panel des IPJ (Berufstätige Zeitungsleser zwischen 30 und 55 Jahren, formale Bildung ab mittlere Reife; Gender 50 : 50, Stadt/Land 45 : 55) n = 585 vom März 2012. © IPJ Leipzig

Die Informationsleistung der Zeitung bei überregionalen Themen

Im Rahmen des IPJ-Leser-Panels werden die Panel-Teilnehmer tagesaktuell gefragt, ob und wie sie sich über ausgewählte Ereignisse der letzten 24 Stunden informiert haben. Dieses Beispiel stammt vom September 2011; die Fragen galten drei überregionalen Ereignissen, die von den TV-Nachrichten am Abend zuvor gebracht wurden. In den Antworten lagen TV-Nachrichten, Radionachrichten und die örtliche Tageszeitung an der Spitze. Weit abgeschlagen die Online-Medien (Online-Medien spielten bei den Zeitungslesern auch 2013 als Primärquelle praktisch keine Rolle). Mit der Anschlussfrage wollten wir wissen, welche der genutzten Medien die Erwartungen am ehesten erfüllen konnten.

Die Ergebnisse zeigen die Bedeutung der Tageszeitung als Informationsmedium. Sie zeigen aber auch die Leistungsschwäche der hier mit ›Zeitung NRW‹ anonymisierten Regionalzeitung, deren Leser die Informationsleistung als markant schwächer einstufen als die Leser anderer Regionalzeitungen. Eine kurze Inhaltsanalyse zeigte dann auch die Defizite im überregionalen Nachrichtenangebot. Die Erhebung ergab zudem, dass der Anteil der ›Noch nicht Informierten‹ bei dieser Zeitung deutlich größer war als in den anderen Leser-Panels.

Anschließend sollten die Panel-Teilnehmer angeben, ob sie noch vertiefende Informationswünsche hätten und, wenn ja, welches Medium diese am ehesten einlösen könne bzw. solle.

Unter den Lesern der ›Zeitung NRW‹ war der Anteil der Unzufriedenen durchgängig größer als bei den Lesern anderer Zeitungen. Und auch dies ist eindeutig: Wenn schon, dann möchte man weiterführende Informationen zu den drei hier abgefragten Ereignissen am liebsten in seiner Zeitung lesen. Internet-Medien präferierte nur eine verschwindende Minderheit (die Befragung lief per E-Mail, d. h. die Antwortenden waren selbst online).

Gefragt wurde: »Welches Medium konnte Ihnen das Thema am besten vermitteln?«

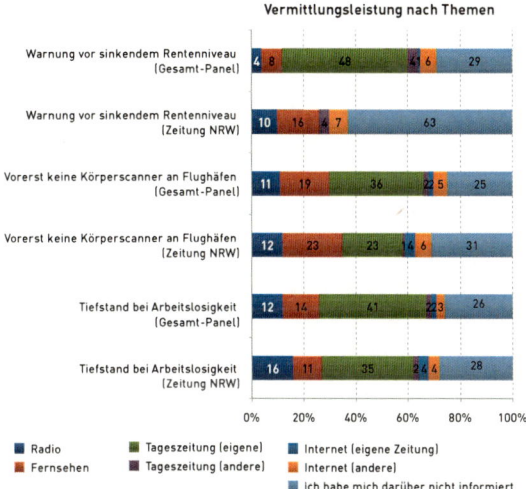

Vermittlungsleistung nach Themen

	Radio	Fernsehen	Tageszeitung (eigene)	Tageszeitung (andere)	Internet (eigene Zeitung)	Internet (andere)	Ich habe mich darüber nicht informiert

Warnung vor sinkendem Rentenniveau (Gesamt-Panel): 4, 8, 48, 4, 6, 29

Warnung vor sinkendem Rentenniveau (Zeitung NRW): 10, 16, 4, 7, 63

Vorerst keine Körperscanner an Flughäfen (Gesamt-Panel): 11, 19, 36, 2, 5, 25

Vorerst keine Körperscanner an Flughäfen (Zeitung NRW): 12, 23, 23, 4, 6, 31

Tiefstand bei Arbeitslosigkeit (Gesamt-Panel): 12, 14, 41, 2, 3, 26

Tiefstand bei Arbeitslosigkeit (Zeitung NRW): 16, 11, 35, 2, 4, 28

Gefragt wurde: »Über welches der Medien würden Sie gern noch mehr über das Thema erfahren?«

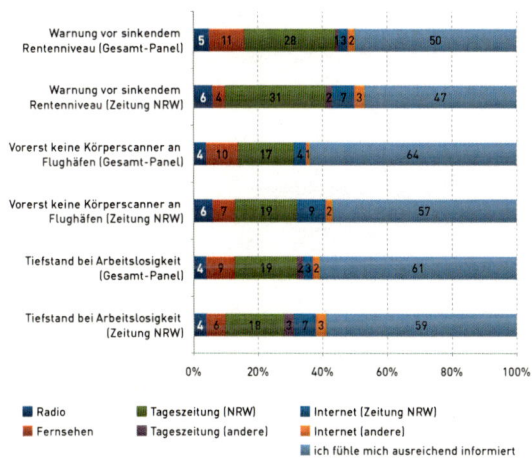

	Radio	Fernsehen	Tageszeitung (NRW)	Tageszeitung (andere)	Internet (Zeitung NRW)	Internet (andere)	ich fühle mich ausreichend informiert

Warnung vor sinkendem Rentenniveau (Gesamt-Panel): 5, 11, 28, 1, 3, 2, 50

Warnung vor sinkendem Rentenniveau (Zeitung NRW): 6, 4, 31, 2, 7, 3, 47

Vorerst keine Körperscanner an Flughäfen (Gesamt-Panel): 4, 10, 17, 4, 1, 64

Vorerst keine Körperscanner an Flughäfen (Zeitung NRW): 6, 7, 19, 9, 2, 57

Tiefstand bei Arbeitslosigkeit (Gesamt-Panel): 4, 9, 19, 2, 2, 61

Tiefstand bei Arbeitslosigkeit (Zeitung NRW): 4, 6, 18, 3, 7, 3, 59

Was wird am meisten gelesen?

Die Frontseite soll eine Übersicht über alle wichtigen Ereignisse der letzten 24 Stunden bieten, lautet die Antwort des überwiegenden Teils der vom IPJ befragten 1.400 Zeitungsleser. Nur, wenn die Frontseite diesen Anspruch erfüllt, wird sie genauso intensiv gelesen wie der Lokalteil (4.6 Punkte). Dahinter folgen mit ›häufig‹ (3.6 bis 3.9 Punkte) das Überregionale und die Politik-Ereignisse. Die Sparten fragmentieren die Leserschaft in Gruppen, die sie teils häufig, teils praktisch nicht lesen (was die Mittelwerte nicht zu erkennen geben).

Gefragt wurde: »Wie oft lesen Sie die folgenden Zeitungsseiten oder Themengebiete?«

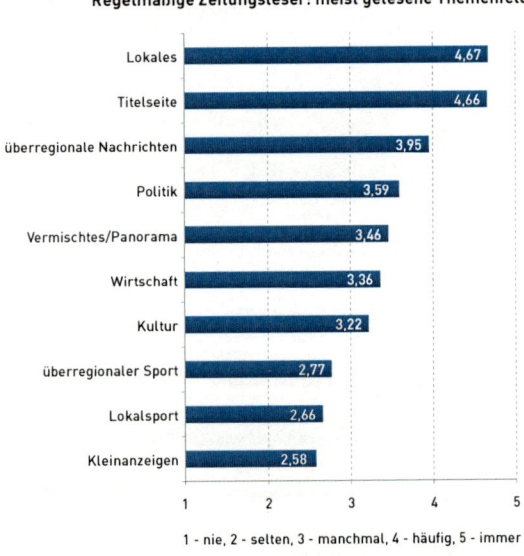

Regelmäßige Zeitungsleser: meist gelesene Themenfelder

1 - nie, 2 - selten, 3 - manchmal, 4 - häufig, 5 - immer

■ Mittelwerte aus: IPJ-Leser-Panel (n = 1398)

Quelle: IPJ-Leser-Panel: 30- bis 55-jährige Berufstätige (formale Bildung ab mittlerer Reife), die regelmäßige die abonnierte Zeitung lesen (Basis: sechs deutschlandweit verteilte Regionalzeitungen mit mehr als 100.000 Auflage). Zeitraum: 2010 bis 2012.

Die treuen Leser von Regionalzeitungen sind recht anpassungsfähig: 2009 setzte die Mehrheit der befragten Leser das Überregionale und das Lokale gleichauf (4.5 Punkte). Inzwischen haben mehrere der beteiligten Zeitungen ihr Angebot stärker ›lokalisiert‹ und den Umfang an überregionalen Nachrichten reduziert. Entsprechend mehr Leser sagen, sie nutzten weniger überregionale Nachrichten. Das heißt nicht, dass sich die Zeitungsleser weniger für das Überregionale interessieren, vielmehr, dass sie sich, wenn es um das Überregionale geht, ggf. über andere Medien informieren müssen.

Die Lesersicht: Anspruch und Wirklichkeit

Erwartungsprofil einer aus Sicht ihrer Leser gut gemachten Regionalzeitung (Beispiel): Die befragten Zeitungsleser (30- bis 55-jährige Berufstätige ab mittlerer Reife, Stadtbewohner, Erhebung vom September 2012) sagen deutlich, was sie erwarten, was sie in Ordnung finden und was sie enttäuscht: Über das lokale Geschehen und die Welt der Arbeit dürfte noch intensiver berichtet werden; der Kulturteil, Service (Veranstaltungshinweise), Wirtschaft sind okay, über Finanzen (Börse) und Promi-Welt (Vermischtes, Leute) bringt die Zeitung eher zu viel.

Die erste Repräsentativerhebung, die systematisch die Qualitätsvorstellungen, die das Publikum von ›seiner‹ Zeitung hat, ermittelte, stammt von Klaus Arnold aus dem Jahr 2009. Deutlich wurde dort die Diskrepanz zwischen Qualitätsvorstellung und Qualitätsrealität vor allem in Bezug auf die Merkmale ›redaktionelle Unabhängigkeit‹, ›sachneutral berichten‹ und ›Quellentransparenz‹; abgeschwächt aber auch für ›modern und lebhaft gestaltet‹ (ARNOLD 2009: 384).

Themenfelder: Erwartungen an die Zeitung

unwichtig
(zu wenig)

teilweise wichtig
(genau richtig)

sehr wichtig
(zu viel)

Lokale Nachrichten aus meiner Stadt

Internationale Nachrichten aus Europa

Überregionale Nachrichten aus Deutschland

Aktuelles aus meinem Stadtteil

Aus der Wirtschaft in unserer Region

Nachrichten aus der restlichen Welt, insb. USA, China und Japan

Aus der Welt der Arbeit (inkl. Löhne, Arbeitsrecht usw.)

Verbraucher- und Ratgeberthemen

Über Vorgänge aus der Kultur und über Veranstaltungshinweise

Themen für die Freizeitgestaltung und über die Natur

Aus der überregionalen Wirtschaft

Über Unglücke, Katastrophen und Verbrechen

Aktuelle Themen aus Technik und Verkehr (inkl. Computer, Internet, Fahrzeuge)

Über Menschen in unserer Stadt

Nachrichten aus der Börse und über Geld

Über Urlaub und Reisen

Über Prominente, Stars und Sternchen

1   2   3   4   5

—●— so empfinde ich das Angebot zu diesen Themen in meiner Zeitung

—■— so wichtig ist mir dieses Themengebiet

Der digitale Graben

Die jungen Onliner (zw. 25 und 30 Jahre alt, alle berufstätig), die durch die Web-Seite der fraglichen Regionalzeitungen rekrutiert wurden und die in ihrem Haushalt keine Tageszeitung lesen: Wie informieren sie sich über das tagesaktuelle Geschehen? Vier von fünf Onlinern gaben an, sich über Rundfunk und Internet-Dienste zu informieren und darum kein Zeitungs-Abonnement zu benötigen. Und die lokalen Nachrichten? Meist wurde hier die Website der Zeitung genannt. Im Prinzip. Wenn aber die Nutzungshäufigkeit angegeben werden sollte, sagten vier von fünf, dass sie höchstens ›ein bis zwei Mal pro Woche‹ die Seite besuchen. Offenbar finden die meisten dort nicht, was sie brauchen bzw. suchen.

Gefragt wurde: »Warum lesen Sie die Zeitungsausgabe der Tageszeitung nicht?«
(Mehrfachantwort möglich)

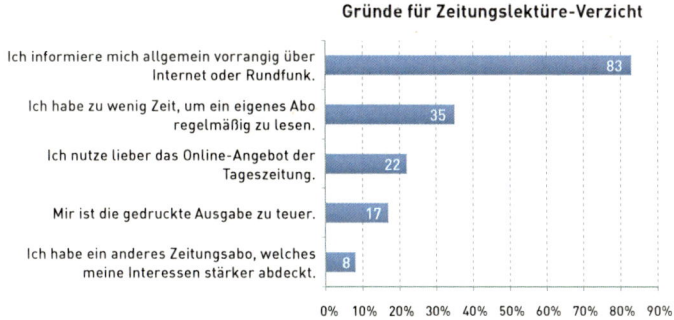

Gründe für Zeitungslektüre-Verzicht

Grund	Prozent
Ich informiere mich allgemein vorrangig über Internet oder Rundfunk.	83
Ich habe zu wenig Zeit, um ein eigenes Abo regelmäßig zu lesen.	35
Ich nutze lieber das Online-Angebot der Tageszeitung.	22
Mir ist die gedruckte Ausgabe zu teuer.	17
Ich habe ein anderes Zeitungsabo, welches meine Interessen stärker abdeckt.	8

0% 10% 20% 30% 40% 50% 60% 70% 80% 90%

Gefragt wurde: »Wie oft nutzen Sie in der Regel das Nachrichtenangebot auf der Web-Seite Ihrer Tageszeitung?«

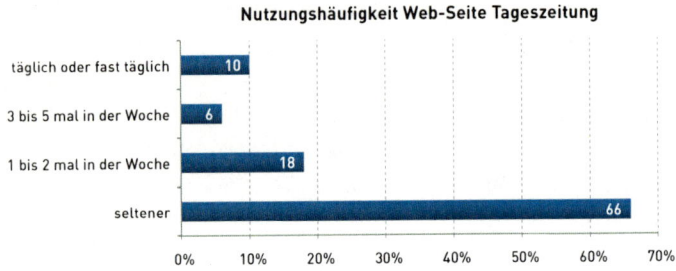

Nutzungshäufigkeit Web-Seite Tageszeitung

Quelle: IPJ-Online-Panel (Personen, die angeben, dass sie keine Tageszeitung lesen, berufstätig und unter 30 Jahre alt sind, n = 125). Rekrutierung: Über die Website von drei Regionalzeitungen (Befragung vom Herbst 2012)

Es darf noch mehr sein

Jeder zweite der jungen Onliner möchte, dass die Website der Zeitung am Ort noch mehr Lokales bietet – keine Foren oder Kommentare, sondern Nachrichten.

Gefragt wurde: »Was meinen Sie zum Anteil an lokalen Information beim Online-Auftritt der Tageszeitung?«

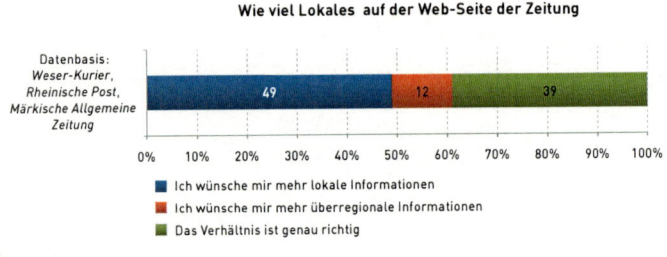

Wie viel Lokales auf der Web-Seite der Zeitung

Quelle: IPJ-Online-Panel (Personen, die angeben, dass sie keine Tageszeitung lesen, berufstätig und unter 30 Jahre alt sind, n = 125). Rekrutierung: Über die Website von drei Regionalzeitungen (Befragung vom Herbst 2012)

Internet-Nutzung der Zeitungsleser

Die meisten Zeitungsleser – internetaffine Berufstätige zwischen 30 und 55 Jahren (formale Bildung: ab mittl. Reife) – nutzen das Internet häufig als Wissensspeicher/Datenbank (Google) und für Korrespondenz (E-Mail) – und relativ selten, um sich über das aktuelle Lokalgeschehen zu informieren (die Städter etwa ein Mal pro Woche, die ländlichen Leser seltener). Die Erhebung fand im September 2012 statt.

Gefragt wurde: »Die Angebote im Internet verändern und erweitern sich ja ständig. Bitte geben an, ob Sie einige der nachfolgend genannten Internet-Anwendungen nutzen – und wenn ja: wie oft Sie dies tun.«

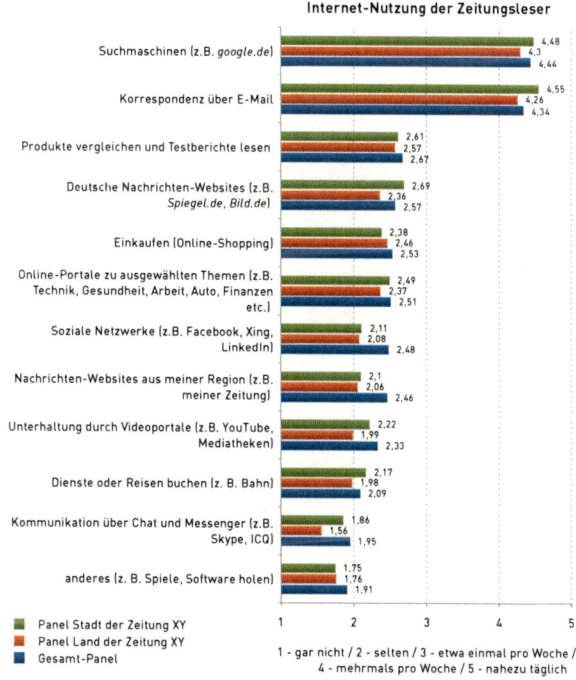

n = 387 © IPJ Leipzig

Online: Die lokale Kompetenz ist am wichtigsten

Die jungen Onliner, die keine regelmäßigen Zeitungsleser sind, würden vermutlich die Website der Zeitung am Ort deutlich intensiver nutzen, wenn sie dort umfassendere, aktuellere und differenziertere Neuigkeiten aus dem Stadtleben fänden. Die Befragten bestätigen damit die Befunde anderer Erhebungen und aus Fokusgruppengesprächen: Die Zeitung bzw. das Medienhaus am Ort hätte man gern als ›Kompetenzzentrum‹ für alles, was sich im Lokalen ereignet, inklusive Ratgeberfunktion, Service und sublokale Dienste. Und wenn die Website zudem aktuelle Nachrichten aus dem großen Rest der Welt bringt: umso besser.

Gefragt wurde in diesem Zusammenhang auch, welche Themenfelder man am ehesten abonnieren würde. Für vier von fünf Antwortenden ist der Fall klar: Nachrichten aus meiner Stadt bzw. meinem Stadtteil. Man kann die Antworten im Kontext anderer Befragungen so deuten, dass die Onliner für solch ein Dienste-Ensemble auch bezahlen würden, vorausssetzt, es ist handwerklich nutzwertig und journalistisch professionell gemacht.

Gefragt wurde: »Stellen Sie sich vor, Sie könnten das Online-Angebot nach ihrem Themeninteresse zusammenstellen und einzelne Themenbereiche abonnieren. Für welche
Themengebiete würden Sie sich entscheiden?«

Baukasten: Themenangebot Web-Seite

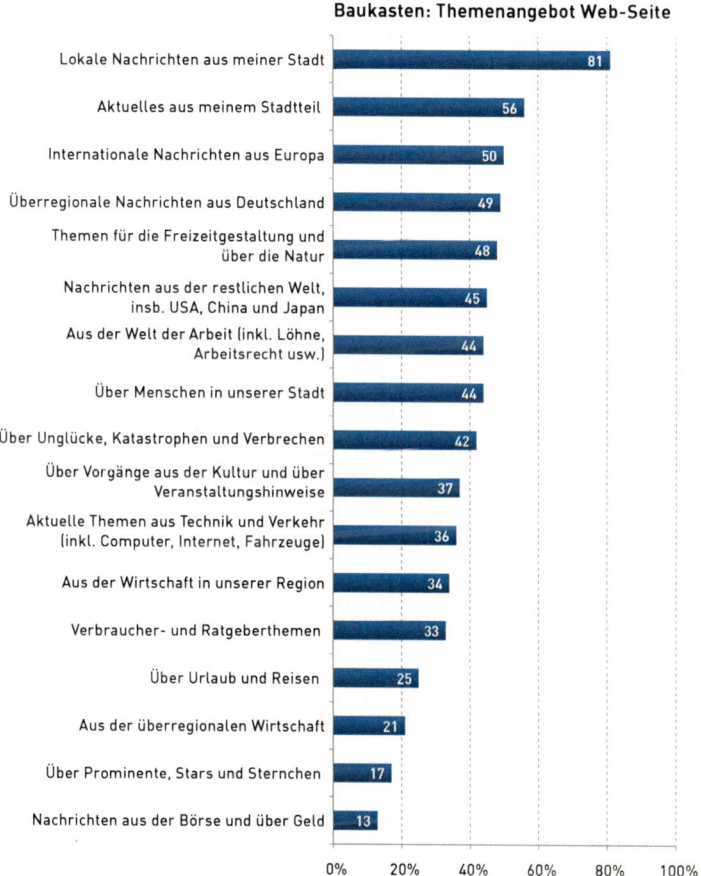

Quelle: IPJ-Online-Panel (Personen, die angeben, dass sie keine Tageszeitung lesen,
berufstätig und unter 30 Jahre alt sind, n = 125). Rekrutierung: Über die Website von drei
Regionalzeitungen (Befragung vom Herbst 2012)

Leser sind vorsichtiger als Onliner

Das Internet gehört zum Alltag berufstätiger Erwachsener, darin unterscheiden sich Leser und Onliner kaum. Die Abonnenten nutzen aber das Netz gezielt, für die jungen Onliner spielt auch der Unterhaltungswert eine Rolle. Die Vernachlässigung persönlicher Beziehungen durch (zu) viel Netzkommunikation wird eher von den Lesern befürchtet (Die Befragung fand ein halbes Jahr vor den Enthüllungen durch Snowden statt).

Gefragt wurde: »Wie weit stimmen Sie den folgenden Aussagen zur Internet-Nutzung zu?«

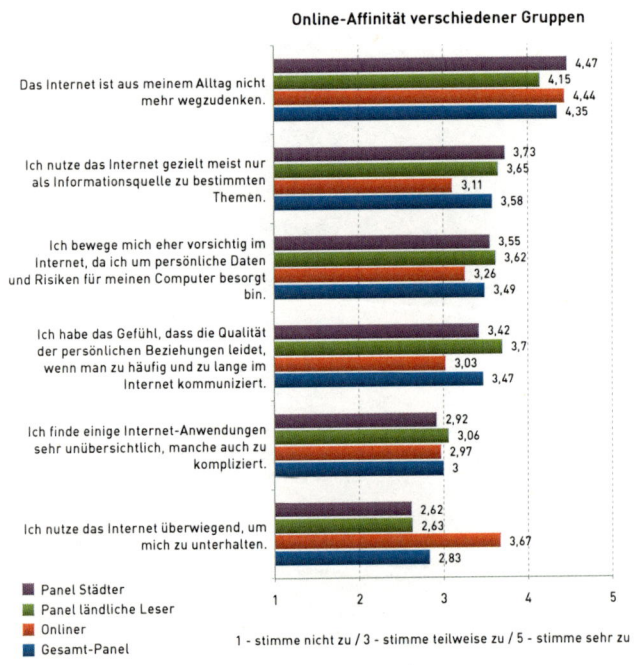

Online-Affinität verschiedener Gruppen

■ Panel Städter
■ Panel ländliche Leser
■ Onliner
■ Gesamt-Panel

1 - stimme nicht zu / 3 - stimme teilweise zu / 5 - stimme sehr zu

Quelle: IPJ-Leser-Panel (Befragte: berufstätige, online-affine Zeitungsleser zw. 30 und 55 Jahren, mindestens mittlere Reife), September 2012 ; n = 522; © IPJ Leipzig

Was suchen die Onliner auf der Website der Regionalzeitung?

Für die jungen Onliner ist die Antwort klar: Das mit Abstand Wichtigste ist die Datenbankfunktion: Sie dient ihnen als aktuelles Nachrichtenarchiv und als Fundus für ältere Berichte. Im Übrigen rangieren auch unter den Onlinern die interaktiven und partizipativen Formen und Angebote sehr weit unten – genau gleich wie bei den Zeitungslesern.

Gefragt wurde: »Welche Angebote sind oder wären Ihnen im Online-Angebot der Zeitung wichtig?«

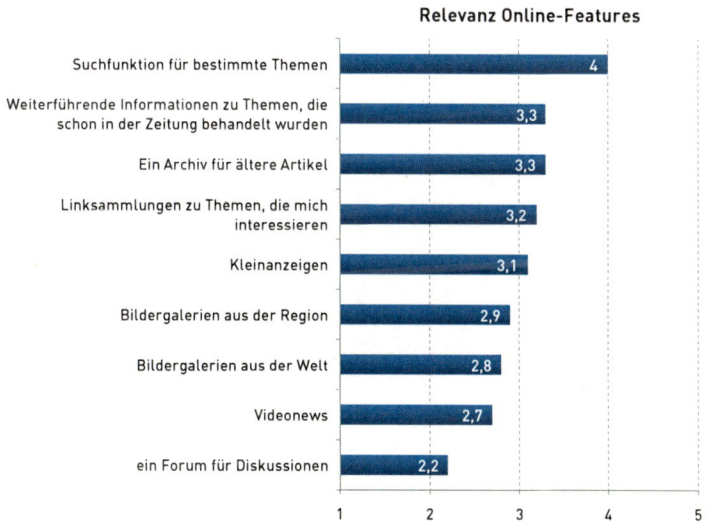

Relevanz Online-Features

Feature	Wert
Suchfunktion für bestimmte Themen	4
Weiterführende Informationen zu Themen, die schon in der Zeitung behandelt wurden	3,3
Ein Archiv für ältere Artikel	3,3
Linksammlungen zu Themen, die mich interessieren	3,2
Kleinanzeigen	3,1
Bildergalerien aus der Region	2,9
Bildergalerien aus der Welt	2,8
Videonews	2,7
ein Forum für Diskussionen	2,2

1 - unwichtig / 3 - teilweise wichtig / 5 - sehr wichtig

Quelle: IPJ-Online-Panel (Personen, die angeben, dass sie keine Tageszeitung lesen, berufstätig und unter 30 Jahre alt sind, n = 125). Rekrutierung: Über die Website von drei Regionalzeitungen (Befragung vom Herbst 2012)

Paid Content: wenn die Leistung stimmt

Die Abonnenten sind überwiegend der Ansicht, dass erstens herausragende Leistungen erbracht werden müssten und zweitens, dass dann die Nicht-Abonnenten zu zahlen hätten.

Gefragt wurde: »Der Online-Auftritt Ihrer Zeitung (Name der fraglichen Regionalzeitung) liefert ja eine Vielzahl ganz unterschiedlicher Informationen. Ein Gewinn für die Leser – und eine Herausforderung für den Verlag. Grundsätzlich gefragt: Für welche der folgenden Aspekte der Web-Seite der Zeitung wäre eine Kostenbeteiligung der Nutzer vertretbar?«

Akzeptanz von Bezahlschranken im Internet: Meinung der Zeitungsleser

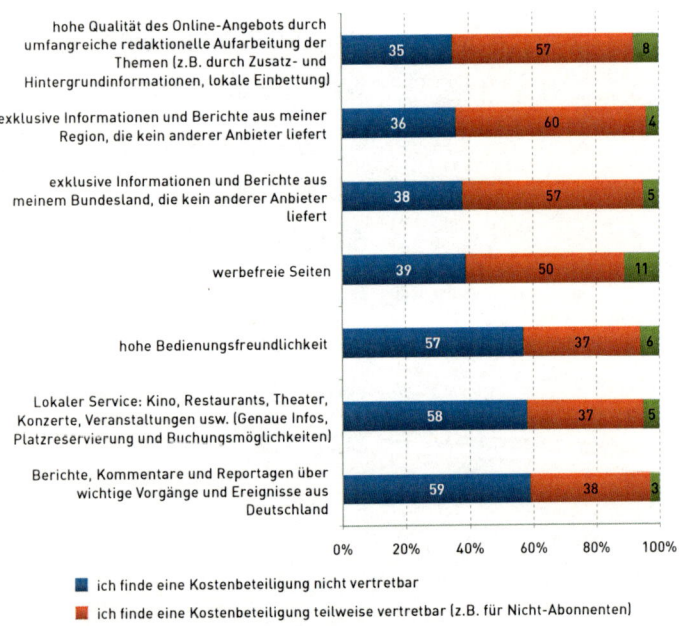

ich finde eine Kostenbeteiligung nicht vertretbar

ich finde eine Kostenbeteiligung teilweise vertretbar (z.B. für Nicht-Abonnenten)

ich finde eine (angemessene) Kostenbeteiligung grundsätzlich vertretbar

Quelle: IPJ-Online-/Leser-Panel September 2013, n = 398

Der real existierende Lokaljournalismus

Um die Orientierungsleistung des Lokalteils einer Regionalzeitung messen und daraus den Optimierungsbedarf ermitteln zu können, hat das IPJ zuerst mit Lesern und Lokalredakteuren (Fokusgruppen) Kriterien eines ›gut gemachten‹ Lokalteils ermittelt und daraus den Prototyp eines guten, interessant zu lesenden Lokalteils gebaut. Dieser dient als Benchmark (Soll-Werte). Im Auftrag verschiedener Regionalzeitungen wurden anschließend deren Lokalteile inhaltsanalytisch auf den Prüfstand gestellt (repräsentative Stichproben mit mehr als je 1.300 Texteinheiten; Codebuch mit rd. 60 Kategorien und mehreren hundert Ausprägungen). Die folgenden Abbildungen zeigen das als ›gut gemacht‹ geltende lokale Angebot einer norddeutschen (A) und einer in Bayern erscheinenden Regionalzeitung (B) aus dem Jahr 2012; darunter findet sich zum Vergleich der Mittelwert der Lokalteile von drei als ›typisch‹ geltenden Regionalzeitungen sowie der Prototyp als Benchmark. Zu den Abbildungen:

»*Warum der Bericht in der Zeitung steht*«: Laut Benchmark sollten nicht mehr als rd. 70 Prozent aller redaktionellen Texte des Lokalteils (veranstaltungsgetriebene) Berichterstattungen sein; etwa jeder achte Text sollte ein von der Zeitung aufgegriffenes Thema behandeln. Tatsächlich aber sind mehr als 80 Prozent aller redaktionellen Texte der hier untersuchten Zeitungen Berichterstattungen; die Eigenleistungen machen max. 6 Prozent aus.

»*Wie viele Beiträge nennen ihre Quellen?*«: Gemäß der Regel, dass im Lokalen die Personen bzw. Einrichtungen, die kontaktiert wurden, im Bericht dann auch genannt werden, gibt diese Kategorie Aufschluss darüber, ob recherchiert und ob Transparenz hergestellt wurde. Laut Benchmark sollten knapp zwei Drittel aller red. Texte ihre Quelle(n) nennen (beim restlichen Drittel handelt es sich um Meldungen, Hinweise, Anrisse und dergleichen). Die hier untersuchten Lokalteile liefern ein anderes Bild: Nur im Lokalteil die Zeitung B wird in der Mehrheit der redaktionellen Texte mindestens eine Quelle genannt. In den anderen Zeitungen dominiert der anonym-bürokratische, mithin intransparente Mitteilungsstil, der kaum Rechercheleistungen zu erkennen gibt.

»Wie viele Personen (Lager) kommen in den Berichten zu Wort?«: Hier wurden alle Akteure (auch Sprecher der Einrichtungen und Behörden) ermittelt, die in den Texten direkt oder indirekt zitiert wurden – auch dies ist ein Indikator für Recherche. Laut Benchmark sollte rund ein Drittel aller redaktionellen Texte mindestens zwei verschiedene ›Lager‹ zur Sprache bringen bzw. zitieren. Keine der hier untersuchten Zeitungen genügt dieser hohen Anforderung: Nur in jedem zehnten Text werden Sprecher von mindestens zwei verschiedenen Positionen angeführt.

»Wie viel Nutzwert wird geboten?«: Die untersuchten Lokalteile bieten relativ viel Nutzwert, ergab die Analyse. Allerdings handelt es sich meist nur um die Zugangsinformationen (wann, wo, wie lange, wie teuer etc.) – und viel zu selten um die eigentlichen (= ratgebenden) Nutzungshinweise, für wen das Thema in welcher Weise nutzwertig ist oder sein könnte.

»Die verwendeten Darstellungsformen«: Die Unterhaltsamkeit des Lokalteils wird auch durch die Vielfalt der Darstellungsformen bestimmt (Motto: Ein lebendiges Stadtleben erfordert einen lebendigen und unterhaltsam zu lesenden Lokalteil). Das ›Schwarzbrot‹ des Lokalteils – die Berichtsformen, die Meldungen, Anrisse, Hinweise und Ankündigungen – sollten laut Benchmark nicht mehr als die Hälfte des ganzen Lokalteils ausmachen. Die meisten Zeitungen aber füllen rund zwei Drittel (und mehr) mit diesem Stoff auf. Beispiel ›Leserdialog‹: Nur die Zeitung A erfüllt mit 7 Prozent den geforderten Umfang. Und die letzte Abbildung ›Interview‹ (erzähltes sowie geformtes Wort-Interview) zeigt, dass laut Benchmark etwa 7 Prozent aller Texte solch eine dialogische Form sein sollten. Keine dieser Zeitungen schafft dies. Die Zeitung A zum Beispiel bringt sehr wenige, dafür überlange Interviews. Dies fördert nicht, sondern behindert die Unterhaltsamkeit.

Näheres zum Benchmark-Konzept findet sich hier: HALLER, MICHAEL (2003): Qualität und Benchmarking im Printjournalismus. In: BUCHER/ALTMEPPEN (Hrsg): *Qualität im Journalismus. Grundlagen – Dimensionen – Praxismodelle.* Wiesbaden: Westdeutscher Verlag, S. 181-201

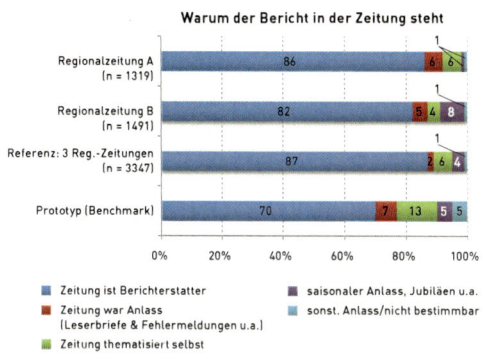

Warum der Bericht in der Zeitung steht

Regionalzeitung A (n = 1319): 86 | 6 | 6 | 1
Regionalzeitung B (n = 1491): 82 | 5 | 4 | 8 | 1
Referenz: 3 Reg.-Zeitungen (n = 3347): 87 | 2 | 6 | 4 | 1
Prototyp (Benchmark): 70 | 7 | 13 | 5 | 5

- ■ Zeitung ist Berichterstatter
- ■ Zeitung war Anlass (Leserbriefe & Fehlermeldungen u.a.)
- ■ Zeitung thematisiert selbst
- ■ saisonaler Anlass, Jubiläen u.a.
- ■ sonst. Anlass/nicht bestimmbar

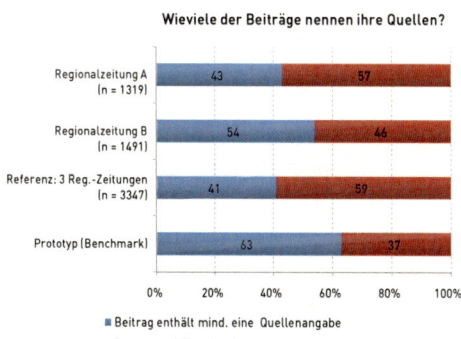

Wieviele der Beiträge nennen ihre Quellen?

Regionalzeitung A (n = 1319): 43 | 57
Regionalzeitung B (n = 1491): 54 | 46
Referenz: 3 Reg.-Zeitungen (n = 3347): 41 | 59
Prototyp (Benchmark): 63 | 37

- ■ Beitrag enthält mind. eine Quellenangabe
- ■ Beitrag enthält keine Quellenangabe

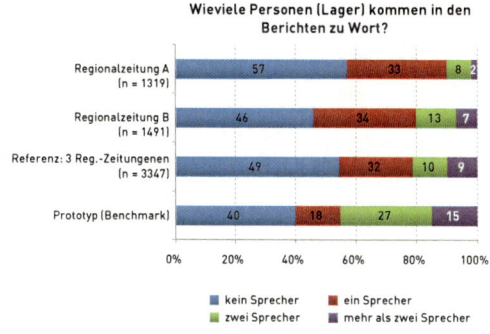

Wieviele Personen (Lager) kommen in den Berichten zu Wort?

Regionalzeitung A (n = 1319): 57 | 33 | 8 | 2
Regionalzeitung B (n = 1491): 46 | 34 | 13 | 7
Referenz: 3 Reg.-Zeitungenen (n = 3347): 49 | 32 | 10 | 9
Prototyp (Benchmark): 40 | 18 | 27 | 15

- ■ kein Sprecher
- ■ ein Sprecher
- ■ zwei Sprecher
- ■ mehr als zwei Sprecher

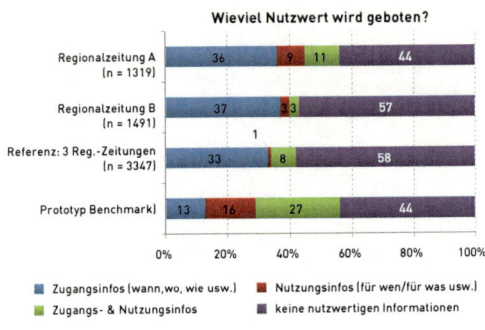

Wieviel Nutzwert wird geboten?

Regionalzeitung A (n = 1319)	36 / 9 / 11 / 44	
Regionalzeitung B (n = 1491)	37 / 3 / 3 / 57	
Referenz: 3 Reg.-Zeitungen (n = 3347)	33 / 1 / 8 / 58	
Prototyp Benchmark)	13 / 16 / 27 / 44	

■ Zugangsinfos (wann, wo, wie usw.)   ■ Nutzungsinfos (für wen/für was usw.)
■ Zugangs- & Nutzungsinfos   ■ keine nutzwertigen Informationen

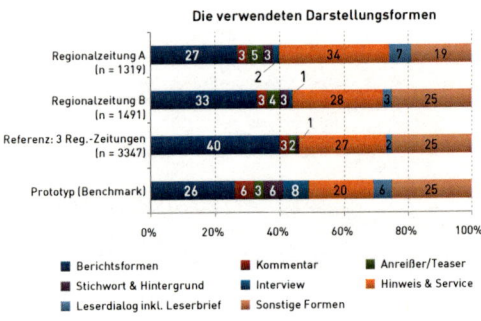

Die verwendeten Darstellungsformen

Regionalzeitung A (n = 1319)	27 / 3 / 5 / 3 / 34 / 7 / 19 (2, 1)
Regionalzeitung B (n = 1491)	33 / 3 / 4 / 3 / 28 / 3 / 25
Referenz: 3 Reg.-Zeitungen (n = 3347)	40 / 3 / 2 / 1 / 27 / 2 / 25
Prototyp (Benchmark)	26 / 6 / 3 / 6 / 8 / 20 / 6 / 25

■ Berichtsformen   ■ Kommentar   ■ Anreißer/Teaser
■ Stichwort & Hintergrund   ■ Interview   ■ Hinweis & Service
■ Leserdialog inkl. Leserbrief   ■ Sonstige Formen

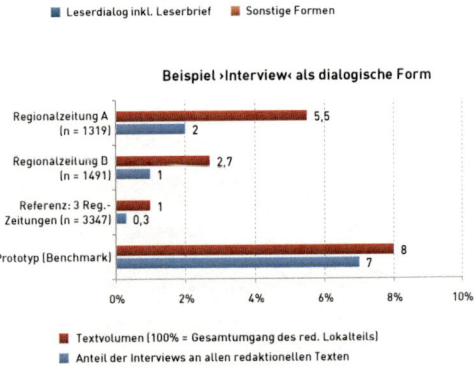

Beispiel ›Interview‹ als dialogische Form

Regionalzeitung A (n = 1319)	5,5 / 2
Regionalzeitung B (n = 1491)	2,7 / 1
Referenz: 3 Reg.-Zeitungen (n = 3347)	1 / 0,3
Prototyp (Benchmark)	8 / 7

■ Textvolumen (100% = Gesamtumfang des red. Lokalteils)
■ Anteil der Interviews an allen redaktionellen Texten

Journalismus

JAKOB J. E. VICARI

**Blätter machen.
Bausteine zu einer Theorie
journalistischer Komposition**

2014, 260 S., 24 Abb., 3 Tab., Broschur,
213 x 142 mm, dt.

EUR(D) 25,00 / EUR(A) 25,60 / sFr. 42,10

ISBN 978-3-86962-085-5

›Unsere‹ Zeitungen und Zeitschriften sind ein fester Bestandteil unseres
Alltags. Doch über ihre Entstehung wissen wir kaum etwas – als Leser nicht
und als Wissenschaftler fast noch weniger. Dieses Buch lüftet das Geheimnis
der Redaktionskonferenz. Der Autor hat 16 Redaktionen beobachtet, vom
Fränkischen Tag bis zum *Stern*. Seine Ergebnisse zeigen: Blattmachen ist mehr
als das tägliche Ausrechnen von Nachrichtenwerten und auch mehr als nur
das Bauchgefühl des Chefredakteurs. Vielmehr gibt es eine kreative Kraft, die
eigenen Gesetzen gehorcht und die mitbestimmt, welche Nachricht es auf die
Titelseite schafft: die journalistische Komposition. Vicaris empirische Studie
zeigt auf, dass diese bislang wenig beachtete journalistische Komposition zum
Kerngeschäft des Journalismus gehört und in ihrem Einfluss auf das Blattmachen stärker beachtet werden muss.

»Dieses Buch hat das Potenzial, die Journalismus- und die Medieninhaltsfor-
schung zu irritieren und damit die Kommunikationswissenschaft zu verändern.« (Michael Meyen)

HERBERT VON HALEM VERLAG
Schanzenstr. 22 · 51063 Köln
http://www.halem-verlag.de
info@halem-verlag.de